教學設計：從課綱出發

任慶儀　著

五南圖書出版公司 印行

自序

　　「以教材為首的教學設計已經落伍了！」這是我在 1990 年就讀美國 Ohio University 課程與教學研究所碩、博班時，在教學理論的課堂上，教授對我的 presentation 所做的評論。當時的我對這樣的評語感到非常困惑與難堪，那時，正是 the back-to-basics movement（回到基本能力運動）如火如荼在美國開展的時刻。州政府所頒布的 K-12 課程標準成為學校中教學與評鑑的主要目標，許多大學的學者與教授都被邀請諮詢各學區課程與教學計畫的工作，而我也慶幸隨著我的教授參與這一場盛會。從看不懂各校的課程計畫（因為不知道要看什麼！都是一條條的指標而已！），到幡然大悟的理解它們之設計、編排的邏輯與意義，同時還能指出它們的缺失、錯誤與修正的重點，終於完成當時教育學院副院長交代我這個 RA（research assistant）審查的工作任務。從替副院長審核 Ohio 東南學區的學校課程計畫的過程裡，讓我真正的「看到」了、「接觸」到了所謂的「課程計畫」，不能不說是大開眼界，也藉由那次的參與，深深的體會到教學設計必須從此徹底的改變。以教材為主的教學習慣、教學信仰與理論的認知必須打破，取而代之的是課程標準中所要求的基本能力，而這些能力是州政府強制要評量的測驗內涵。

　　二十年後，我國終於在 90 學年實施九年一貫課程，也就是開啟這種以「課綱為首」的教學革命，而 108 學年實施的十二年國教新課程也延續了相同的理念，只不過是由單一面向的「能力指標」改為二維的「學習重點」。各領域的綱要不論是以「學習內容」或是以「學習表現」為主，都是秉持以「課綱為首」的教學設計觀念。從九年一貫到十二年國教的課程與教學立場是我國教育的一個大的進步，特別是對「課程」與「教學」的觀念，從此步上與世界國際平行的課程與

教學趨勢。

雖然在前述兩次的課程定義有了巨大的變革，而教學設計的理念也隨之不同，但是學校實際的課程教學所發生的改變並不理想。其主要原因還是在於教師並未能真正的改變自己的教學信念，也缺乏對相關理論的認知。學校或教師對於新課綱的教學設計可能有些許的認知改變，但是無法以系統化的方式規劃、實施與評鑑全校性、各階段性、年級與學期的教學，導致改變的成效不足，許多的教師仍然以「教科書」為主，忽視課綱的要求；換言之，就是對於政府的教育政策的束手無策與無力感，只能以不變應萬變，殊為可惜。

本書即針對以「課綱為首」的理念，提出新的教學設計的理論、策略與作法提供各校與教師重新審視自己的教學，期能配合新課程的實施，改變教學設計的方式，讓課程與教學可以步入合理化、邏輯化與科學化的關係。如果教師能藉由此書重新思考、改變與理解新的教學觀念，與社會的脈動同時進步，也能讓教師重拾對教學的熱情與自信心，成為教學專業的達人，更是此書撰寫的目的與初衷！

最後，本書的完成，感謝我的父親對我的期望——成為忠於自己工作的人，也感謝我的夫婿能夠容忍我獨處於自己的天地中，無視於洗碗槽中尚有沒洗的碗筷。再次謝謝他的尊重與諒解！

另外，五南圖書出版公司願意將我的著作付梓成書，讓我的理念分享給大家，是本書出版的最大功臣。尤其在圖書印刷市場萎縮的時代裡，願意替國內學術的出版盡一份心力，支持學術的發展，更顯其難能可貴。

目錄

第 壹 篇 課程與教學的問題

　　從二十世紀以來，教育界對課程的研究逐漸明朗與深化，課程開始與教學劃分界線，特別是在 1918 年由科學化課程的始祖 F. Bobbitt 出版了 *The Curriculum* 一書，奠定了現代課程理論的基礎。他主張課程要來自人類社會中成人的生活經驗，經過運用科學的調查與分析後，提出十大生活領域，並依此創造出超過八百個「目標」，用以編製課程。自此，「目標」成為課程的另類定義（任慶儀，2021，頁 115-118）。

　　1922 年美國科羅拉多州，由 J. H. Newlon 領軍，以「進步主義」教育理念為基礎，推動丹佛學區的學校課程改革計畫──the Denver Plan（丹佛計畫）。在該計畫中，首度將課程與教學分設兩個委員會分庭抗禮，並且將學校之「課程架構」作為課程主要改革和研討的對象。會議中，對課程組織架構的研討更成為當時教育界，除了學科內容之「教學」外，受到全國教師、行政人員與社群關注的焦點，時至今日，學校對「課程架構」的討論，仍然方興未艾。學校與教師漸漸意識到教學的內容並不是學校教育中唯一最重要的，課程的組織與內涵反而是優先的事項。

　　美國國家教育研究會（National Society for the Study of Education, NSSE）則於 1926 年出版了《教育第二十六輯年鑑》，正式將課程的編製大致規劃出：(1) 教育目標的決定；(2) 課程內容的選擇；(3) 課程組織的方式等三大原則。課程領域的形成逐漸明朗，課程的理論、實務也都趨於成熟，至此，課程成為學術的一門學科，已成為教育界的共識，但也讓其與教學的分野更明顯。

　　1932 年美國課程研究學會成立後，課程才真正成為正式的、獨立的學術領域。美國對於課程的研究與發展，逐漸打破課程與學

科畫上等號的想法。其影響遍及於世界各國，其中也包含對我國的課程變遷的影響。

1930 年代以 J. Dewey 為主的進步主義（progressivism），倡導以「民主教育」、「兒童興趣」、「實作課程」為中心的課程。課程也以回應教育目的之方式，探討課程的實施。教學，則是傾向於「合作」、「實作」與「遊戲」的活動課程著稱於世。

1957 年蘇俄發射人類第一顆人造衛星「Sputnik」後，進步主義開始式微，取而代之的是以精粹主義（essentialism）為主的課程改革，強調學生的學科能力與更嚴格的課程標準。加上 Gallup（蓋洛普）多年以來，於年度調查中不斷的顯示，社會大眾對學校教學表現的不滿，致使「回到基本課程」（back-to-basics curriculum）的改革呼聲甚囂塵上，於是乎表現「學科的基本能力」（basic competencies）成為課程的目的。一時之間，「能力」似乎成為課程的代名詞。教學以表現學科的「能力」，作為終極目標。

而強調「學科基本能力」的教育，更因為聯合國教科文組織於 1996 年出版的《學習：內在的寶藏》（Learning: The treasure within）和 2003 年出版的《開發寶藏：2002-2007 年願景與策略》（Nurturing the Treasure: Vision and strategy 2002-2007）宣布學習的五大支柱（the five pillars of learning），使得課程改以「關鍵能力」（key competencies）為名，引發各學習領域課程的變革。及至，OECD（Organisation for Economic Co-operation and Development）（經濟合作開發組織），依據其 DeSeCo（界定與選擇關鍵能力）的跨國研究計畫的結果，提出二十一世紀三大關鍵能力（key competencies），引發各國對於未來教育中的知識、能力、態度和價值作出改變。課程亦在此趨勢下，將「關鍵能力」取代了基本學科內容的背誦，教學則以表現能力活動為主的設計。

這些教育的改革主要是為了順應社會的變遷，而改變課程則是教育改革下最直接的任務。在改革的過程中，課程的形式由最初

的學科形式轉換為目標、基本能力與關鍵能力，逐漸脫離教學（教材）的範疇。換言之，課程與教學之關係從過去「一體兩面」的關係，隨著課程的獨立與演變，逐漸分化成為兩個關係緊密卻又不同的「實體」。教學不再只是關注「教材」的內容，它必須受課程的引導，甚至以課程為起點，進行相關的規劃與設計。隨著課程的改變，教學也勢必改變，重新設計教學必定成為這一波教育改革的另一項任務。

總而言之，課程與教學的定義、概念與範圍，隨著時代的更迭不斷的演變，此與哲學上所主張的「變即是本體」頗有相似之意。因此，在「變」的潮流中，如何接受「變」、面對「變」，以及創造「變」，會是從事教育的人員必須具備的心理素質，而它更符合聯合國教科文組織所提的「學會改變」學習支柱所賦予的意義 ── 接受改變、順應改變、積極改變，以及引導改變。

然而，在接受、順應改變的同時，勢必也會產生改變所帶來的問題。教育領域中的改變，課程的改變首當其衝，其影響所及也包含對教學的要求，其間所產生的問題更多，也更複雜。本篇即是對我國近年來的教育改革 ── 九年一貫課程改革和十二年國教改革，所產生的變化及問題提出說明，期望這些問題能夠解決，以實踐教育改革的期望。

第一章

九年一貫的課程變革

　　綜觀我國現代課程的改革，雖然可以溯自 1929 年教育部頒布的「小學課程暫行標準」，其後數次課程的修正，都仍然是以「學科」、「教材綱要」作為課程的觀念，並未有太大的變化。然而，面對長達近六十年的「課程即教材綱要」的觀念，教師早已將課程就是教材大綱的想法，深深的植入腦海中。這種「課程不過是教材大綱」的簡單想法，讓教師的教學，只關注在教材內容的完成，而忽略課程的作用。課程與教學的分野，在這樣的「課程標準」中，成為教材大綱與教材內容的關係，因此，關不關注課程，似乎變得不重要。

　　直到 1998 年的九年一貫課程改革，課程才以「課程綱要」之名，以各學習領域的「能力指標」作為課程的概念。此項改革，讓課程與教學（教材）的關係開始有所區別，也逐漸拉近我國與西方國家對課程概念的距離，可以說，是我國教育史上，對課程最大一次的變革，其衝擊也是最大的。

　　1998 年，教育部將課程以「課程綱要」之名取代舊有的「教材綱要」，重新定義課程與教材之間的關係。「課程綱要」以「能力指標」為主軸，規劃出國小到國中，共九年的課程目標，彼此銜接，是為「九年一貫課程」。課程從此脫離教材，自成一格，並且以「目標」的形式，出現於各學習領域中。過去教材由政府統一編印，改為由民間出版，此項政策也引發後來基層教師對「一綱一本」與「一綱多本」的爭議與反彈。

　　「九年一貫」課程改革於 2001 年開始正式實施，它所帶來的衝擊，首以國中小教師必須面對多樣化的教材，其反彈的聲量是最大也最激烈的。但是，對於課程與教學專家而言，課程的改變才是最重大

的影響。當課程脫離教材大綱的型態之後，課程開始成為教學最重要的導引，教材則是達成課程之下的可能素材之一，它的地位已經不是過去教學所依賴的「聖經」。

當課程與教材脫離之後，如何解讀國家的課程綱要成為學校本位的教學目標，更成為當時最熱門的議題。而另一項更重要的課程議題，就是「課程計畫」的編製。過去，課程計畫的編製一直是國家層級──教育部的工作，導致學校、教師、國內學者都缺乏相關的經驗，對於課程編製的理論與實務，國內學者也一直沒有太多的論述，這些因素讓九年一貫課程的實施蒙上了陰影。除了缺乏編製學校課程計畫的經驗外，對九年一貫「總綱」中有關課程計畫規定與說明的漠視，也造成九年一貫的改革成效不彰。其中，不乏國內知名的學者、實驗學校的領導人，以及示範學校在參與或創造課程計畫時，都忽略了教育部在總綱中的明文規定，導致課程計畫失去它的功能與重要性。

基於前述的問題，本章擬分成下列各節討論之：(1) 九年一貫課程與教學問題；(2) 一綱一本與多本的問題；(3) 課程計畫的問題；(4) 統整課程的問題；(5) 教學的問題；(6) 師資培育的問題。

第一節　九年一貫課程與教學問題

近年來，我國教育最大的變革當屬 2001 年的九年一貫的課程改革運動。此次教育的變革，除了將國小與國中的課程進行有系統的整合以外，更希望藉由課程改革去重建學校教育，帶來課程和教學方面全新的觀點。因此，課程的改革可說是這一波教育改革中首要的目標。九年一貫課程於 90 學年度在國中小開始分年實施，至今已有十餘年，其間所引發的問題很多。

所謂的「一綱」即是指 2001 年公布的「課程綱要」。由於我國的政府體制屬於中央制，舉凡國民教育之宗旨、目的、目標，乃至於各學習領域之課程目標與能力指標，均由教育部頒布與實施，全國一

致，故稱為「一綱」。在2011年的課程改革中，教育部首度將教科書之編印開放給民間教科書出版商進行編輯與發行，而教育部只有「備查」之責而已，是謂「多本」之政策。但是，這樣的多本政策，到了教學的現場卻被誤會，而引發「一本」和「多本」之爭議與抗爭。

因為各版本教科書內容不盡相同，教師為求教學的完整，以為將各版本之內容相互比較之後統整一起，遂產生「教多本」的現象，導致教學之負荷加重，紛紛反對「多本」政策。雖然，教育部一再重申「教一本」就足夠了，但是由於教師無法參透「課綱」的教學意義，這種「多本」的政策，引起許多教師與家長的反彈，此即為「一綱一本」與「一綱多本」的爭議。

由於教師在教學時，是使用「一本」，還是選擇「多本」的教科書，成為2001年課程改革最大的焦點，相形之下，「一綱」的問題就被社會大眾所忽略了。但是，「一綱」沒有問題嗎？「一綱」是此次課程改革的最大主角，為什麼沒有成為討論的焦點？是因為我們認為「它」與教學沒有關聯呢？或是我們根本不知道「它」和教學有關聯？

課程與教學息息相關，兩者的關係雖然無法絕對的分割，但是課程先於教學，且居於教學之上位，是大多數課程理論所持的觀點，不論是在泰勒（Tyler）的課程模式或是在奧立發（Oliva）的課程發展模式中，都可見到這樣的主張（黃政傑，1991，頁147-159）。因此，當教學產生爭議的時候，應該要回溯到其源頭，即課程的部分作檢視，以找出問題的癥結。

第二節　一綱一本與多本的問題

九年一貫課程最具有爭議性的，莫過於一綱一本與多本的問題。當學者、地方教育機構，以及基層的教師在爭辯一綱一本，還是多本的政策時，教育部提出了一份「先進及鄰近國家教科書制度概況」的報告作為回應。報告中列出各國使用教科書的概況，並且作

出：「一綱多本符合國際潮流」的結論（韓國棟，2007）。進一步觀察此報告，發現教科書多本使用的情況在這些先進與鄰近國家中，例如：美國、英國、菲律賓、日本，並沒有引發任何爭論，但是我國「一本」和「多本」的主張卻引起極大的爭議，甚至出現地方對抗中央政府的態勢。教育部「一綱多本」的政策，讓基層教師誤以為教學必須以「多本」而為之，才不至於輸在起跑點，因此覺得「一綱多本」的教學負擔太沉重，均傾向支持「一綱一本」的政策。

但是，反觀教育界的專家學者們卻大力支持「一綱多本」的理念。他們不約而同的提出呼籲：「將能力指標轉化成為學習的目標」、「將教材視同教學的素材」、「能力指標的教學才是重要的」等說法。許多學界的專家更紛紛提出，他們對「轉化能力指標」的建議（陳新轉，2004；楊思偉，2002）。不僅如此，教育部在「國民教育社群網」之「Q&A」中也呼應這樣的說法，指出能力指標應該要轉化成學習目標：（教育部，2008）

能力指標是學生在各階段學習之後所應獲得的基本能力。在九年一貫課程中，能力指標是學校在各領域課程發展的重要依據，教師必須在教學歷程中不斷的檢視、修正與評估。在<u>轉化能力指標為教學目標</u>時，應注意下列的原則：

一、分段能力指標的用意在於提醒教師該階段學生所要達成的能力，並非學習的順序。

二、<u>教學目標</u>應依據分段能力指標加以<u>分析、歸納或綜合</u>，避免一直重複同一種概念的學習，而忽略了其他能力的統整學習。

從上述的說明中不難看出，學者專家和教育部一致共同對能力指標的處理原則為：

1. 能力指標是指學習後所獲得的基本能力。

2. 能力指標必須轉化成「學習目標」。

3. 轉化後的學習目標必須再分析、歸納或綜合。

　　雖然學界和教育部對能力指標需要轉化的態度具一致性，都指出能力指標的轉化是勢在必行的作法，但是教師馬上面臨轉化能力指標的三個困難，那就是：

1. 如何轉化？

2. 什麼情況下教學目標，必須分析、歸納或綜合？

3. 對於轉化完成的教學目標，如何嵌入或融入現有的教材中？

　　如何轉化，學者們各自提出他們的想法，學者如：陳新轉、王素芸、張佳琳等，都提出對能力指標轉化成教學目標的不同看法（張佳琳，2000；王素芸，2001；楊思偉，2002；陳新轉，2004）。陳新轉（2002）主張，能力指標應以「能力表徵」的方式轉化，轉化時必須掌握：(1) 知識要素；(2) 情境要素；(3) 能力表徵內涵，以及 (4) 致能活動（頁 93-95）。葉連祺（2002）指出，能力指標的轉化必須視教師對課程轉化的觀點而定，其中包括：(1) 忠實觀（fidelity perspective）；(2) 調適觀（adaptation perspective），以及 (3) 批判創造觀（criticism & creation perspective）。能力指標從不同的觀點轉化，其所得之結果自然相異。實施九年一貫，應該從教學者與學習者之角度思考，將課程轉化、教學轉化、教導轉化、學習轉化、評量轉化、能力／能力指標轉化等概念，納入課程轉化中（頁 51-54）。針對能力指標之轉化策略，則包括：(1) 替代；(2) 拆解；(3) 組合；(4) 聚焦；(5) 連結，以及 (6) 複合。

　　學者的論述，姑且不論其所轉化的概念與作法、其所轉化的結果，要如何實施其教學的問題。所以，轉化之後的關鍵是，不論是轉化成「能力表徵」、「具體的認知、情意、技能目標」或是「概念與知識」，教師如何利用其結果，進行教學設計？過去，在師資培

育的課程中所設計的教學，都是以「教材／單元」為基礎，那麼在轉化後，其後續的歷程是什麼？更重要的是，這個歷程中如何將現有教科書的單元／教材納入其中，又不失去轉化的成果，這兩者如何作接軌？讓教師在教學時，能夠以能力指標為主軸，又能合理的使用教科書，這些恐怕是基層的教師最想要得到的答案。

然而，許多學者們大都假設，這些轉化過後所得的教學目標就可以理所當然的讓基層的教師進行教學，但是事實經常並非如此。作者發現許多教師在研習會中，所辛辛苦苦轉化的目標結果，回到學校後，又被扔回到抽屜裡，或者把它們堆放在教務處的櫥櫃中，束之高閣。究其原因，還是在於教師未能有一套完整的歷程，將轉化完成的目標與教科書的單元作接軌所導致的結果。這樣的情況不斷的在許多九年一貫的研習會中上演。由於缺乏完整的歷程，以致轉化的成果和教材的使用產生斷層，其結果依舊是國家和地方陷入了兩極的觀點與對立，教育機構、教師和家長也還是處於高度的焦慮中。

雖然，我國對一綱一本或多本的爭議，隨著 2012 年臺北市教育局宣布放棄一綱一本的堅持而暫時停止。但是，不可否認的，這種爭議是因為北北基的基測與學生的分發出現問題才落幕的，並不是全然對一綱多本的想法有所改變，而願意追隨一綱多本的理念。所以，一綱「一本」和「多本」的隱憂仍然存在著。

第三節　課程計畫的問題

九年一貫最被忽略的問題是課程。九年一貫課程的革新不僅讓我國之國中小課程合體，更讓國家的課程由「課程標準」、「教材綱要」，轉換為「課程綱要」與「能力指標」。具體而言，這種改變也代表了我國對課程的定義與理念的改變，而這些改變則拉近了我國與西方國家在教育上的差距，是我國教育史上非常重要的里程碑。在這一波教育改革中，課程的改變應該是最重要的焦點。但是，在許多研究九年一貫課程的文獻中或實務的討論中，並沒有將課程計畫列為最

優先、最重要的課題，反倒是「統整課程」成為當時課程最主要的討論對象。

課程的意涵轉化為能力指標，是破除近五十年來的教材綱要的課程觀點。雖然沒有了國家出版編輯的教科書，但是有更多版本的教科書可以提供給教師們使用。這些民間教科書都經過教育部的審核與認可，雖然引起一些批評的聲浪與波動，但仍算是相當溫和與平靜。正因為如此，教師深信只要將這些「審核」通過的教科書教完，就如同過往一樣，應該能完成學生的能力，所以他們依舊回到「教科書」的日子裡，把能力指標視為教科書要達成的目標，而不是教師們教學的任務。

然而，另一個被忽略的課程重點是「課程計畫」。「課程計畫」被視為教育部，下放教育權力的一種象徵。過去的課程標準是教育部規定每一門科目、每一個學年，以及每一個學期要教的詳細內容，所有的學校都要切實的實施。換句話說，教育部把所有的科目就其年級和學期，所要實施的內容與目標，都在課程標準中予以指定和規範，就形同所謂的課程計畫一樣，只不過它是由教育部所指定的計畫而已。但是不同於以往，現今的課程計畫卻是讓學校自行規劃「能力指標」在階段中實施的順序、速度或範圍。就其意義而言，它代表了教育部將部分的教育權力下放給學校，使其具有教育的權力。

雖然在九年一貫課程的試辦初期，教育部出版了《學校總體課程計畫實例》，希望藉由這些實例提供給各校，作為他們編寫課程計畫的典範（教育部，2001）。但是，仔細分析這些範例，有一部分雖然稱為「總體課程教學進度表」（如表 1-1），實質上所謂這些範例有部分僅能稱為「教學的進度表」而已。它們與教育部所稱的課程計畫內容並不相符合，也不具有課程的意涵（教育部，2001，頁 18-19）。這樣的作法，代表當時實施九年一貫課程時，教師與負責輔導的教育機構對「課程」的意義與內涵，其理解與詮釋的能力是不足的。雖然如此，這種課程進度表的形式，在當時，甚至在今日，也依然充斥在許多學校的「總體課程計畫」當中。

表 1-1　學校總體課程教學進度表

九、總體課程教學進度表

臺南市東區勝利國民小學八十九學年度一年級上學期總體課程教學進度表

週次	日期	學校重大行事	語文(7)	健康與體育(3)	生活課程(7)	數學(3)	綜合活動(3)	彈性學習(3)
一	0827-0902	•30.31開學準備日 •9月1日正式上課	一首1 我愛爸爸媽媽 家政			1.有多少		•迎新(視需要規畫實施)
二	0903-0909		一首2爸爸和奶奶 一首3愛做什麼 家政	一 S -a 二 1 我是毛毛蟲-a 兩性 人權	一1-1 認識我們這一班-a 一1-2 我們的教室-a 二1 這就是我-a 二2-1.動物大合唱 三1可愛的校園-a 環境 兩性	1.有多少	1.歡喜上學去-a 人權 環境	a 快樂上學去 •中秋節與教師節活動(視需要規畫實施)
三	0910-0916	•中秋節民俗活動(6-11)	一首4 小白貓 環境	一 5 我們這一班:班級夥伴-a 二 2 嘟嘟小火車-a 兩性 人權	習1-1-a 一1-3自我介紹-a 二1-2選出我喜歡的顏色-a 二2-2.請你跟我這樣做 三1.可愛的校園 環境 家政 兩性	1.有多少	2.我上一年級了-a 環境	
四	0917-0923	•第一階段『讀書學習護照』啟動	一首5 小金魚 一首6 小黃狗 環境	一 5 我們這一班:誠實寶寶-a 二 3 滑梯、蹺蹺板 兩性 人權	習1-1-a 一1-4老師和同學-a 二1-6好好吃的畫 二2-3.是誰在跳舞 三1.可愛的校園	2.分與合	3.校園巡禮-a 環境	

資料來源：教育部（2001）。臺南市東區勝利國民小學八十九學年度學校總體課程計畫。國小組學校經營研發輔導手冊（4）：學校總體課程計畫實例，頁 18-20。

　　相較於上述的「教學進度」，另外一種課程計畫的形式則稱為「各單元內涵分析」。其內容項目，由左至右依序為「單元活動主題、單元學習目標、相對應能力指標、節數、評量方法或備註」，如表 1-2（教育部，2001，頁 30-33）。雖然其包含的元素看似頗為符合教育部對課程計畫的要求，但是，表 1-2 中是以「單元活動主題」作為開始，能力指標列在其右，說明了它的安排還是以教科書的單元

表 1-2 學期單元內涵分析

附錄二：健康與體育學習領域之課程計畫

(一)一年級上學期之學習目標

1. 說出上課時需遵守的常規，並安全的在學校裡活動。
2. 養成居家生活的安全習慣，自行完成自己該做的事。
3. 敬愛長輩，並且與兄弟姐妹及同學相親相愛。
4. 養成良好的飲食習慣，遵守並實踐餐桌禮儀。
5. 注意儀表的整潔，保持頭、牙、手、頭髮的清潔。
6. 認識身體主要部位名稱，運用感官避免傷害。
7. 了解各種動作及隊形的方法及要領，並能認真學習。
8. 了解跑步、各種遊戲、球類運動的方法與動作要領，進而遵守秩序，並在友愛的氣氛中認真學習。
9. 能正確指出身體各部位名稱及利用身體各部位創作各種造型。

(二)一年級上學期之各單元內涵分析

單元活動主題	單元學習目標	相對應能力指標	節數	評量方法或備註
一1 我們這一班(a) 二1 我是毛毛蟲(a)	1.能聽從教師的指導，進行學習活動。 2.能指出上課守秩序與不守秩序的行爲。 3.能說出上課要遵守的規定。 4.學會立正、稍息及向前看齊的動作。 5.會聽口令做出各種動作。 6.能集中注意力，仔細聽講。	(1-1-4)(1-2-2)(3-2-1)(3-2-4) (4-1-1)(4-1-2)(4-3-5)(6-1-1) (6-1-3)(6-1-4)(6-1-5)(6-2-5)	3	口語評量 行爲檢核或態度評量 兩性教育 (1-1-1)(1-1-2)(1-3-5) (2-1-1)(2-1-2)(2-1-3) (2-1-4)(2-1-5)(2-1-6) (2-2-1)(2-2-2)(3-2-1)
一2 班級夥伴(a) 二2 嘟嘟小火車(a)	1.能列舉同學之間如何相處的方法。 2.能說出被同學接受和不被接受的行爲。 3.會排直線、縱線隊形。 4.練習隊伍的行進。 5.培養合作的團隊精神。	(1-1-3)(1-1-5)(1-2-2)(3-1-1) (3-2-4)(4-1-1)(4-1-2)(6-1-1) (6-1-3)(6-1-4)(6-1-5)(6-2-5) (6-2-3)	3	口語評量 行爲檢核或態度評量 兩性教育 (1-1-1)(1-1-2)(1-3-5) (2-1-1)(2-1-2) (2-1-3)(2-1-4)(2-1-5) (2-1-6)(2-2-1) (2-2-2)(3-2-1)
一3 誠實寶寶(a) 二3 滑梯、翹翹板	1.能知道每個人都不喜歡被欺騙。 2.能了解說謊是一種欺騙 3.鼓勵兒童說實話。 4.了解滑梯遊戲中坐姿滑下、仰臥滑下的遊戲方法與動作要領。 5.能遵守秩序，從事安全的遊戲活動。	(3-1-2)(3-1-3)(3-2-1)(4-1-1) (4-1-2)(5-2-2)(5-2-5)(6-1-1) (6-1-3)(6-1-4)(6-1-5)(6-2-3)	3	行爲檢核或態度評量 兩性教育 (1-3-5)(2-1-3)(2-1-5) (2-2-1)(2-2-2) (3-2-1)
一4 危險在哪裡 二4 盪鞦韆、攀登樂	1.能指出不安全的情境。 2.能列舉校園內、教室內、遊戲場所應注意的安全事項。 3.能了解並學會坐姿、立姿盪鞦韆。 4.能了解並學會向上、往下攀登的方法與動作要領。 5.能集中注意力，認真學習，並互相禮讓，互相合作。	(1-1-4)(3-1-2)(3-1-3)(3-1-4) (3-2-1)(3-2-2)(3-2-4)(5-1-1) (5-1-2)(5-1-3)(6-1-5)(6-2-3) (6-2-5)	3	口語評量 行爲檢核或態度評量 兩性教育 (1-1-1)(1-1-2)(1-2-1) (2-1-1)(2-1-2) (2-1-4)(2-1-6)
一5 小小觀察檢查家	1.能指出上下學應準時。 2.能正確的辨認紅綠燈、行人專用號誌、行人穿越道、天橋及地下道的功能。	(1-1-4)(3-1-1)(3-1-2)(3-1-4) (3-2-1)(3-2-4)(3-2-6) (3-3-1)(3-3-2)(3-3-3)(5-1-1)	3	行爲檢核或態度評量 兩性教育 (1-1-1)(1-1-2)(1-2-1)

資料來源：教育部（2001）。臺南市東區勝利國民小學八十九學年度學校總體課程計畫。國小組學校經營研發輔導手冊（4）：學校總體課程計畫實例，頁30-33。

活動為主，從單元中延伸出學習目標，再將能力指標套用進來，這種規劃方式並不是以能力指標作為教學中心的思考。所謂的單元學習目標仍然是由單元所延伸出來的，然後再挑選可以搭配或拼湊的能力指標。基本上，可以看出這些單元學習目標並不是由能力指標所轉化的，此與教育部所主張的不符。可以說，這種作法仍然脫離不了舊有的課程與教學觀念，應該值得檢討。

因此，這些範例如果依據 (1) 教育部在九年一貫課程實施要點中的規定，課程計畫內容應包括：「學年／學期學習目標、能力指標、對應能力指標之單元名稱、評量、議題、節數與備註。」(2) 課程理論中對課程目標的層次，應遵守由國家、學校、學科，乃至單元之目標依序由上而下（橫書時為由左至右）的階級層次，以及 (3) 學習目標應由能力指標所轉化等三項原則，這些範例不僅內容不盡符合教育部在「總綱」中的相關規定，而且也沒有遵守課程理論中目標應具備的階層關係。

這些學校課程計畫仍然是以出版商的單元為主要的課程來源，能力指標只是替單元服務而已。這樣的課程計畫所代表的課程觀點，可以說並沒有脫離過去以教材單元為主的「課程標準」時代的作法。意即，基本能力、學習目標、十大基本能力皆由單元中衍生，和九年一貫課程改革中所強調的教學應該由能力指標所產出的意義，有很大的差異。因此，這些範例很難看出它們和以往的課程標準有何不同？不都是從教科書單元出來的嗎？所以，教育部所出版的《學校總體課程實例》，足以讓人懷疑它們的代表性與示範性。可惜的是，在許多相關的研討會中，主辦單位或是示範的國小對於教育部賦予學校參與教育權力的「學校總體課程計畫」的任務，卻不見有更深度的討論。

更令人扼腕的是，當地方教育局／處要依其權限審核各校的課程計畫時，教科書出版商準備了一份全國統一的「課程計畫」讓學校去送審。可惜的是，出版商的「課程計畫」既不符合教育部之規定，其作法也不符合課程的學術理論。然而，更荒謬的是，教育局／處也沒有依照教育部在「實施要點」裡的規定去審核，反而，只要是出版

商提供的課程計畫就予以通過。這樣的審核標準明顯違反了教育部的規定，但是卻沒有人理會，就連審核地方學校課程計畫的人員（通常是借調或委任學校的行政人員，如教務主任等）也不知道教育部有相關的規定，遑論其具備有課程理論或是教學設計的專業認知和審查能力，這樣的審核到最後僅是徒具虛名而已。因此，學校之不重視課程計畫並不令人感到意外。

九年一貫課程推動工作小組在 90 學年度第一次「全國各縣市政府教育局局長聯席會議記錄」中，確定將各校規劃總體課程計畫內容分為三大項：學校的教育目標、願景、領域學習節數（謝寶梅，2001，頁 VII）。這種決議明顯不符合教育部的相關規定，但是卻決定了日後各縣市地方教育機構和學校對課程計畫的內容與作法，導致後續的課程計畫無法真正落實教育部對其之期望與規範。

為什麼課程計畫如此重要呢？從課程管理與領導的層面來說，沒有課程計畫，如何談學校課程的管理？更遑論課程領導。再從課程與教學關係的層面來說，大部分的課程與教學理論中都可以發現課程往往先於教學，不論是泰勒的模式或是奧立發（Oliva）的模式，因此，缺乏可實施的課程計畫時，那麼教學要以何為依歸呢？在九年一貫課程總綱的實施要點中特別提及課程計畫的問題，可見教育部對它的重視，不僅如此，有課程計畫才能發展教學的觀念，也是合乎課程與教學理論中的論述。可惜的是，各學校都忽略編定課程計畫的重要性，沒有詳實的課程計畫，那麼教學要依據什麼標準設計呢？最後的結果是，教師仍舊回到單元中，繼續以往「課程標準」時代的作法，把完成單元內容作為教學的主要目的，卻因為各版本教科書的單元內容都不相同，於是產生了一綱「一本」與「多本」的問題。

第四節　統整課程的問題

　　不可否認的是，九年一貫初期，教育人員對於課程確實有改革的企圖。從全國均熱烈討論有關「統整課程」，就可見到學校對新課程的期盼。一時之間，「統整課程」成為這一波課程改革中最熱門、最受到歡迎的焦點，各校莫不沾沾自喜自己成為新課程的改革者與推動者。但是，當時國內學者薛梨真（2009）推行「統整課程」，鼓勵各校採取最容易可行的統整方式，將單元順序予以調整的「平行學科」統整，然後冠以一個統整的名稱。一時之間，這種統整課程的方式即被大多數的學校所採用。但是，根據統整課程相關的理論，比起其他的統整形式，其效果可算是最弱的一種。由於出版商在編輯教科書的時候，並沒有考慮不同學習領域主題的關聯，導致教師在教科書主題上，進行橫向的統整時產生困難。到九年一貫的後期，有些學校連單元順序都沒有調整，只有在各領域教科書單元名稱前，加諸「統整主題」之名，美其名為「統整課程」，實則已無任何統整之意義，如表 1-3 所示。雖有「溯古論今」和「迎向陽光」等統整主題名稱，但是各領域的單元仍然是依照課別的順序，並未調整任何單元。隨著時間過去，統整課程的實施當然未能有具體的成效，只有熱鬧，是可想而知的結果。而各校在經歷一段時間後，也發現其實所謂的「統整課程」，只不過在各科單元名稱前加一個「好聽的」名稱而已，其實是沒有深層的統整意涵，因此，後來紛紛放棄這樣的課程活動。

表 1-3　臺中縣日日國小 93 學年度第二學期五年級課程教學進度表

週次	日期	學校重大行事	統整主題	語文8			數學4	自然與科技3	社會3
				國語5	閩南語1	英語2			
九	4.10 ~ 4.16	查閱數學習作	一、溯古論今	語文天地二	3.白鴒鷥	Recycle1	加油小站一	1-3 防止食物腐壞	三-2 移民的社會
十	4.17 ~ 4.23	查閱社會習作		語文天地二	4.烏面撓桮	Recycle1	加油小站一	1-3 防止食物腐壞	四-1 大船入港
十一	4.24 ~ 4.30	查閱自然習作 期中學期評量	二、迎向陽光	第八課秦始皇的地下護衛軍	4.烏面撓桮	Playing Sports	單元6 分數的乘法	第三單元力的世界 1-1 重力	四-1 大船入港 四-2 清末的建設
十二	5.01 ~ 5.07	查閱作文簿		第九課神祕的古夫金字塔	4.烏面撓桮	Playing Sports	單元6 分數的乘法	1-2 測量力的大小	四-2 清末的建設
十三	5.08 ~ 5.14			第十課重現人間的古城	5.紅樹林	Playing Sports	單元7 怎樣解題	1-2 測量力的大小	五-1 英勇的抗日事蹟

　　表 1-3 中統整主題之名稱為「溯古論今」、「迎向陽光」，對應於其各領域的單元，實則無法瞭解它們究竟統整了什麼主題知識或能力。這就是九年一貫「統整課程」後來發展的現象，殊為可惜，但是也可看出統整課程在設計上的困難。

從以上學校在實踐九年一貫課程改革時的種種作法，直指以「課綱」為主的課程發展及教學設計，並未得到真正的理解與適當的表徵。其中又以需要關心的「學校總體課程計畫」卻沒有得到充分的討論或關注的事實，凸顯出九年一貫課程變革後，沒有落實真正課程與教學的改變。

第五節　教學的問題

九年一貫最惱人的問題是教學。教學是許多教師面對學生時，最直接的問題。「你教了能力指標中的能力了嗎？」這是我最喜歡問課堂裡研究所學生（大部分都是現職國中小教師）的問題。一開始，這些研究生教師都會理直氣壯的說：「我有照教科書教啊！教科書都是教育部審核通過啊！」再問：「你真的有教能力指標嗎？」、「應該有！」（這時候的音量已經減低了50%）。「你們當中有誰認真的讀了能力指標？」這時候，我大概已經聽不到回答的聲音了！我相信這些在研究所中研修的國中小教師不是特例，他們應該是代表了大多數教師的實際情況。

我也曾在研究所入學考試的題目中問：「教育部規定課程計畫的內容要寫哪些項目呢？」（非常簡單的記憶性題目）。但是當我在批改試卷時，算了一下考生（包括：在職生與一般生）約有101位報考，其中僅有一位考生勉強提了能力指標與對應的單元名稱等項目，其餘的考生不是沒有答，就是顧左右而言他，完全摸不著邊際的作答。從這種情形就可以推估大部分的教師並沒有真正去看九年一貫相關的資訊，更遑論瞭解能力指標的內涵。因為沒有詳讀教育部對能力指標的說明／詮釋，所以不瞭解能力指標的意涵，無法落實真正有效的教學，更遑論知道教學該要強調的重點是什麼。

另外，九年一貫課程改革中非常強調的重點是「學校本位」的精神。但是，就如前段所述，各校的課程計畫是由教科書出版商所設

計，因此，可以說這些課程計畫大概都只有「出版商本位」的精神，並無「學校本位」的特色。除此之外，在不瞭解能力指標的前提下，教學似乎掉入了到底要教課本中的通論，還是要教學校在地特有內容的泥沼當中。如果要教學校在地的內容，那麼如何處理課本中的通論？文本與在地內容的衝突，自然也引起許多教師在教學過程中的猶豫與疑惑，成為教學上的「迷失」。

當課程的概念已經改變，教學的方法自然也要隨著改變。但是，當九年一貫的課程改為能力指標時，教師的教學似乎還停留在教材內容上。當教學的目的是學生的能力表現時，其實教學勢必成為「以學生為中心」的設計。但是面對所謂的能力指標，許多教師的認知是「給予學生更多的教學」或是「補充更多的教材」，學生自然會表現出能力來，這是非常不正確的想法。能力，不是從更多的教學內容中培育出來的，而是從學生表現的能力中找到「他要如何表現能力」，以及「他要表現能力之前，他要知道什麼與他要做什麼？」這兩個問題的答案才有可能。所以，教學必須要改變。但是，教學改變了嗎？我們把教科書放在一邊了嗎？我們把學生的能力作為教學的主體了嗎？

第六節　師資培育的問題

任何一項教育改革，都需要有配套措施，九年一貫的課程改革也是如此。但是當我們回顧九年一貫的初期，最為人詬病的莫過於配套措施的不足。所謂配套措施，也包括國小師資的培育。一般而言，我國國小教師的培育都是由過去的師範院校（現為教育大學或系所）所負責的。然而，這些師範院校的教育課程並沒有因為要實施九年一貫而有所改變，當然就無法滿足培育國小實施九年一貫以能力為導向教學的教師的需求（其實到今天也依然還是如此），這樣的情況與結果並不令人感到意外。缺乏適當的師資，正是導致教育改革失敗的最大

原因，前不久的「建構式數學」就是最好的例子。面對九年一貫課程的改革，師資培育機構必須要有所改變以因應教育環境的轉型。但是現在各教育大學或教育系所因為整併的關係，紛紛力求自保，轉型成為非師培學系，或者因為評鑑的關係，將注意力的焦點移轉到教師個人研究的部分，減低了對師培課程的關心。

雖然，教育部對師資培育的政策已經開始採取減縮進入師培學程的學生人數，其原因包括：少子化的影響，以及過去大幅度開放培育師資的名額所導致流浪教師的問題。但是，不可否認的是這些師培學系也缺乏開設與能力指標教學設計相關的課程。教學理論與教學設計仍然停滯在過去以教材教法的方式（以教材為主）教導學生作教學的設計，導致學生進入到職場（國小），依舊無法認知九年一貫所要求的課程與教學設計。這種培育教師的方式明顯與職場需求的脈絡脫節，如果現在不改變這樣的情況，它終將持續成為九年一貫教育改革中最大的隱憂。

雖然九年一貫教育改革的問題很多，但是，讓基層教師最感到憂心的仍然是教學的問題。然而，之所以會產生這些教學的問題，包括：一綱多本及基本能力的問題，是來自對課程及能力指標的忽略，以及固守舊有的教學方法所導致的結果。唯有重新認識課程的重要性與功能，規劃清楚與務實的課程計畫，依其運用新的教學理論規劃與設計能力指標的教學，才能解決九年一貫教育改革中課程與教學的問題。唯有課程與教學的問題解決之後，才能讓我國的國民教育步上正軌，並且與國際同步，也才能持續再思索未來要的教育改革。

第二章

十二年國教課程變革

　　在九年一貫課程的變革中，課程主軸由「課程標準」轉向「課程綱要」，課程主體由「教材綱要」轉向「能力指標」，教學的方式由「知識的獲得」轉向「基本能力」的表現，但是，由於大多數學校與基層的教師並未能正視教育部在課程「總綱」中的各項說明與規範，反而是以「參考」他校的方式進行課程的修改調整，教育部也未能提供有效的資源，協助基層學校進行課程計畫的編製與教學的改革，致使九年一貫所強調的「能力表現」失去意義。然而，民間出版商則是規劃了「自訂」版的課程計畫，充數般的繳交給縣市教育機關作為審查之用，影響所及，讓主導學校本位課程的計畫形同虛設。在一連串的無效作為之下，各校依然回到了「出版商本位」的教學，教師也仍然熟悉的使用教科書。

　　繼九年一貫課程改革之後，2011 年教育部宣布「十二年國民基本教育實施計畫」，預定 2014 年開始實施，然而實際實施的期程則是延至 2019 年才開始。此次的教育改革中，主要的變革是將高中、高職，以及五專前三年的學制納入十二年一貫的國教系統，使得國民基本教育年限延長為十二年，故稱「十二年國民基本教育」（教育部，2014，頁 1）。十二年國教提出以「核心素養」為名的課程主軸，將「能力指標」改以「學習重點」作為課程的主體。而各校的課程交由「課程發展委員會」與其下的「各領域教學研究會」（原為「各學習領域小組」），共同規劃、審核與評鑑。對於影響各校課程甚深的「課程計畫」，則是將計畫的內涵做了修正（教育部，2014，頁 31）。「總綱」中明定學校課程計畫應由學校課程發展委員會通過後，於開學前陳報各該主管機關備查，並運用

書面或網站等多元管道向學生與家長說明。

　　然而，為了減少對課程改變所帶來的衝擊，國家教育研究院（2014）釋出對「學習表現」與「學習內容」的詮釋，其中「學習表現」的性質有如舊有的「能力指標」一樣，「學習內容」則定義為各學習領域的重要事實、概念與原則，有如九年一貫課程中的「基本內容」、「細目詮釋」等（頁8-9）。這樣的詮釋，其實是無法讓基層教師對於課綱愈趨複雜的情況感到釋懷，反而因為雙向的課綱形式，讓教師更感到憂心。再者，十二年國教強調學生的學習應不受限於學科知識和能力，而是「核心素養」的培育。對此，國家教育研究院（2015）以「個人為適應現在生活及未來挑戰，所應具備的知識、能力與態度」作為核心素養的定義，更令基層教師感到無力（頁1）。對於課綱與教學（教材）之間的關係，一如九年一貫時的情況，無法突破舊有的教學設計方式，遑論發展素養理念的教育內涵。

　　綜觀十二年國教的最大特色，乃是課程的發展主軸由「基本能力」（basic competences）轉為「核心素養」（core competencies），而課程的主體則由「能力指標」改為「學習重點」。其中，又以「核心素養」的訴求最受到教師們的矚目，相對的，培育「核心素養」的課程重點卻被忽視。同樣的，課程計畫的編製仍然是以教科書單元及其順序來表徵，並未按照「總綱」中的規定，以「學習重點」作規劃與表徵。

　　雖然十二年國教的課程發展仍然維持「一綱」的精神，但是最大的轉變則是由「一維」的課綱形式轉為「二維」的向度，此舉更增添教師在轉換課綱的難度。不僅要關注「學習內容」，更要兼顧「學習表現」，此點對於原本對「能力指標」的教學設計，已經是力不從心的教師們，更是難以處理，因為解讀課程的複雜顯然更勝於九年一貫的時期。本章基於前述的問題，分成下列各節討論之：(1) 學習重點的問題；(2) 課程計畫的問題；(3) 核心素養的教學問題；(4) 師資培育的問題

第一節 學習重點的問題

十二年國教中將各領域／科目的理念與目標，結合「核心素養」的內涵，發展出各領域的「學習重點」。而學習重點則分成「學習表現」、「學習內容」兩個向度，作為學校課程發展、教材發展、教科書審查與學習評量的引導。然而，國家教育研究院（簡稱國教院）（2015）為減低教師對於新課綱的焦慮，提出「學習表現」即接近於九年一貫的「能力指標」；而「學習內容」則是接近於九年一貫的「基本內容」、「分年細目」、「教材內容」的說法（頁8-9）。「學習表現」的性質則是各領域的「非具體內容向度」，要具體展現／呼應各領域的「核心素養」；而「學習內容」則是各領域的事實、概念、原理原則、技能、態度等重要的基礎內容。學校、地方政府或出版商須將「學習內容」作適當的「轉化」，以發展適當的教材。綜合上述說法，對於「學習表現」抱持其非具體性質，而對於「學習內容」則須做進一步「轉化」，才能作為「教材」之用。

對於九年一貫「能力指標」轉化「能力」的失敗經驗，要求學校、教師、地方政府再一次轉化十二年國教的「學習內容」，其實是很困難的。何況教師也發現，當年沒有轉化能力指標，似乎也沒有影響到後續的結果，因為只要照教科書教學，一切似乎都沒有爭議，所以對於十二年國教的教學重點、核心素養也可以如法炮製，不是嗎？這樣的情形，只有讓學者徒呼負負而已。

為何「轉化」課綱，如此重要？以表2-1三則國語的學習內容為例，學校和教師如何界定不同階段的學習範圍？此時，必須慎重考量學生的能力，於不同的學習階段，各定義出不同的「範圍」，以免重複或是遺漏重要學習內容，此即「轉化」的主要功能。

表 2-1 國語之學習內容

Ac-I-2	簡單的基本句型。
Ac-II-2	各種基本句型。
Ac-III-2	基礎句型結構。

以表 2-1 為例，由於各校對於上述國語「學習內容」的轉化，其結果可能不盡相同，就會產出所謂的「學校本位課程」的現象，此即學者蔡清田（2012）所呼籲「學校本位課程之規劃，應包含部定課程在內」的意涵（頁 45）。

再以下列數學學習內容「四則估算」為例，其基本的概念是能夠計算數學的四則運算之後，才進行估算的行動。此項內容應該至少轉化為「四則基本運算」與「四則估算」兩項內容，但下列之學習內容 N-3-8 顯然沒有提到基本的四則運算之內容，卻有四則估算，顯然是不合理的安排。此外，「較大位數之估算策略」，到底要教哪些策略？這些都是學校與教師需要檢視後補充，這正是「轉化」的功能。

N-3-8 解題：四則估算。具體生活情境。較大位數之估算策略。

只有轉化「學習內容」，才能真正瞭解所要教的內容是什麼？雖然有教科書，但是也必須要從課綱的「學習內容」轉化後，去檢視教科書的單元內容，教學才能夠以基本的、忠實觀的方式實施十二年國教。

從國家教育研究院（2014）在「十二年國民基本教育課程發展指引」內，所提供的學習重點的雙向細目表範例，如表 2-2（頁 25）。從「學習內容向度」的項目中，並未依照它自己的指引內所言──適當的轉化「學習內容」後，作為教科書編審與教學的教材之用。換句話說，連國家教育研究院自己的範例，都未能提供正確的作法，又如何能說服學校與教師要按照它的指引進行課程計畫的規劃呢？

　　其次，更因為國家教育研究院並沒有對「學習內容」辦理有系統的相關研習，學校也如同九年一貫時一樣，不知如何處理「學習重點」，自然就無法邀集教師共同來作轉化，所以，「學習內容」、「學習表現」仍然只是淪為一個口號、名詞而已。

表 2-2　學習重點雙向細目架構與單元對應

學習內容向度 ＼ 學習表現向度	……	5-IV-1 能利用二手資料，進行歷史推論	5-IV-2 能利用一手資料，進行歷史推論	5-IV-3 能利用一手資料推論，並提出假設。	……	3-V-1 歷史解釋／分辨不同的歷史解釋	3-V-2 歷史解釋／理解歷史學科的因果關係，對歷史事件的原因與影響提出解釋	4-V-1 史料證據／運用思辨，判斷史料得以作為證據的適當性
一 由各學科專家與課程學者共同討論，並加以發展……								
二 由各學科專家與課程學者共同討論，並加以發展……								
三 由各學科專家與課程學者共同討論，並加以發展……								
第四學習階段 七年級 2-7-6 戰後的臺灣（1.二二八事件；2.戒嚴體制的建立；3.民主化的歷程；4.工業化社會的形成）			第一單元	第一單元				
第四學習階段 八 3-8-6 早期中國文化的發展（中國文化的起源）……			第六單元	第六單元				
第四學習階段 九 4-9-6 歐亞地區古典文明的發展（1.希臘文明特色；2.羅馬帝國與基督教興起；3.恆河流域印度文明……）			第九單元					
第五學習階段 十 3-10-2：晚清興洋務以自強、圖變法以保國。						第五單元	第五單元	
第五學習階段 十一 4-11-1：非洲與亞太地區：從被「發現」到被「殖民」。						第二單元	第二單元	
第五學習階段 十二 5-12-3：移民從「異鄉客」到「文化接受」和「認同感」的心態轉折。							第三單元	第三單元

　　十二年國教「總綱」在國家教育研究院的詮釋之下，視「學習表現」為非具體目標，而「學習內容」則是各學科領域的內容，兩者以二維的向度交互，產出教學的內涵。此種作法，不免讓人回想到1950年代，當 R. W. Tyler 建立影響後世甚深的「課程與教學基本原則」時，所提出的「編製教學目標」的方法。Tyler（1949）即是以二維式圖表的方式產出目標，主要是因為當時他對一般教學目標的寫法，因為不夠具體、清晰，或是以條列內容的方式來表示目標的方式不滿，而提出解決之道（pp. 51-54）。因此，以行為目標的動詞類別和學科內容兩者交互，產出具體的「行為目標」。此種方式產出的目標，具有清晰、可辨的行為動作，也有具體的內容可檢視。

　　但是，Tyler 使用二維式圖表建立教學的目標，並不是刻意將教學目標保持為「非具體目標」，乃是當時的目標寫法不夠具體，而教師又習慣用條列的內容作為教學的目標，所採取的解決辦法。而今，十二年國教卻又淪回到當時 Tyler 的作法，忽略新的教學設計理論的發展與改變。更甚者，國內有學者以本身的經驗，在毫無理論的支持下，逕自解析課綱，無視教學理論的啟示與應用。這些現象都顯示，現行對解析、規劃、設計課綱的能力是缺乏的，無法跟上西方國家的進步之腳步，讓人遺憾。

第　節　課程計畫的問題

　　國內學者蔡清田（2012）以十二年國教核心素養工作圈的召集人身分，指出學校本位課程規劃，除了「特色課程」之外，更應包含「部定課程」。他更進一步指出，學校課程計畫為學校本位課程之具體成果（頁45）。為了要能夠有學校的「部定課程」之本位課程，就需要轉化「學習內容」，這是課程計畫規劃時最重要的任務。

　　然而，課程計畫的內容在十二年國教之「總綱」內，有明文之規定，其包含的內容如下：（教育部，2014，頁31）

> 學校課程計畫至少包含總體架構、彈性學習及校訂課程規劃（含特色課程）、各領域／群科／學程／科目之教學重點、評量方式及進度等。

　　就以上的「總綱」對「課程計畫」規定，不難看出，部定課程和校訂課程均須編製所謂的「課程計畫」，包含計畫中要列出「學習重點」、每一則「學習表現」的評量方式，以及「進度」。所謂的「進度」是指「學習重點」的進度，並非學校使用教科書的單元進度。因為，「總綱」的規劃對象，僅止於對國家課綱有所規範，並不會牽扯到民間任何教科書單元的問題。換言之，「進度」即是學校要能夠表示每一個階段的「學習重點」，如何在兩個學年／四個學期內實施完成，也就是說，計畫中應該要表明各學年，以及各學期所分配要實施的「學習重點」是哪些？

　　但是，以表 2-3 為例，從 XX 學校 108 學年度十二年國教總體課程計畫中可以瞭解，其中，部定課程部分，是以「教科書單元」作為教學的進度，就是誤解了「總綱」中對「進度」的定義。各校對課綱的進度會誤解成教科書單元的進度，究其原因，還是源自對現代「課程」的觀念不足所引起，而其執著於「課程即教材綱要」的想法仍然主宰著教師以舊思維看待新課綱。

　　表 2-3 的課程計畫的資料中，對於「學習重點」、「評量」並無任何的描述，以教科書單元的順序充當課程的進度，類似這樣的「課程計畫」，充斥在各教育階段的學校課程計畫中，可見學校或教師均未能真正瞭解「總綱」中的說明。用此種「課程計畫」來表徵學校實施十二年國教的課程，正凸顯學校教師沒有轉化課綱（學習內容），對新課綱欠缺專業的認知，學校與教師如何實踐整體的課綱，以及究竟實踐了多少的課綱，這些相關的資料竟然都付之闕如。

表 2-3　XX 學校 108 學年度學校總體課程計畫進度總表

週次	日期	學校行事曆	課程計畫內容						校訂課程		備註
			語文		數學(4)	生活課程(6)	健康與體育(3)		彈性學習課程(3)	其他類課程	
			國語文(6)	本土語言/新住民語言(1)					統整性主題/專題探究課程(3)	社團活動與技藝課程	

一〜十	108/08/30〜108/11/09	8/30(正式上課) 開學日(正式上課) 9/13(五) 中秋節(放假一日) 10/5(六) 補行上班上課 10/10(四) 國慶日(放假一日) 10/11(五) 調整放假 11/5(二)〜11/8(五) 第一次定期評量	**單元/主題名稱** 第一單元：未來的好朋友 一、貓咪 二、螞蟻窩 三、河馬和河渡 第二單元：上學真有趣 四、文specify 五、越圖畫 第三單元：神奇故事 樹 六、謝謝老師 七、處處臺地 八、玩具箱 九、動物狂歡會 國字真簡單 **教學重點** 【一、貓咪】 1. 能說出事與色彩的相關經驗。 2. 能了解課文意義，並認識新本課內的詞語。 3. 讀寫本課生字「ㄧ、ㄇ、ㄕ、ㄐ」「ㄋ、ㄇ、ㄒ」。 4. 利用「ㄍ、ㄑ、ㄒ、ㄌ、ㄇ」進行拼音。 5. 比較「ㄑㄑ」「ㄅㄧˇ」讀調的變化。	**單元/新住民語言** 一、溫暖的家庭 第一課 剪手 第二課 未玩完 單元活動一 二、數字真趣味 單元活動二 【一、剪手】 1. 能說出日常生用的招呼情境。 2. 理解課文意義。 3. 運用句型：我…。 4. 學會語詞「ㄇ、ㄅㄤ、食指、剪、總、寫法動作」。 5. 能學會拼音操作。 6. 運用句型「ㄅㄤ」「ㄅㄤ」。 （你好）「阿公」（你好）	一、10 以內的數 二、比長短 三、排隊、比多少 四、分合 五、方盒、圖樣、球。 【一、10 以內的數】 1. 演唱數來一1 到 10。 2. 辨識曲 10 以內數 量。 3. 具體數的量、畫、圖形數。 4. 連寫 10 以內數的 寫、讀、畫、寫法活 動。 【二、比長短】 1. 認識數 0。 2. 用不同形式表示 10 以內的數。 【二、比長短】 1. 認識長短。 2. 直接比較高短物件的長度（長短）。高長的長度、厚薄。 3. 認識直接與曲線。 4. 運用句型：長+名	第一主題：我上一年 級 單元一　開學了 單元二　認識新同學 單元三　快樂學習趣 多 第二主題：一起來玩吧 單元一　快樂玩 單元二　有趣的新玩法 第三主題：光·校園 單元一　校園大探索 單元二　校園安全好行 【1-1 認識同學】 【1-2 認識新同學】 1. 演唱歌曲《讀》 歌，學會同樂一起進 行遊戲。 2. 以我、小彼分段狀 況，相互認識、及成 果。 3. 探究自我介紹與同 卡的好的事物。 4. 注意到自己的 變形。 5. 收看同學的自我介 紹。 6. 探究的事與·與同學 演練且注。	第一單元：成長變 化 活動一　長大真好 活動二　清潔衛生好好身 體 第二單元：營養的食 物 活動一　食物調色盤 活動二　教愛好習慣 活動三　快樂上下 學 第三單元：安全好生活 活動一　我們的安全體育 活動二　愛上體育 活動三　安全遊樂園 1. 引導學生觀察自己 的成長現象，並透過 遊戲化教學認識自身得 持養其照顧身心身體健 康。 2. 啟動學生持續實踐 健康的行為習慣，主 要以透過觀察與演 練、學習各種不同的 快速度不同。 3. 藉由學生體驗食育的好 的經驗·課堂了過的形 要對生理和心理的影 響·並鼓勵學生養成 良好的飲食習慣·邁 向健康。 4. 透過學生本身上學 故與學回家平的情境· 探討時間建用時的遊 態度度·進一步思考 因應解決的方法。		**[生活雙語](1)** Unit 1 忠信地球村科學 好好玩1 Unit 2 忠信地球村生活 好好玩1 **[國際雙語](2)** Physical Science Life Science		

資料來源：http://zxes.tc.edu.tw

　　正因為課綱成為二維向度的學習重點，造成學校運作上的困難。有的學校乾脆無視於十二年國教的變革，繼續沿用九年一貫的「能力指標」作為課程計畫的基礎。當然，這樣的課程計畫居然也通過了主管機關的備查，如表 2-4。這樣的行政作為，上自地方教育主管機關、下至學校，都沒有遵照十二年國教「總綱」的規定，對於教育部推行的國民教育政策改革，實是一大諷刺。當然，這種現象也凸顯基層學校對於編製課程計畫的困難和心力的疲乏，這是教育當局應引以為戒的現象。

　　就前述現象所見，在此情形下，如果要檢視十二年國教實施的狀況或是成效，缺乏有效的「課程計畫」要如何進行？此外，更令人訝異的是，各級學校主管教學的行政人員也無法負起其應有之責任，領導學校的課程與教學的發展。而主管各級學校的「教育機關」也無視教育部在「總綱」中的說明，在審視、備查學校的課程計畫時，也未能提出糾正，讓學校和教師誤以為這樣做是對的。

　　教育部要瞭解十二年國教實施的狀況，唯有透過學校的「課程計畫」，才能一窺其真正實踐的情況。另一方面，學校則是透過「課程計畫」瞭解自己學校對「課程管理」的行政效率，以及實踐十二年國教的成效，可見「課程計畫」對國家和學校的重要性。學者主張「學校課程計畫」是課綱實踐的具體成果，也是學校本位課程實踐的實證。

　　沒有按照教育部在「總綱」中的規定所規劃的課程計畫，大致上也可以推論出學校、教師並沒有落實對課綱，也就是「學習重點」的重視和理解的原因。但是，無法編製有效的學校本位課程計畫，恐將危及現在和未來的教育改革。從學校和教師無法瞭解「課程」的隱憂中，可預知的是，學校、教師將無法真正從教育的信仰中，徹底改變對「課程」與「教學」的觀念，執著於過去以學習教材內容的經驗，則是另一個讓人憂心的問題。唯有貫徹實施教育部十二年國教「總綱」內的「課程計畫」的規劃，才能夠引導教師改變對教學、課程、教育的信仰，進而對十二年國教改革給予真正的支持。

表2-4　111學年度臺中市XX 國民小學五年級第一學期課程教學計畫進度總表（節錄）

週次	日期	學校行事	課程計畫內容	語文（8）			數學（4）	自然與生活科技（3）	社會（3）	藝術與人文（3）	綜合活動（3）	健康與體育（3）	彈性學習（4）	備註
				國語文（5）	本土語言（1）	英語文（2）								
一～十	111/8/30～111/11/5	8/30（二）開學日（正式上課）第一週 友善校園週第二週 品德教育週9/1（五）中秋節彈性放假9/9（五）中秋節補假9/10（六）中秋節10/10（一）國慶日11/1（二）11/4（五）第一次定期評量	單元名稱	博學有情一、風箏二、從空中看臺灣三、聽見臺灣的聲音統整活動一生命印象四、不一樣的醫生五、分享的力量六、我的神奇老師七、從天空看見臺灣統整活動二	現代的科技一、電腦的便利二、手機的便利統整活動	開學與複習週Get Ready-Phonics Review開學與複習週Starter Unit天氣與休閒活動Unit 1 How's the Weather?社區巡禮Unit 2 Where Are You Going?動物Unit 3 How Many Lions Are There?	一、小數的加減二、四捨五入法三、擴分與約分四、多位數乘法五、異分母分數的加減	一、截波大陽1-1 會不會動的星球1-2 太陽的運行變化2-1 植物的世界2-1 植物的構造2-2 植物的繁殖2-3 植物的分類	第一單元 臺灣在哪裡1-1 臺灣的位置1-2 臺灣的經緯與相對位置第二單元 自然環境2-1 臺灣的地形第三單元 生活中的環境海洋3-1 比鄰而居的環境	一、真善美的旋律1-1 好好特別1-2 電影主題曲1-3 活潑輕快三、一起來畫畫3-1 邊畫邊學情生活3-2 動手畫漫畫五、Give Me Five5-1 有趣的聲音5-2 雙手彈出歡樂之音六、我們的故事6-1 感覺禮物的故事	單元一 新生活進行式1-1 好好特別1-2 走出自己的世界單元二 人間感覺活動2-1 人情的溫暖2-2 相處有智慧單元三 愛與關懷3-1 愛護老人的大腿3-2 平安全家3-3 文化性就的日	單元一 球類運動和游泳1-1 準備運動1-2 記下動作1-3 慢慢游1-4 遊戲樂單元二 安全新生活2-1 事故傷害放大鏡2-2 安全全方位2-3 家庭防災活動日單元三3-1 拒絕變化多3-2 千萬要力遠離菸害	【STEAM】（2）學習垃圾觀念功能及運用方式【資訊】（1）1. 善善電手手2. 接收3C愛視力3. 校外教充分4. 校園生活我最行【閱讀理解】（1）課後見思整理	
			評量方式	□習作評量□實作評量□實作評量□實作評量□實作評量□實作評量□實作評量□實作評量□實作評量（寫大綱）	□習作評量□討論活動□課堂活動□習作評量□習作評量□實作評量	□課堂問答互相討論作業習作實作操作	□課堂問答互相討論作業習作實作操作	□課堂評量實作評量習作評量	□課堂評量實作活動習作評量資料蒐集□課堂評量資料調查實作評量	口試2.問答3.學生互評	口試同儕互評表演實作集整報作學生自評	操作學習老師觀察學生自評肢體實踐小組評論		
			能力指標（代碼）	1-3-1、1-3-3、1-3-3、3-3-21、2-3-2、3-3-2、3-3-27、3-3-11、3-3-3、3-3-1、4-3-1、4-3-1、3-3-33、4-3-1、4-3-1、4-3-1、3-3-3、3-3-10、5-3-10、1-5-3、5-3-31、5-3-32、5-3-4、5-3-4、3-5-2、5-5-4、5-5-5、5-3-3、5-3-6、5-5-7、6-3-21、5-8-3、3-3-2、6-34、2-3、6-3-41、6-3-4、3-6-36、6-3-61	1-圖-1、1-圖-2、2-圖、A-0-1、1-0-1、L-0-1、L-0-1、3-2-1、L-0-3、R-0-1、R-3-2、S-2-1、L-0-5、2-圖、S-3-1、W-3-1、6-3-圖-2-3-圖-3-3-圖-1、圖-4-4-圖-1、*-S-3-2、-*-S-3-3	5-s-04、5-s-05、5-s-06、5-s-07、5-s-01、5-s-03	1-2-1、1-3-1、2-3-1、2-1-2-1、2-3-3、3-2-1、3-3-6、4-3-4、5-3-1	1-2-1、1-3-1、1-3-4、3-2-1、3-2-2、3-3-1、4-3-1、4-3-4、5-3-4	1-3-1、1-3-2、1-3-3、2-3-6、2-3-8	2-3-1、3-3-3	3-2-1、3-2-2、3-2-3-3-2、4-2-5、5-2-1、2-、5-、6-2-2、6-2-3、6-3-	

資料來源：http://drive.google.com/file/d/1XY2Qf1EmuE2dLQaV-iPIx1HgKONovbEf/view

第三節　核心素養的教學問題

教育部十二年國教以「核心素養」作為主軸，培養國人成為「現代優質的國民」，為達此目的，各領域的綱要均根據核心素養的三面九項的內涵，進行課程綱要的研修，建立各領域的「學習重點」。由此，可知「核心素養」成為十二年國教改革的最大亮點。無論是教學，還是評量，都以「素養」為導向，成為最熱門的議題。

依據國家教育研究院（2015）對「核心素養」的說明，是指「一個人為適應現在生活及未來挑戰，所應具備的知識、能力與態度。」在此定義下，各級的教育不以「學科知識」為限，應強調「與情境結合並在生活中能夠實踐力行」（頁8）。因此，「素養」的教學成為現今的顯學。

為瞭解十二年國教所創建的「核心素養」（core competencies）一詞，本書先以目前學者、教師對「素養」一詞的疑慮，加以澄清。依據黃光雄與蔡清田（2015）的解釋，是指「核心」的素養，是共同的素養，更是關鍵的、必要的、重要的「素養」（頁4）。但是，所謂的「competencies」依據《韋氏辭典》的釋義是「有足夠的工具，以具備生活中必要的、合宜的能力／或品質」（p. 268）。而英文中的「competency」和「competence」的差別，在《韋氏辭典》中兩者屬同義，其區別僅在於前者1956年出現於文獻中，而後者則是於1976年才出現，兩者經常在文獻中被交互使用。惟目前對於「competency」的使用則是傾向於將它視為行動的能力，而「competence」則視為認知與表現的基本能力。學者蔡清田、陳延興則將「素養」定義成知識、技能和態度的群集整合能力，是一種「複合構念」，是在特定情境下可以有效率地行動的能力或潛力（蔡清田、陳延興，2013）。學者楊國賜（2013）將關鍵能力定義為「能成功地回應個人或社會要求的能力」（頁12）。綜合前述的定義，本書認為「核心素養」是一種統整認知、情意、技能、態度的「能

力」，能預備個人在生活情境中學以致用和實踐成功的人生，故本書以「核心能力」作為對十二年國教「核心素養」之實務上的解釋。對照九年一貫所稱之「基本能力」（basic competences），那麼，十二年國教的「core competencies」就可稱為「核心能力」。此種定義與概念也和經濟合作開發組織（OECD）所提之「關鍵能力」（key competencies）相互呼應，更何況十二年國教的主軸乃源自於此。

然而，「核心素養」的「素養」，在英文中大都使用「literacy」一詞。但是在《韋氏辭典》中，「literacy」的定義，則比較接近於描述一個「有教養的人」或是「受過教育的人」，與十二年國教所稱之「素養」似乎沒有太直接的關係，也太過勉強。因此本書對於「core competencies」仍以「核心能力」的釋義，作為對新課程的立場。

因為「素養」受到相當的關注，有關「素養」的教學與評量的討論引起學者和教師的注意。本書無意討論各校的素養教學或評量的活動成效，不過基於教學上的理論，仍然提出一些問題，盼望能引起有關的教學人員思考。

就十二年國教「總綱」對「核心素養」的定義，以及國家教育研究院的闡釋，大抵上可以瞭解核心素養指的是綜合性的能力，這些能力將能夠培育國人適應生活以及未來的世界。這些核心素養的能力仍以學習重點為基礎，晉升至超越學科認知的層次，故於教學上要如何拉近學科認知與真實生活情境的距離，才能提供學生有真實的經驗，以預備未來的生活，是學校與教師的責任。

其實，在教學理論中，不乏有學者提出在教授完「學科內容」之後，必須要有後續的活動。例如：A. N. Chamot 和 J. M. O'Malley（1994）的教學設計理論中提出，在教完內容之後，最後的活動，稱為延伸（expansion）的活動（任慶儀，2022，頁 17）。其目的之一是瞭解學生，將所學的應用到新情境的狀況如何。換句話說，教師必須於內容教完之後，設計一些「新情境」來讓學生運用所學。這些「新情境」代表著「類真實的生活環境」，此與十二年國教的「素養」意義頗為接近。

著名的教學理論專家 R. M. Gagné，也提出相同的觀點。在其「教學事件」的理論中，在教學活動的最後，也就是第九個步驟必須進行「強化保留與遷移」，才算是完整的教學歷程。「強化保留與遷移」指的就是課堂上的學習，必須在「真實的情境」中得以實踐與應用所學（引自任慶儀，2022，頁 20）。所以，教師必須於教完學科內容後，設計出「類真實的情境」以便讓學生具備未來可以應用所學的經驗。這樣的活動或是步驟都是強調學習最後的目的，乃在於應用所學於生活情境中，此與十二年國教所言之培育學生的「素養」不謀而合。只不過，過去學者專家強調的「教學遷移」，往往被基層的教師所忽略，時間一久，逐漸被淡忘與遺漏。所以，「素養」的教學並非全是「新意」，而是要喚回過去所遺忘的教學。

能在生活情境中應用所學是素養教學的最終目的，它需要有「真實的場域」才能做到。但是，礙於現實考量，往往不容易做到。學者 L. Dick、J. O. Carey 和 L. Carey（2009）指出教師在學校的時空當中，能設計出的「生活情境」大都屬於「模擬的生活情境」，並非真實的世界。雖是如此，它仍然可以提供學生一些「應用的經驗」，所以，教學上要設計出「模擬的生活情境」是非常重要的教學任務，也是教學之必要。

如果，以數學為例，重量、長度、面積的換算、測量、估測都是學科內的知識，但是，在生活情境中，日常使用的重量單位是臺斤、臺兩、英磅、盎司等，經常使用的長度單位是臺尺、英尺、英寸等，面積使用單位也常常是以臺坪為單位。基於能於生活情境中應用所學，上述的單位是否應該加入教學當中，以符合適應現在的生活呢？那麼，教學上就須思考，長度、重量、面積等以非公制單位的換算，讓學生應用蒐集資料的技巧，找出「日常生活」中使用的各種不同的單位系統，以及它們之間的等值關係，並且運用學會的換算技巧，靈活的運用，才能跳脫「學科知識」的範疇，在他們的生活中真正應用所學。

創造出「模擬的生活情境」並不是一件簡單的事，但是「素養」

為十二年國教的教育主軸，將學科的知識提升到生活的應用，是這一波教改最重要的任務之一。教師必須時時刻刻思考教學的知識、內容，如何找出更高於學科知識的「關鍵能力」應用於生活中，而不是僅止於將學科知識傳遞給學生。「學習遷移」是過去教師們熟悉的概念，如今強調的是「素養」，而遷移所學到的「新情境」與應用學習於「生活情境」中的「素養」，兩者有著異曲同工的概念，如果能將「新情境」和「生活」相連結，應該也符合應用所學於日常生活中的「素養」要求了！

第四節　師資培育的問題

　　一如九年一貫的師資培育，十二年國教的各科教材教法是以各師培大學的各學系（例如：國語教育學系、數學教育學系、社會領域教育學系、教育學系等），分別培育師培學生在各學科領域的專業知能。然而，各學系的教師並未以新課綱作為主要的教學教法的對象，而是循著原有傳統的「教材教法」，作為培育師培學生的教學知能。基本的學科領域知能，固然是重要的、基本的，但是，學習新課綱的學習內容的「轉化」技能，應該是十二年國教中，教師教學的新知能。從師培大學各學系的課程或是師培學程的課程中，仍然保持各科「教材教法」，卻無各科課綱的教學設計，而教學實習還是以參觀各校教師教學示範為主的活動，足以顯示師培生對於各領域課綱的瞭解、規劃、設計都是缺乏的。雖然，課堂上教師仍然會「蜻蜓點水式」的介紹課綱，但是對於課綱的整體規劃與系統性的設計，仍然付之闕如。師培機構是培養教師最主要的機構，如果都沒有意識到教改之下的教學新知，仍然以師培學生舊有的教學知能為主，如何支持政府的新教育改革？

　　雖然，十二年國教的問題還有許多，解決教學的問題是首要的任務，但是，教育的革新更是此次國家教育政策重要的一環。學校、教師必須改變，C. Argyris（2013）認為這樣的改變必須以「群組」的

方式進行，成員之間能夠相互影響，才能增強學校運作的功能。教師的改變，不能以「單迴路」（single-loop）的方式學習改變，意即，教師僅採取一點點的行動策略，就期望它可以達到新的課程目標，如圖 2-1。這種僅微調教學方式，卻不改變教師的觀念與態度的結果在九年一貫的教改經驗中，已經很明確的失敗了。

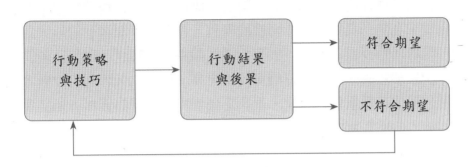

圖 2-1　單迴路學習改變

資料來源：引自任慶儀（2021）。課程發展與設計原理（頁 232-235）。

　　Argyris（2013）認為教師面臨課程變革時，要以雙迴路（double-loop）的方式學習改變，意即，教師必須重新評估、建構目標、價值與信念後，形塑出新的態度與價值觀，才能真正開創出新的教學策略與方法，達成新課程的目標，如圖 2-2。

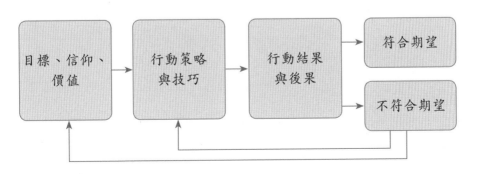

圖 2-2　雙迴路學習改變

資料來源：引自任慶儀（2021）。課程發展與設計原理（頁 232-235）。

　　因應課程的改變，教學也需要重新設計，此種改變不是改變一點點的教學方法或是策略就可以實踐新課綱的目標，而是必須徹底改變教師對教育的整體觀，以深化新的行動，才能開創新的教學概念與策略，完成新課程的改革（任慶儀，2021，頁232-235）。

　　十二年國教的教育改革，首當其衝的是國民教育制度上的革新，其次是課程的變革。然而，對於教師而言，課程與教學才是最大的挑戰。九年一貫與十二年國教的課程，都是以「課綱」的形式為主體，兩者同時面臨的問題也大致相同，如課綱的轉化、課程計畫的規劃、教學策略的應用、師資培育的困難等。換言之，課程的改變才是牽引教學改革最重要的力量，重新定義課程與教學的關係，是必要性的作法。如何在新的時代中，以新觀念、新作法、新態度面對這一波的課程與教學改革，是學校、教師需要面對的挑戰。

第三章

課程與教學的新觀念

　　東西方早期的教育，大體上都以「教學」作為「學科」的概念，並無「課程」的用語。中國古代有禮、樂、射、御、書、數的「六藝」，而西方則有文法、修辭、辯證法、算數、幾何、音樂、天文等「七藝」的學科。一直到十九世紀，課程才開始發展，而且取代教學，成為「學科」的概念。使用「課程」一詞於教育領域中，並賦予其相當意義的首推英國教育學家 H. Spencer。他於 1859 年提出〈What knowledge is of most worth?〉（什麼知識最有價值？）一文，即主張「自然科學」是最重要的「課程」。自此，「課程」即與「學科」產生了密不可分的關係。美國一直到 1906 年，才正式解釋所謂「課程」是指「研讀的科目」（course of study）。

　　「課程」即是「學科」、「科目」的概念，一直持續到二十世紀才有了新的演變。1918 年 F. Bobbitt 出版了《課程》（*The Curriculum*）這一本書，揭露了美國必須脫離套用歐洲的「學科」作為教育的主軸，而將當代的美國社會生活中所需要的經驗納入學校的教育中。而 1924 年出版的 *How to Make a Curriculum* 更提出課程的編製是從美國社會成年人的生活中，提出八百多個主要的目標，學校依據這些目標，提供學生適應未來社會中成年人生活的必要經驗。Bobbitt 此舉，無疑的，將「課程」的定義由「學科」轉換為「目標」，也將教學從「知識」的累積方法導向「實作」的經驗。

　　1930 年代的 J. Dewey（杜威）以進步主義的理想，將許多「實作」的課程加入學校教育當中，教學的方法也由「個人獨立」學習導向「合作學習」和「做中學」。「課程」由知識取向逐漸走入「兒童興趣」，而且課程的目標也以「非預定目標」取代傳統學校的「既定

目標」。教學則以「遊戲」和「活動」為主的方式，取代教室內的聽講活動。

1949 年，課程學者 R. W. Tyler（泰勒）出版了《課程與教學的基本原則》（*Basic Principles of Curriculum and Instruction*）一書，影響了全世界超過半世紀的課程發展與編製，書中清楚的指出課程編製的來源必須依據社會、學科與學生的需求，並且以「行為目標」的形式訂定之，而教學則是依據「行為目標」所發展的更具體而微的「詳細目標」，提供適切的「學習經驗」。自此，課程與教學兩者的分別益發清楚。Tyler 認為課程即是目標的主張，可以說是延續了 Bobbitt 對課程以「目標」為要的概念。而教學則由「活動」轉變為「學習經驗」，更注重教學活動與學生的互動性。

「課程即目標」的概念，到了 80 年代對於「學科」基本能力（basic competences）的要求愈趨於明顯化之後，才被「課程即學科基本能力」取代。教學則由「活動的參與」晉升為「能力的表現」，其後的「關鍵能力」的呼籲，也讓課程擴大它的層面，基本能力與生活的應用成為「課程」的新定義，而教學則是將「生活情境」的遷移納入設計中。

課程與教學隨著時代不斷的演變，各自產生了變化。兩者從渾沌不明的關係，逐漸明朗化，成為兩者各自獨立的主體，但又存在著彼此互相依賴的關係。在這樣轉變當中，固守課程與教學的舊觀念，將導致教育無法回應社會的要求，因此，重新認知課程與教學的關係是必要的，而且是急迫的任務。

第一節　課程與教學的關係

相較於教學，「課程」領域的誕生則晚近許多。學界正式承認「課程」是新興的學術領域大約在 1932 年時，美國的 Society for Curriculum Study（課程研究協會）正式成立後，自此學者對「課程」的研究才被列入教育學術的殿堂，相關的研究如春筍般的遍地開

花，不斷的推陳出新。雖是如此，但是對於「課程」這門學科要教授的是什麼，或是要達成哪些的理解或是能力，始終無法像其他的學科、領域有著一般性的共識。對於課程與教學的關係，學者也各有不同的解讀。其中，課程著名的學者 P. F. Oliva 綜合了 Johnson 及 Macdonald 對課程的定義後，提出他的總結。Oliva 指出，所謂「課程」是一種學程（program）、計畫（plan）、內容（content）、學習經驗（learning experience）；而教學是方法（methods）、教學的行動（teaching act）、實施（implementation），以及演示（presentation）（Oliva, 2009, pp. 7-8）。如此的區分使得課程與教學的分際更加具體，也更容易掌握。就他的觀點，簡單而言，就是把課程定義為「教什麼」，而教學定義為「如何教」（p. 10）。這兩者的關係，Oliva 用下列四種關係模式來闡述：（pp. 9-13）

一　二元模式（dualistic model）

在圖 3-1 中，很明顯可看出課程與教學分別位於獨立且分離的兩端，彼此之間並無交集，也毫無關係可言。課程計畫與教師所設計的教室內活動，或是學生的學習活動之間，鮮少有相互的關係。不僅課程的設計者漠視教學者，而教學者也無視於課程設計者的意圖，可以說在這種關係中，這兩種人員是毫無交集可言。當課程與教學形成這種相互不牽連的關係時，有可能是探討課程設計時明顯的忽略了教室內的實際應用，或者是教學者並不理解課程的要求，只注重學科內容知識的傳授，才會有此種關係的產生。在此情形下，課程與教學過程

圖 3-1　課程—教學的關係模式：二元模式

資料來源：*Developing the curriculum*, by P. F. Oliva (2009), p. 8.

彼此不會發生重大的相互影響，但是兩者將會各自產生變化。這種關係也說明了教學如果不以課程為導向，教學就會盲目的進行，而課程不以教學為導向，課程就會淪為空轉，這樣的關係對於教育或是學校是危險的。

　　最能代表此種課程與教學的關係中，最明顯的例子就是目前不論是九年一貫或是十二年國教的課程實施，許多教師都還是以教科書為主的教學，只追求空泛的「能力」或是「素養」的虛名，並沒有實質上對「課綱」進行任何的探究與研討。這樣的缺失可以從各校在學校網頁的「課程計畫」中只顯示了教科書單元的安排，卻無「課綱」的解讀資料或是實施的安排，就可以確定這些事實。這樣的缺失是來自學校和教師對課綱的基本認知不足，甚至是無視，未能對課綱中的內涵進行系統化的檢視、分析與瞭解，導致課程空轉、教學失能。二元模式所顯示的，就是目前一般學校的課程與教學的關係。

二▶ 連結模式（interlocking model）

　　課程與教學兩種系統連結在一起，彼此具有統合的關係，稱為連結模式。若是這兩者分離，勢必會對彼此構成傷害，其關係如圖 3-2 中的左、右圖。對於大部分人而言，其實很難接受教學是超越課程的實體，因為在計畫課程目標之前很難先決定教學的方法。換句話說，比較能夠接受的關係是課程超越教學的想法。先決定課程後，再決定教學的方式。但是，很顯然的，一些行政人員認為教學可以不需要課程計畫好以後才決定，因為發展教學的方法可以不在教室內的情境上

圖 3-2　課程─教學關係模式：連結模式

資料來源：*Developing the curriculum*, by P. F. Oliva (2009), p. 9.

思考。

在課程與教學之間，不可否認的是在教學的歷程中，不論教的知識或內容，或多或少都會滿足一部分課程上的要求。課程的目標也通常都會比教學的目標來得抽象和寬廣，雖然兩者之間無法完全滿足彼此，但是卻會具有一定的交集，這是肯定的。所以，不論課程如何改變，許多教師也都懷著這樣的心態，那就是，教學無論如何教，都還是會教到課程的那一塊，雖然不滿意，但還是可以讓人接受的。這樣的想法，對於學生而言，學得太多與課程無關的知識和能力，有時候可能喪失專注於重要的學習，那麼，學習的效率和效能就不是讓人滿意的。

三 同心圓模式（concentric model）

當課程與教學兩者相互依存，就具有同心圓模式的關鍵特性。但是這種關係又分為兩種不同的情況，其中一種情況是教學成為課程的次級系統（如圖 3-3 之左圖所示）；另一種情況是，教學是兩者關係中的主體，而課程則成為附屬的系統（如圖 3-3 之右圖所示）。姑且不論兩者關係中何者為主體、何者為附屬，兩者之間確實存在著明顯的階層關係。

當課程與教學呈現這種的關係時，就表示兩者是具有相同的屬性。這種關係顯現於我國過去的「課程標準」時代中，國立編譯館所編製的教科書就是按照教育部所頒布的「教材綱要」，因此，課程的

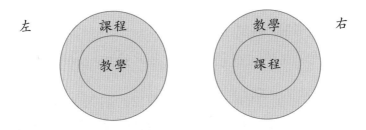

圖 3-3 課程—教學關係模式：同心圓模式

資料來源：*Developing the curriculum*, by P. F. Oliva (2009), p. 9.

主體是「教材綱要」，而教學則是「教科書」的內容，此時兩者之間就會呈現如圖 3-3 之右圖所顯示的關係。而當課程是以「表現目標」為主體，教學則是「表現的活動」時，就會呈現如圖 3-3 之左圖的關係，主要是活動過程中所產生的潛在影響經常會超越課程的目標。

四 循環模式（cyclical model）

　　當課程與教學存在著循環的關係時，代表兩者是分開的實體，但是彼此之間藉由持續的回饋、調整，讓兩者彼此產生循環性的影響（如圖 3-4）。此模式強調教學的決定是在課程決定之後，且在教學決定付諸實施與評鑑之後，根據其成效修正課程決定。這種循環的方式周而復始循環不已。換句話說，對教學所作的評鑑會對次循環的課程決定產生影響。在此模式中課程與教學不必視為分開的實體，而是類似天體中循環的一部分，不斷的以圓圈的方式運行，產生兩者彼此間持續性的、相互性的調適與改進。

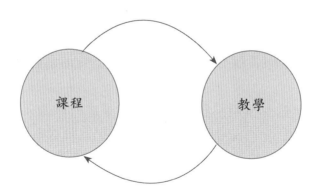

圖 3-4　課程─教學關係模式：循環模式

資料來源：*Developing the curriculum*, by P. F. Oliva (2009), p. 10.

　　雖然 Oliva 提出前述的四種課程與教學的關係，但是他也指出二元模式與同心圓模式對於學校的課程與教學的運作具有其危險性，比較支持的是連結模式與循環模式所展現的課程與教學的關係，特別是循環模式。

在課程與教學的實務中，兩者似乎很難找到絕對的定義關係，因為還要視課程的定義為何，才能對課程與教學這兩者的關係產生較為明確的主張。如果把課程視為「科目」或是「內容」者，教學就是按照科目內容傳授給學生的活動；如果課程是「經驗」，那麼教學就成為課程的一部分，彼此很難劃分何者為課程、何者為教學。此種課程與教學的關係，常見於早期泰勒（Tyler）的課程論述中，將課程定義為「目標」，那麼教學就成為達成目標的「手段」。此種課程與教學之關係，則常見於以目標為取向的論述中。如果視課程為「學習計畫」，教學便是計畫的實施，其間的分野在於尚未實施的計畫屬於課程，一旦實施便屬於教學。

以上課程與教學的關係皆有不同，但是從以上的課程與教學的關係，以及對課程與教學的定義，可以綜合其意義如下：

1. 課程與教學有關，但兩者是不相同的實體。
2. 課程與教學存有相互影響與依存的關係。
3. 雖然課程與教學是兩個不同的實體，但是無法各自獨立運作。

第二節 Oliva 課程與教學發展模式

課程發展的模式有許多種不同的形式，但是能將課程與教學以兩個獨立發展的系統整合成一體關係的模式並不多見，其中以 P. F. Oliva 的課程發展模式最具代表性。Oliva 雖然視「課程發展模式」與「教學模式」為兩個獨立的系統，各有其發展的因素與步驟，但是在他的模式中卻將兩者合而為一，形成課程與教學共同發展的完整系統。Oliva 課程與教學模式中一共包含了十二個因素，這些因素是設計課程與教學過程中的具體階段，也是步驟，對於課程設計者而言是不可缺少的工作指引。圖 3-5 中從因素 I 至因素 V，以及因素 XII 是屬於課程模式的因素；而因素 VI 至因素 XI 是屬於教學模式中的因

素。圖中之「虛線」則是區隔課程與教學發展的兩個系統，代表課程
與教學是兩個獨立的實體，而且課程的運作先於教學。在發展教學的
歷程中，教學目的與目標必須承接課程的目的與目標，然後繼續向下
發展，才能使課程與教學的發展能夠連成一貫的系統。

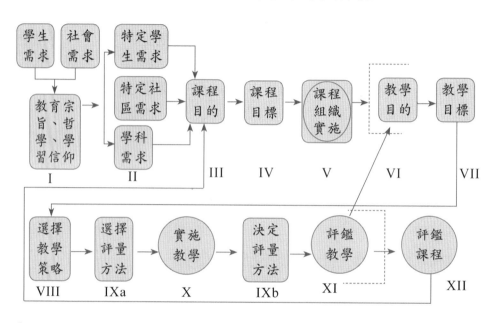

圖 3-5　Oliva 課程發展模式

資料來源：譯自 *Developing the curriculum*, by F. Oliva (2005), p. 39.

　　至於模式中使用不同的圖形分別代表模式的實施任務，其中方
塊□圖形代表的是該因素是屬於「規劃設計」的階段，圓形○圖形是
屬於「操作實踐」的階段。方塊□內有圓形○圖形，代表該因素是屬
於「規劃設計與操作實踐」兩者合一的階段。所以，圖 3-5 中僅有因
素 V 是「規劃設計」的階段，同時也是「操作實踐」的階段。意即，
課程的組織與實踐必須顧及學校如何在舊有的課程基礎上，重新組織
課程以符合學生的需求，以及滿足（州）政府、學區的課程目的與目
標，並且產出學校適合執行的方式與完成的進程安排。尤其是如何將
課程目的與目標在學校內生效，以及用什麼方法將課程組織，才能達

成預定的目的與目標是這個階段最重要的決定。一旦決定之後，學校與教師必須按部就班的執行課程計畫，並且隨時加以控管。因此，「課程組織與實踐」的階段中必須先規劃課程，然後提出實施的方式，具有規劃與實踐兩者同時進行的特色。

Oliva 課程發展模式的第一個設計階段是課程設計者需要陳述學校教育的宗旨，以及其所依據的哲學與心理學原則。教育宗旨是來自對學生與社會的一般性需求的評估結果。透過教育宗旨、哲學，進而進行特殊的需求分析，包含社區的需求、社區學生的需求，以及學科的需求，成為學校課程中「在地」的需求是階段 II 的規劃工作。

以教育宗旨、教育哲學，以及在地的需求為基礎，課程設計者必須能夠提出課程目的、課程目標，這是階段 III 和 IV 中要規劃的任務。階段 V 則是課程組織規劃和實踐課程，包含設計和制定課程組織的架構，以及提出課程實踐的階段。

提出教學目的、教學目標，是階段 VI 和 VII 中要「規劃」的工作。接下來就是選擇教學策略的階段與選擇評鑑的技術（分為教學前與教學後），完成階段 VIII 選擇教學策略和 IXa 選擇教學評量方法的「規劃」設計階段。階段 X 則是要在教室中進行教學，完成教學後在 IXb 步驟中決定最終使用教學評量的方法，決定之後才在階段 XI 進行教學的評鑑。評鑑教學是階段 XI 的「操作實踐」，針對課程進行評鑑則是階段 XII 的「操作實踐」。從以上的說明中可以歸納：從教育宗旨到課程組織與實踐，課程評鑑是屬於課程的發展模式，從教學目的到教學評鑑則是教學的發展模式，兩者可以各自分別獨立成單一的系統，但是卻也可以合而為一，這是 Oliva 模式的特色之一。

從課程發展到教學，Oliva 清楚的指出課程評鑑的結果必須回饋到課程目的，然後從此步驟向下修正課程；教學評鑑的結果則是回饋至教學目的，然後繼續向下修正教學的各種元素。最後，藉由教學評鑑的結果繼續課程評鑑，以獲得課程實施的結論。課程和教學系統銜接的發展，可以說充分的支持了課程與教學的循環關係，這也是 Oliva 在課程與教學關係和課程發展理論中，非常重要的理論基礎。

此外，從 Oliva 的模式中也可以歸納出一些課程發展與教學發展的不同。課程在發展的階段中，從階段 I 到階段 V，大都屬於「規劃」的性質；而教學在發展中，從階段 VI 到階段 XI，大都屬於「操作實踐」的性質。「規劃」的工作主要是在「紙上作業」的性質，而「操作實踐」則是實際的行動表現，由此，就可看出課程與教學兩者在實務上的不同。但是，從這兩個系統的安排，也可以看出「課程」先於「教學」，而「教學」則是承繼於「課程」之後，兩者屬性不同，但是關係卻緊密，並且可以互相依附於同一個系統。Oliva 的模式劃分出課程與教學兩個各自獨立卻相連的系統，提供了對課程與教學設計中重要元素的考量，更重要的是，提供了課程與教學設計「程序」的指南。

Oliva 主張課程的發展，必須以「需求」為其基礎而開展後續的設計。與 Tyler 不同的是，Oliva 只有將學生的一般性需求，以及社會的需求視為決定教育宗旨與教育哲學的來源；學科的需求、學生特定的需求與社區特定的需求，則是在教育宗旨與哲學的規範下分析而得。換言之，Oliva 是從廣泛的國際、國家與社會的一般性需求與個人的一般性需求，形塑出教育的哲學及教育的宗旨。這些一般性的需求則進一步分析出地區、學校、社區，以至於在地的個人需求，建構成學校的課程與教學。Oliva 對於需求的不同層次，都能見到他獨到觀點。

Oliva（2009）認為學校課程發展的歷程中，必須能夠敘說「需求」的具體要求，從一般性的社會與學生的需求，進而分析出特定的學生、社區與學科的要求，才能發展出合適的課程與教學。以下說明 Oliva 對不同層級與類型的需求（pp. 183-210）：

一▶ 具體指出學生一般性的需求

（一）依照需求的層級（levels）

1. 針對學生「人性」的需求：(1) 生理需求，如：食物、保暖、安全

庇護、健康；(2) 心理需求，如免於恐懼、匱乏、自由宗教信仰、說話與表達自由等的需求。

2. **國家的需求**：課程專家必須能察覺國家的年輕人需求的轉變，如：生活中使用電腦、節約能源、環保等的需求。

3. **地區需求**：地方特殊的就業需求，如：健康照護、教學、機械自動化、電腦程式、資料處理等就業的需求。

4. **社區需求**：以社區特殊的人文與地理為主的需求，如：社區中不同的族群文化、在社區維持生計的需求。

5. **學校需求**：特殊學校的學生需求，如：閱讀與數學補救的需求、不同學生族群溝通開放的需求。

6. **個人需求**：資優、普通學生，以及生理與心理障礙學生、糖尿病或自閉症學生等的需求。

（二）依照需求類型（types）

1. **身體與心理的需求**：從青春期轉向青少年期所需要發展的性向及需要克服的問題，以及對藥物、酒精等傷害認知的需求。

2. **社會心理學的需求**：關愛、接納、認可、歸屬、成功、安全感的需求，但是對於特殊學生，如：資優、創新、情緒困擾、中重度身障的學生需求也要特別注意。

3. **教育需求**：從「適應生活」的教育，轉型成為目前主流的基本能力和學科領域的教育，課程不能離開學生與社會需求。

4. **發展任務的需求**：以 G. S. Morrison 的四類發展任務為基本，包含成長與發展的需求、學習者特殊需求、與文化歧異者共處的需求、避免性別歧視的需求。

二 具體指出社會一般性的需求

（一）依照需求層級（levels）

1. 人性的需求：美國社會對四大自由（免於匱乏、免於恐懼、崇拜

上帝的自由、說話與表達的自由）的需求，是課程必須強調的基本人性需求。

2. 國際的需求：課程專家應當要思考需求必須超越國界，特別是瞭解其他國家文化的需求。

3. 國家的需求：國家的需求必須透過檢視社會和經濟的問題而確認，課程專家必須注意到因為科技的發展，消費者需求改變、人口遷移、全球競爭導致就業的需求改變，年輕人的就業是學校需要透過職業教育來反映。

4. 地區需求：學生的表現持續下滑凸顯出（州）地區的需求，2006年有二十五個州要求通過測驗才能取得高中畢業的資格。「沒有落後兒童法案」則是要求學生必須測驗他們的閱讀、數學和科學，這些學術上的要求成為（州）地區的需求。

5. 社區需求：課程專家很容易確認出社區的需求，因為他們對於社區的商業和工業有顯著的改變具有一定的敏感度，學校和社區必須教育學生認知社區的問題，以及完備他們的知識和技能，以解決部分的問題。

（二）依照需求的型態（types）

　　課程專家必須從社會型態的觀點去額外關注社會的需求，如：政治、經濟、教育、環境、防衛、健康、道德與精神的需求。

　　Oliva 從需求的層級和類型分別出社會和學生的一般性需求，形塑出課程發展所依據的教育宗旨、教育哲學，並以特殊性學生、社區和學科的需求建構課程與教學的內涵。因此，在 Oliva 課程發展模式中，會發現不同層面的需求及看似重複的需求元素出現，其實它們是代表不同的需求意義。

　　Oliva 課程發展模式中，以十二個元素組成，其中六個屬於課程的元素、六個屬於教學的元素，其模式之組成元素分別說明如下：

1. 提出教育宗旨及教育哲學的論述：這些教育宗旨及教育哲學是依

據社會的一般性需求，以及每一位生活在其中的個人的一般性需求和學習的信仰，作出廣泛性的論述。

2. **具體說明學校所在的學生、社區、學科需求**：依據教育宗旨，進而分析學校所在的社區學生的需求、社區特殊需求，以及特定學校迫切需要的學科需求。

3. **提出課程目的**：依據教育宗旨、教育哲學與學習信仰，以及社區與學生、學科特定的需求，以一般性的語句論述課程的意圖。

4. **提出課程目標**：依據課程目的，以特定、可評量的語句論述課程目標。

5. **組織與實踐課程**：這是同時具有規劃與執行課程的階段，各校依據課程的類型，組織並實施課程，同時也是形塑和建立課程組織的架構。

6. **具體說明教學目的**：以更詳細的計畫說明各教育階段、各學科的教學目的。

7. **具體說明教學目標**：以可觀察、可評量的語句，描述各教育階段與各學科的教學目標。

8. **選擇教學策略**：以不同的教學模式（teaching models），選擇對班級學生最適合使用的策略。

9. **選擇評量技術**：分成兩個階段（即 A、B）進行，其中 A 階段是在實施教學之前進行，B 階段則是在實施教學之後進行。

10. **實施教學策略**：依照選擇的策略教學，提供學生適當的學習。

11. **實施教學評鑑**：針對學生的表現和教師的教學效率進行評量。

12. **實施課程評鑑**：用課程評鑑完成課程發展的循環，課程評鑑不是針對學生的表現，也不是針對教師的教學進行，而是針對課程的學程部分進行評鑑。

綜觀 Oliva 模式中的評鑑有二：一個是教學的評鑑，評鑑學生的學習成就，以及教師教學的成效，將評量的結果指向教學的目的，以迴圈的路徑修正所有教學的因素。另一個評鑑則是課程的評鑑，將課

程評鑑的結果指向課程目的，以迴圈的路徑修正所有課程的因素。
Oliva 特別指出課程評鑑，是以課程的「學程」為對象進行評鑑，其
間不涉及對學生與教師的評鑑，以區別出課程評鑑的特性。

　　另一個值得注意的元素是「組織與實踐課程」，Oliva 在課程發
展的過程中，課程的組織與實踐是根據學校的課程特色而定，例如：
學科課程、活動課程、開放教育、核心課程、廣域課程等。直到 70
年代、80 年代，許多州政府開始推行「回到基本能力」的課程，因
此基本學科課程便成為學校課程組織與實踐的主要課程形式，在州
政府公布「能力」目標之下，許多學校便致力於課程目標的組織與實
踐。

　　從圖 3-5 Oliva 的課程與教學發展模式中，可以瞭解從課程的發
展進到教學發展的歷程，本書即以這種概念及歷程作為九年一貫、
十二年國教課程與教學設計的基礎理論。教育部在十二年國教課程
「總綱」的「實施要點」中特別指出，各校要成立「課程委員會」，
下設「教學研究會」，負責規劃「學校課程計畫」。有了「課程計
畫」，各校就可以依循課程計畫中的目標繼續發展與設計教學的歷
程，就是這個道理。

第三節　國家課程與學校教學

　　美國課程發展與設計的組織涉及各種階層，它可以從世界的層
級、國家的層級、區域的層級、州的層級、學區的層級、學校的層
級，一直到教室的層級，如圖 3-6（Oliva, 2009, p. 47）。這些層級
之間都是以階層式（hierarchical）的結構而發展的，每一個層級的課
程都是追隨前一個層級的課程而發展。其中，最高的層級則是非聯合
國莫屬，特別是它的教科文組織所發布的教育宣言，例如：1996 年
與 2003 年分別提出學習的五大支柱概念，往往對全世界各國的教育
和課程產生莫大的影響。隨後，各國政府莫不紛紛依此宣言建立自己
的新教育政策與課程的核心，而學校則是依照國家教育的改變來創造

新的課程與教學，教師則是努力的完成國家、學校所賦予的培育學生之責。

在不同層級所發展的課程中，特別是國家層級的課程如何具體而微的化作學校可施行的課程政策是本節的重點。其中主要的原因在於我國教育系統中以教育部為最高層的教育機關，在課程設計的層面中，地方的教育局（處）可以說是虛級的教育機構，學校才是設計、實施與評鑑國家課程的主要機構。是故，國家層級的課程如何轉化為學校與教室內的課程與教學是本節中的焦點。

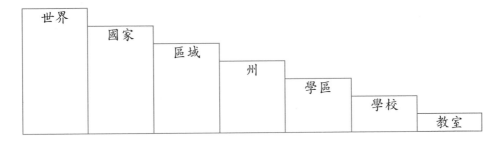

██圖 3-6 美國不同層級的課程發展與設計

政府公布的國家課綱可不可以直接作為教學之用？教案中可不可以直接將課綱的條目寫在目標的欄位中，作為教學之用？這是許多教師和實習學生關心的問題。由於課綱中的目標或是內容都是被認定為屬於國家層級的課程，是否可以等同於學校或課堂中的課程層級？對於這樣的問題，除了上述 Oliva 的課程與教學的概念與發展歷程以外，亦可從同為施行國定課程的英國來一探究竟。

英國的教育部（Department for Education）於 2013 年發布英國國家課程（The National Curriculum in England），並且於 2015 年修正，規定所有公立學校必須從 key stage 1（一年級至二年級，5-7歲）、key stage 2（三年級至六年級，7-11 歲）、key stage 3（七年級至九年級，11-14 歲），到 key stage 4（十年級至十一年級，14-16 歲）實施國家課程。同時從 2012 年開始，更要求學校必須出

版（線上公布）每個學年、學期的每一個學科的課程內容資訊，以及有關的課程細節（Department for Education, 2013, pp. 5-7）。英國的國家課程將學校課程分為「核心課程」（英文、數學、科學），以及「基礎課程」（藝術與設計、公民、電腦、設計與科技、地理、歷史、音樂、體育、外國語等）兩大類與十二科目，分別訂定國家規定的課程要求（the statutory national curriculum），也提供有關的課程指南（curriculum guidance）。

對於國家課程的指南，學校必須依其要求擬定出自己組織的方式以實施國家課程之內容。英國的學者 P. John（1995）即針對國家課程如何轉型成為教室內的教學提出一個簡單的模式，說明國家課程與學校教室教學的關係，如圖 3-7（p. 12）。

依據 John 的模式，國家課程必須經過學校的政策之規劃，對課程的範圍、知識的內容、教學的策略、評量的歷程，以及課程的獲得（attainment）加以界定，形成學校之課程計畫。爾後，再由各科目的教師以其專業知識、技能，以及對教育的信念解讀國家課程，確認科目或是主題應包含之具體內容知識，進行科目或主題之設計。及至科目或主題確定之後，才開始教學的設計，形成教案，規劃各種學習活動。最終，依據學生學習的評量結果，對國家課程、學校課程、科目與主題、教案設計與教室教學等提出修正。此模式簡單扼要的描述國家課程、學校課程與教學設計的歷程，雖然許多的細節在此模式中予以簡化，但仍然可以看出國家課程並不等同於學校課程，前者是後者的依據，而後者必須遵從前者的指引。換句話說，國家課程為學校課程之依據，而學校課程必須完成國家課程，將國家課程轉換為學校課程是學校之法定責任，兩者之間具有從屬之位階。

根據 John 的模式，我國和英國都是以國定的課程為國家教育的共同特徵，兩者作法自然相似。換句話說，九年一貫或是十二年國教的課程並不是直接成為學校的課程或是目標，更不是直接作為教室內的教學之用，而是必須透過學校行政措施訂定成為學校的「本位課程計畫」。透過課程範圍的界定及順序的規劃，並依各學習領域（主

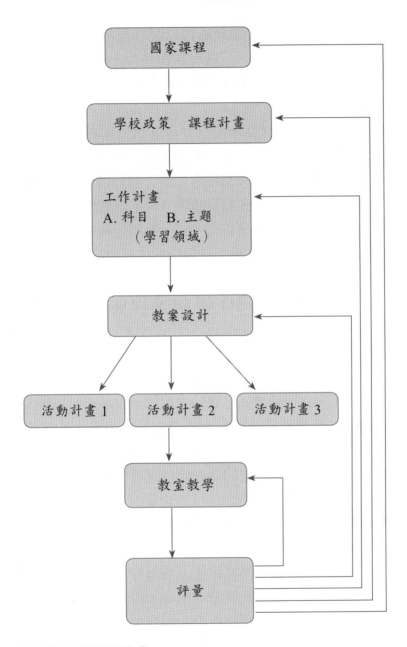

圖 3-7 國家課程與教學模式

資料來源：譯自 *Planning and the curriculum*, by P. John (1995), Lesson
　　　　planning for teachers, p. 12.

題）對其所解讀的結果，讓教師據以設計教案與教學的活動。John
的模式簡單而直接的指出，從國家課程到教室教學所歷經的過程與步
驟，這也是我國在進行國家課程的規劃與教學設計時，應該採取的過
程與步驟。

　　所以，John 的模式顯示國家課程必須依學校政策編訂成為學校
的課程計畫，這種經過「學校課程委員會」的政策編訂的課程，我們
稱之為「學校本位課程」。學校本位的課程計畫又依各學習領域，訂
定各階段、年級與學期的課程計畫後，才能讓教師據以設計教案，進
行教學。如此的歷程，不但符合 Oliva 對課程與教學發展的理論，也
符合 John 對國家課程轉型至學校課程計畫與教室教學計畫的觀點。

第四節　UbD 逆向課程與教學設計

　　一般教師在設計課程時，習慣上會先列出一系列打算要教導的
內容，然後對著學生講課；或者是設計一些有趣的活動，讓學生實作
一些成品，然後進行講課。這樣的課程設計看起來似乎也沒有什麼問
題，這也是許多教師設計課程的傳統方式。但是，就教學的結果而
言，似乎無法回答：「為什麼要學？」、「學會這些我能做什麼？」
這樣的現象之所以出現，是因為教師通常習慣使用「教科書」作為課
程的設計與安排，導致忽略課程目標的要求。當以「教材內容」作為
教學的導向時，這種方式的教學都是按照教科書的進度教學，而忽略
知識的優先順序、預期的學習成果、學習者的需求和興趣，以及評量
的重點。雖然，學生獲得最終的實際學習成果與課程所期望的學習成
果，可能會呈現「交集」的狀態。但是，如果課程實際的學習成果包
含太多未在課程目標內的學習成果，它就意味著課程目標的學習是不
足的。所以，以內容知識作為教學的開端，其所獲得的學習成果和期
望的學習成果就會產生落差，其情況就如同圖 3-8 所示。

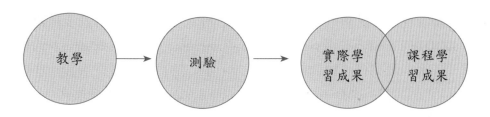

圖 3-8 教學—測驗—課程學習成果的歷程

　　課程目標本是學習和教學的終點成果，但是，如果為追求教學的有效性，將課程的學習成果作為教學設計的開端，那麼教材和內容通常會依照它來聚焦和組織，這樣的安排也會促進學生對於學習的內容或是過程有較佳的理解。對於教學者而言，聚焦在課程目標上的教學，容易掌握學生要學什麼、要蒐集什麼資料來證明學生學會，以及用什麼方法保證學生學會。以終點的課程目標之學習成果作為教學的開始，學生最終所獲得的實際學習成果，必然是以課程目標為中心的學習，如圖 3-9。

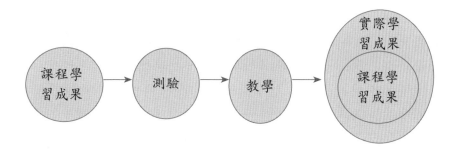

圖 3-9 「課程學習成果—測驗—教學」的歷程

　　就前述課程設計的觀點，教學要以朝向課程終點（end point）或是課程目標（curriculum goals）的方式而為，提出這項理論可以回溯至 R. W. Tyler 所提出的課程與教學原則。因為在 Tyler 的理論中直指課程的設計必須從課程目標開始，在確定課程具體目標後才能開始

考慮學習經驗、評量的發展（Tyler, 1949）。此外，還有許多被歸類在 ADDIE（analyze, design, develop, implement, and evaluate）的教學設計模式也支持這樣的論點。另外，也包括最近在臺灣引起一些討論與研究話題的 UbD（understanding by design）課程設計模式。

UbD 的課程設計模式主要是採用「逆向設計」（backward design）的方式進行，是由 G. Wiggins 和 J. McTighe 在 1998、1999 年首先將它引進課程領域。而「逆向設計」一詞，也是由 Wiggins 和 McTighe 所創，並且應用於課程設計的領域。

UbD 的設計理論是將課程架構，分為「巨觀」和「微觀」兩種。所謂「巨觀」的課程架構是以「既有的目標」作為開始，通常以「學區的課程目標」（或是國家課程標準，如：CCSS）和「學科學習標準」作為課程的架構，確認它們所要求的關鍵知識和技能，然後推論相關的概念及理解的事項。而「微觀」的課程架構則是指「單元的計畫」，包含主題、活動、評量等。

UbD 認為最佳的課程設計是來自對所追求的學習作逆向的推斷，換言之，它所主張的單課計畫、單元計畫課程，應該從所尋求的學習來推演。因此，當教學只有內容導向時，學生就缺乏真正的習得，喪失了探究、應用和連結認知與能力表現的機會。換言之，教學和學習結果之間的連結就變得非常脆弱，而且學習成效不佳。

但是，如果把原來作為學習終點的課程目標作為教學設計的起點，那麼就是以逆向的方式進行，也就是以「期望學習成果—測驗—教學」的歷程進行教學的設計，所有的教學和評量都會聚焦在學習結果的需求上，教學的效率也會大大的提升。

此種逆向的課程設計挑戰了傳統的課程設計方式──先思考要教的內容與教材之後，才設定目標與評量。有學者將課程逆向的設計比喻為規劃「旅行的地圖」──先選擇旅行的目的地，再規劃到達目的地的路線；相較於傳統的課程設計則是旅遊開始之前並沒有確切的目的地，而是隨興的漫遊，期待有一天能到達目的地。

UbD 的課程逆向設計將許多設計的元素壓縮，而以簡要的三個階段，如圖 3-10，作為設計的歷程：（Wiggins & McTighe, 2005, pp. 7-8）

階段一：確認課程設計的期望結果，以既有的課程目標（學區課程目標、CCSS 課程標準等）進行解析，找出課程的大概念、可以引發或促進理解大概念的問題探究方法，以及具體的知能和技能的學習內涵。

階段二：決定可接受的學習結果的證明，確認哪些證據可以作為課程目標達成的證明、哪些證據可作為附隨的證明。

階段三：設計學習經驗及教學活動，依照UbD所建議的「WHERETO」活動，分別設計和進行。

階段一　　　　　階段二　　　　　階段三
確認期望的　　　決定可接受的　　設計學習經驗
學習結果　　　　學習結果　　　　及教學活動

圖 3-10　UbD 逆向課程設計的三階段

資料來源：*Understanding by design*, by G. Wiggins & J. McTighe (2005)、
　　　　　賴麗珍（譯）。

由於 UbD 主張課程的設計必須以「既有的課程目標」為導向，因此，美國全國性課程標準——「共同核心州課程標準」（Common Core State Standards, CCSS）自然就成為 UbD 課程逆向設計中「期望的學習結果」的來源。

CCSS 共同核心州課程標準為美國有史以來第一個全國性課程標準，由「各州教育主管委員會」（Council of Chief State School Officers）和全國州長協會（National Governors Association）在2009 年 6 月共同發起，並推動「共同核心州立計畫」（Common

Core State Standards Initiative）。它的目的是希望統一美國 K-12 年級課程的標準，作為學生升學和就業的國家要求，以提升美國的國際競爭力。CCSS 課程標準成為許多州和學校的課程目標，站在 UbD 的立場，它就是最好的課程標準和目標。

為了要提高教師對於 CCSS 課程標準的認識，以及保證他們的教學成效，讓學生能夠達到國家教育的核心標準，UbD 提出以「期望的學習成果－測驗－教學」的逆向思考，將教學導向以課程目標所期望的學習結果作為教學設計的開端，並且認真的思考用何種的評量能證明學生的習得，最後才開始思索要以何種的活動來進行。

不論是全國性的課程標準或是學區的課程目標，在 UbD 的設計歷程中都將進一步的解析。圖 3-11 即是 UbD 對於課程目標所採取的目標解析的方式。以 CCSS 課程標準為例，學校和教師必須解讀 CCSS 的課程標準，據以找出必須理解的「大概念」，以及找出哪些問題的探究可以增進學生對大概念的理解、應用和遷移。進而，確認學生應該具備的知能及技能。

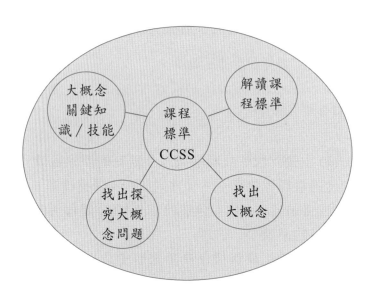

圖 3-11 階段一 以 CCSS 為標準形成課程學習成果之歷程

資料來源：修改自 *Understanding by Design*, by G. Wiggins & J. McTighe (2005)、賴麗珍（譯）。

　　UbD 的逆向課程設計模式明確的表達出學習必須以「課程目標」為最終的成果，不論是學區的目標或是全國性的課程標準，教學的過程必須隨時都以它為目標前進，才能達到學習的目的。因此，教學的設計就必須將終點的目標設為起點，以逆向的方式進行所有的設計。這樣的構思與本章前述的 Oliva 課程發展模式、John 的國家課程設計模式等所主張的課程優先於教學、課程目標需要進一步解讀轉化，以及課程與教學的實體關係都是一致的。對於九年一貫、十二年國教課程綱要的教學設計，必須改變我們的教學習慣與信念，而 Oliva、John、UbD 的觀念與作法，更是我們實踐新課綱時必須學習的教學新觀念。

第 貳 篇　教學設計的基本認識

　　教學設計（instructional design, ID）是繼 70 年代認知主義的教學方法之後，另一種教學設計的新觀點。它不再以教材或知識為主的方式進行教學的設計，而是偏向尋找學習者的表現需求為教學的源起，所有的教學應該是符應學習者的需求，以達成學習者能夠表現特定能力為其學習之目標。這種注重學習者能夠表現能力的教學與學習的精神，延伸了 20、30 年代，社會要求學校要有「績效」（accountability）的精神。

　　90 年代因為網際網路的發達與普遍，讓尋求知識的管道更形通暢、更無遠弗屆。自此，傳授知識不再是學校唯一的使命，教育的焦點轉向如何協助學習者在獲得知識後能表現什麼樣的能力，以適應社會。就在此種氛圍下，以表現能力為主的教學方式開始受到注意。而許多屬於此種傾向的教學和學習方式也因為理論的成熟，以及符應當前社會的需求，而漸漸開始嶄露頭角。

　　為了和過去的認知主義方式的教學理論方式有所區別，專家們創造了所謂的「教學科技」（instructional technology）這樣的語詞，這是說明教學應該更「科學化」與「科技化」，就如同「科學化課程」的意涵一樣。「教學設計」就是「教學科技」中的一環，講求教學設計過程的「科學化」為其主要的訴求。運用 20 年代以後各種與教學有關的研究報告，萃取其中影響教學重要的因素，組成一種彼此可以協調、相互影響的系統，並以學習者的問題、需求、目標為開端的教學設計歷程，即稱為「系統化教學設計」或「教學系統設計」，亦簡稱為「教學設計」（instructional design, ID）。

　　本篇內容包括：教學設計的發展歷程，以及影響其發展的主要因素，以瞭解為何需要改變過去教學設計的習慣與作法，以適應現代教學的需要。

第四章

教學設計的歷史與發展

　　教學（teaching）在 70 年代以後大都受到認知主義心理學的影響，重視知識的傳授與架構，因此教科書的內容往往成為教師最依賴的教學工具。教學也以教材或知識為學習主體的方式進行設計，許多教學理論（teaching theories）更由此應運而生。J. S. Bruner（布魯納）的發現教學法、D. P. Ausubel（奧斯貝爾）的前階組織教學法、R. M. Gagné（蓋聶）的學習階層理論、M. D. Merrill（梅里爾）的教學基本原則等，都是 80 年代、90 年代中著名的教學設計理論。時至今日，這些理論依然是教學領域中最重要的經典之作。

　　然而隨著 1957 年 Sputnik（蘇俄人造衛星史波尼克）事件的發生後，Annual Gallup（美國蓋洛普年度調查）在 1976 年以後連續數年的調查結果都顯示，美國社會大眾普遍要求提高教育水準，都是排名在前三，可見社會普遍對於現有的教育成果是非常的不滿。而其中更直指基本能力的教學和更嚴格的課程標準，是學校和教師最需要改進的地方。這樣的結果促使州政府不得不公布所謂的「basic competences」（基本能力）作為教學與學習的依據，以挽回大眾對教育的信心。據統計，到了 1983 年，美國所有的州都對不同年級的學生進行基本能力測驗，有的學校更將它作為畢業的條件（Ornstein & Hunkins, 1988, pp. 36-37）。這樣的教育改革其實帶動了教育界一片新的氣象，教師不再是以教科書的內容知識作為教學設計的依據，而是必須更關注州政府所頒布的基本能力的課程標準。

　　為了因應新的基本能力的課程標準，教學設計的方式勢必重新思考與改革——那就是要以課程標準的能力指標作為教學的開始，進行一系列的教學活動規劃與決定，不再以教科書裡的知識累積為主。以

課綱為首的教學設計的觀念，從此取代了過去以教材或知識內容為首的教學設計，其中又以 Gagné、Dick 與 Carey 的教學設計理論最受到矚目。

　　教學所依據的理論從傳統的教學理論（teaching theories）演進到教學設計（instructional design），其實是非常大的改變。不過，教學設計的歷史很難用單一特定的事件，或是一連串的變革來描述它的發展，因為它不是特定的教育理論或是社會思潮改變所產生的結果，而是許多教學相關的概念和理論統合後所產出的實務。教學設計（instructional design）和教學發展（instructional development）、教學科技（instructional technology）等語詞，經常在文獻中交互使用。不過根據 S. A. Shrock（1991）的觀點，教學發展是教學設計的通則，它不涉及任何一種特定的模式或是步驟，而是以系統的方式及運用科學化的原則，去計畫、設計、創造、實施與評量教學的效率和效能（p.11）。如圖 4-1 所示，不論系統化教學模式為何，都具有下列共同的歷程，那就是分析（analysis）、設計（design）、發展（development）、實施（implement），以及評量（evaluation）。以這種方式發展教學的歷程被稱為 ADDIE，或者簡稱為 ID（instructional design）。

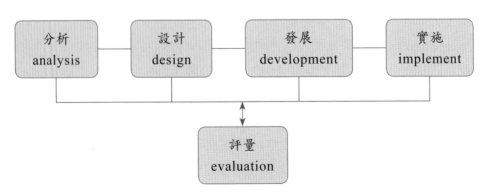

圖 4-1　教學發展的歷程

　　Shrock 對教學發展的定義刻意保留了相當模糊的空間，作為教學發展和教學設計兩者之間的界線。教學設計被視為是創造最大可能的教學效率與效能的實務，而教學發展則為教學設計的概念化過程。教學設計的整個過程就是根據教學發展的歷程，決定教學的現況與學習者的需求，定義教學的最終目的，並且創造這兩者之間轉換所需要「介入」（intervention）的事件（events）。各種教學設計的理論因其所關注的事件不一樣，因此，延伸出不同的理論與模式。

　　在文獻中經常看到的教學設計模式，因其介入的教學事件或者關注的因素不同，而形成不同的樣貌，但是只要透過比較各種模式所納入的因素，就可以看出它們在理論基礎上的差異。除了模式所包含的因素不同以外，各個因素之間的順序及執行的方式亦有差異，雖然兩個模式不同，但是它們的理論都是屬於教學設計的範疇。各種常見的模式請參閱本書之第六章，有詳細的說明。

第一節　美國教學設計的發展歷程

　　一般而言，二十世紀美國的教學設計理論主要植基於行為主義心理學、認知心理學這兩種實證的科學，並且是以科學的方式進行教學事件的分析、發展與評量，又因其與教學媒體（media）有非常密切的關係，所以這兩者均同時被納入教學科技（instructional technology）的範疇。綜觀二十世紀初期到二十一世紀的教學設計理論的發展，除了心理學的影響外，深受教育思潮、社會與科學的影響。教學設計的歷史由 1920 年為開端，主要是因為許多與教學發展有關的想法，大都源起於 1920 年以後，故以此時間作為分界點（http://www.coe.uh.edu/courses/cuin6373/idhistory）。

一　1920年以前 —— 經驗主義教學知識的奠基時代
影響此時期的社會主要事件如下：

1. 二十世紀美國的工業化社會與人口的增加。
2. 達爾文於 1871 年發表「人類的系統」。
3. W. James 於 1890 年發表「心理學原則」（Principles of Psychology）。
4. 1905 年 St. Louis 成立學校博物館。
5. 美國參與第一次世界大戰（1914-1918）。

　　這是經驗主義本位教育的時期，綜觀此時期的教育仍然被所謂的「經驗主義」（experimentalism）的知識本位所主宰。當時，教育領域普遍存在一種信仰，那就是人的腦力可以像肌肉一樣，透過某種運動得以發展。因此，專家們深信研讀某些科目是可以增進人的腦力，就像體操可以促進某些肌肉的發展一樣。

　　教學在過去並不受到重視，大多數的教學者通常會以自己的經驗進行授課的活動。然而，來自二十世紀人類學習理論的探索與動物的實驗，逐漸改變了這種信仰，特別是在 James 出版《心理學的原則》（*Principles of Psychology*）一書後，更鼓勵了許多當時的研究生從事心理學理論的建立與實驗，其中包括桑代克（Thorndike）。從此，教學的設計理論逐漸採納心理學的實證成果。

　　但是，影響人們對教學的要求與看法，主要還是來自社會的壓力與要求。十九世紀末，由於美國經濟的蓬勃發展與人口的改變，造就了二十世紀社會的變遷，其中包括：(1) 都市人口的集中；(2) 移民人口的增加；(3) 工業革命的影響。十八世紀英國的工業革命和帝國主義也逐漸影響美國。美國雖未直接參與第一次世界大戰（World War I），但是藉由參與 1919-1920 年的「巴黎和平會議」（the Paris Peace Conference），美國開始思考應該努力擴大它對其他國家的影響，大開門戶的結果，導致各國的移民進入美國，使得美國的人口迅速的增加。

　　從十九世紀末到二十世紀初期，美國都市的人口是以近兩倍的速度成長；換句話說，當時的美國社會，大約有 40% 的人口居住在都

市當中。估計在二十世紀初期,芝加哥的都市人口增加約三倍,紐約的都市人口增加約兩倍。另外,根據統計,1865 年到 1900 年之間約有 1,200 萬的移民進入到美國,並且都居住在美國的東北部與中西部的都市當中,使得都市人口更急遽的增加。

然而,在美國的工業化過程裡,因為有許多的勞工聚集在都市裡,再加上都市交通的方便,使得企業紛紛在都市中建造工廠;然而,這種情形反而吸引更多的人口向都市集中。不但如此,每年數百萬的移民人口也群聚於都市當中,也間接的使學校的學生數不斷的攀升,造成教師人數普遍的不足,而學校教學的效率也備受考驗。此工業化的結果,不但造成二十世紀美國社會的變遷,更把「效率」與「成本效益」的觀念與需求帶入生活中。這些社會觀念和需求也逐漸影響學校,讓學校開始察覺工業化社會對教育的期望與要求,並且以「績效」的成果表現回應了這一波社會的要求。

達爾文在 1871 年發表「人類的系統」,打破過去數百年來人們深信的真理──那就是人類是上帝所創造的箴言。科學家們提出的證據讓人們開始思考那些被認為是真理的事實,都必須以科學的證據作為佐證才是可信的。這樣的思潮也影響著教學的觀念,教學的成效不該是個人的經驗論,而是要以科學的方法去證實,教學的方法也應該以學習理論為基礎而展開。其中心理學對學習的實證結果,更促使學者紛紛以其為基礎,改變過去的教學觀念。

在事事講求效率下,教學者紛紛開始思考如何以更有效、更真實的方式呈現教學。於是,第一座學校博物館在 1905 年於聖路易市(St. Louis)成立,提供過去只能在教科書的圖片中一窺究竟的實物,這種真實的物體不但具體化了學生的學習,更使得教育專家們認識了「視覺教學」的效果與重要性。此後,「視覺教學」的發展更擴展至教育影片的製作與運用,並蔚為風潮。

紐約的羅契斯特(Rochester)的公立學校系統更率先採用了影片教學,此舉不僅將教學推向媒體的潮流,而且促使師資培育機構也加入了視覺教學的課程,以培訓未來教師使用媒體的能力。發明家愛

迪生（T. Edison）更宣稱：「學校中的書本即將消失，人類所有的知識將可以用影片來教授給學生。」這樣的言論透露出教學與媒體之間的關係將會愈來愈密切，顯見其影響教學有多大了。

二 1920年代—— 教育目標的概念時代

影響此時期的重要事件有：

1. F. Bobbitt 的社會效率運動。
2. R. W. Tyler（1922）學習的目標（objectives for learning）。
3. The American-Tabulating-Recording Co. 改名為 International Business Machines（IBM）（1924）。

二十世紀初期，美國工業化的結果是一時之間社會上充斥著「效率」、「成本效益」和「目標」的想法。巴比特（F. Bobbitt）於是提出了社會效率運動，要求學校教育必須重視社會需求與教學必須重視成果。泰勒（R. W. Tyler）隨後也提出重視「學習目標」（objectives for learning）的呼籲，因為重視教學效率，使得個別化教學的設計（individualized instructional）得以發展，其中著名的有「文納特卡計畫」（the Winnetka Plan）及「道爾敦計畫」（the Dalton Plan）。個別化教學最大的特色是學習者可以依照自己的速度（效率），以及最少的教師指導（成本效益）獲得最佳的成就。另外，精熟學習（mastery learning）也是基於同樣的理由而發展出來的。這些個別化教學或是精熟學習，都成為當時教學設計的最佳典範。此時的教學，可以說是回應了社會中對學校「效率」的要求。而個別化教學設計更仿照工業社會的手段，採用學習契約（contract learning）的方式，將學習契約化，成為當時教學走向社會效率化的代表。

「工作分析」（job analysis）與「任務分析」（task analysis），這些原本是企業和工廠中所使用的語詞，在此時也被

教育專家們沿用在教學的情境當中。此外，更具有代表性的是 S. Pressey 發展出第一部「教學機」（teaching machine），提供學習者作自我練習與校正（drill and practice），實踐行為主義心理學對學習原則的主張。他更指出，使用教學機的另一個目的是要減少教師在學生練習時，所要背負的日常例行工作的包袱。以教學機取代教師一部分的勞務性工作，增加教師在教學專業效率的作法，與工業化效率的思潮不謀而合。

三 1930年代 —— 行為目標與形成性評鑑時代

影響此時期的重要事件為：

1. 大蕭條（the Great Depression）影響教育的經費、學生與資源。
2. 教育的進步主義運動（Progressive Movement）。

此時期可以說是教學設計發展最緩慢的時代。30 年代影響教學的最大因素，莫過於經濟大蕭條（the Great Depression）。教育經費、學生的人數和教育的資源，都受到影響。教學設計的發展在此時期，呈現了停滯的狀態。不過，也因為經濟的大蕭條，以及社會經濟體系的瓦解，讓民眾和教育專家都意識到，縱使教育一昧的符應社會的要求，一旦社會崩潰垮臺時，這些因應社會需求的教育是無法保證個人可以在社會中得到生存和依賴。於是在此情形下，進步主義的教育理念得到了發展的空間，教育是適應未來生活的思潮，成為了 30 年代教育的主流價值。重視兒童興趣、生活技能與民主教育，讓當時的教學呈現以「經驗」為主的教學設計 —— 「做中學」、「遊戲」、「合作學習」等成為教學設計的原則。

然而，另一個影響後世教學的重要事件是泰勒（Tyler）從 1933 年開始的八年研究計畫（Shrock, 1991, p. 14）。泰勒的此項計畫，被視為教學設計歷史上最重要的事件之一。美國從參與第一次世界大

戰開始，打破過去的鎖國政策，積極的參與國際社會的活動。從這些企圖中，美國政府更體會到未來要能在國際社會中扮演重要的角色，需要有大量的人才，特別是高等教育人才，因此，戰後積極的推動教育。八年計畫便是當時教育研究機構（the Bureau of Educational Research）為了回應社會需求的壓力而進行。當時的社會人士呼籲要修改高中裡的大學預備課程，以便讓更多人可以藉由修習完這些課程而進入大學。八年計畫的目的是研究——如果學生能夠完成這種另類的高中課程時，他們是否也能成功的修習與完成大學的學程。在這個計畫中，有近 30 所的公、私立高中因此修改了它們的課程。換言之，八年計畫被視為教學設計歷史的第一個事件，是在於它在這個改革的過程裡，澄清了編寫教學目標的方式，那就是以學生的行為作為教學目標的敘述。第二個理由是八年計畫保證另類的高中課程，只要按照其所設定的計畫目標實施教學，把目標評量的結果作為其教學改進之依據，就可以獲得適當的學習成果。Tyler 深深的瞭解教學過程中，評量在教學設計和產生特定的學習成果之間，具有循環性的關係。這個過程在三十五年後被正式稱為「形成性評鑑」，從此，它和教學設計產生了密不可分的關係。而「形成性評鑑」所依據的教學目標，也成為教學設計過程中重要的因素之一。

H. G. Wells 於 1938 年出版 *World Brain: The Idea of a Permanent World Encyclopedia* 一書，預言未來的百科全書不再是一整排列印出版的書本，而是在類似心靈交換所中可以接收、搜尋、摘要、整理、澄清，以及比較儲存在其中的知識、想法。這樣的想法在六十三年後由 J. Wales 和 L. Sanger 在 2001 年的 Wikipedia 中實踐，帶動網路資料的搜尋與學習，也改變了日後教學不再以教科書為中心的教學方式。

四 1940年代 —— 教學媒體研究與發展時代

影響此時期的重要事件為：

1. 第二次世界大戰（World War II, 1941-1945）。

　　此時期教學設計的主導是來自軍事訓練的需求。教學目標和評量經過 Tyler 八年研究計畫的證實，是教學設計中重要的因素。緊接著是 50 年代，由於美國參與第二次世界大戰（1941-1945）的經驗，讓教學設計的觀念再一次的改變。由於美國的參戰，使得軍方面臨極大的兵力訓練需求。新武器的複雜性、訓練時間的緊迫，以及對操作武器的精熟能力，都成為軍事訓練教學要解決的問題。因此，他們需要一些「策略」來解決這樣的問題，而最終的結果就是使用影片及運用視聽媒體的科技。在這樣的過程裡，負責研發訓練課程的團隊，結合了學科內容專家（subject-matter experts）、媒體技術人員（technical experts）和教學科技人員（instructional technologists），共同合作並且成功的發展了軍事訓練的課程與教學。戰後，隨著這些團隊的解散，當初合作的專業人員回到民間後，將這些成功的經驗帶進學校，影響了原本學校的教學設計。爾後，學科專家、教師、媒體專家和教學科技人員，被視為教學設計團隊不可或缺的成員。此外，由於教學設計與媒體之間密切的關係，更奠定了媒體與傳播方式在教學設計，重要的地位。

五 1950年代 —— 編序教學與任務分析的時代

影響此時期的重要事件為：

1. 二次世界大戰後的嬰兒潮。
2. 「喇叭計畫」驗證小組討論、大班級講述、獨立研究的學習策略。
3. 行為主義心理學編序教學法的發展。

如何在教學的歷程中使用不同的教學活動，以解決不同的學習需求？在此時期，為了吸引美國的非裔男性進入大學並完成高等教育，許多學校開始採用「喇叭計畫」（the Trumpet Plan）。它是利用小組學習、大班級講述、個別學生的獨立學習（特別是學習喇叭等樂器演奏課程）等活動作為教學的安排，同時提供各種的資源，以幫助學生達成他們的目標。這種在教學過程中，因為它涵蓋不同形式的教學活動，開始引發教學人員對其注意，後來成為「協同教學」的模式。

二次大戰後快速增加的嬰兒潮，影響 50 年代的教學設計是其中的代表。許多戰後出生的嬰兒此時開始進入學校，由於就學人口增加的太快，導致師資嚴重的不足。「協同教學」的教學設計經驗對於師資不足的問題，提供了另類解決的辦法。

另一個影響教學設計的重要因素是編序教學（programmed instruction）的發展與實施。Skinner 將增強理論運用到學習，並且引領編序教學的潮流，而此時也正是行為主義影響教育，以及教學最輝煌的時代。將教學的任務分割成為較小的單位或區塊，以適應不同年齡的學習者，成為編序教學中非常重要的手段。1956 年 Bloom 及其同僚共同出版了認知領域之教育目標分類—— *Taxonomy of educational objectives: The classification of education goals. Handbook I: Cognitive domain*，以及 1964 年情意領域之教育目標分類—— *Taxonomy of educational objectives: The classification of education goals. Handbook II: Affective domain* 等書，將教育目標以系統化的方式表徵，明確的分類與詮釋，更助長了教學目標對學習、評量的影響。

六 1960年代 ── 教學系統發展時代

影響此時期的教學事件為：

1. 軍隊快速的擴大發展教學系統，成為軍事訓練標準程序。
2. 常模參照評量轉換為標準參照評量。

前述各時代中，從社會、教學理論、心理學研究等所獲得的個別因素都強調它們對教學具有一定的影響。這樣的情況，讓人難以抉擇究竟哪些因素在教學設計的歷程是必須考慮，或是全部都要考慮。因此，如何把這些因素統整在一起，納入哪些因素，以及它們的優先順序是什麼，變成 60 年代教學理論發展中，最重要的問題與任務。然而，要將這些眾多的因素全部結合在一起彼此協調，並且產生預期的成果，是過去從未嘗試的經驗，因此產生了教學是一種系統的觀念。換句話說，教學設計要參考的因素眾多，而這些因素必須構築成一種協調而合作的關係，彼此影響但又不衝突的想法逐漸浮出檯面。第一個將上述眾多的個別因素統整在一起，並且使用教學系統（instructional system）這個語詞來稱呼的人是 R. Glaser。1962 年他以圖解的方式說明教學系統中諸多元素的關係，成為日後其他模式的典範。

然而真正使用系統化方式設計教學的首推 Finn（引自 Seels, 1989, pp. 11-15），其次是 Gagné。後者在 1965 年出版《學習的情境》（*The Conditions of Learning*）一書，闡述了學習目標的分析方法，以及目標和教學設計之間的相關性，因此他的教學設計理念被視為教學設計歷史上的里程碑。而其在 1974 年出版的《教學設計的原則》（*Principles of Instructional Design*）一書除了將前述的教學發展的元素結合在一起外，更將任務分析（task analysis）加入教學設計的元素中，並藉由階層分析（hierarchical analysis）的技巧，將教學任務予以分割成較小的任務單位，奠定許多日後以系統的觀點從事教學設計理論的發展。

同一時期，另一個值得注意的是教學的評量觀念，也從常模參照的評量方式改為標準參照的評量。是故，以標準參照的評量作為學習者的成就評量，也自然的加入了教學系統中成為重要的元素。

七 1970年代——ID模式與成熟的時代

影響此時期的事件有：

1. 認知取向的教學策略仍然是主流：Ausubel、Bruner、Merrill、Gagné 等理論。
2. 美國教育傳播和技術協會（AECT）成立，教學設計模式和 R. Kaufman 等人的需求評估過程加入教學系統中。
3. S. Jobs（賈伯斯）和 S. Wozniak 設計出 Apple I 電腦。

　　打破過去單一因素對教學的影響，教學系統的觀念在 60 年代開始發展，但是不可否認的，許多屬於認知的教學觀點與設計，在 70 年代教學領域仍然占有相當重要的地位。例如：Ausubel、Bruner、Merrill 及 Gagné 等，都提出他們對認知教學設計的策略與方法。綜觀這些教學理論與設計都偏向教材資訊呈現的策略，主要的考量還是著重在教材中的知識。

　　美國教育傳播和技術協會（Association for Educational Communications and Technology, AECT）於 1970 年成立，將教學媒體、電腦教材、互動式媒體教材與電子傳播結合，以改進教學的所有科技的發展、設計與管理。AECT 也致力於研究、評估與改進教學設計的過程，尋求、建構新的教學設計模式，分享推廣研究與教學設計相關的學術研究，其影響擴及全球（https://aect.org/aect_foundation.php）。AECT 將媒體的使用融入教學當中，創造全新的教學模式。視聽媒體、遠距教學、電腦輔助教學、教育科技等，都是 AECT 致力推廣的教學科技對象。特別是以 IBM 1500 電腦為工具所發展出 PLATO、TICCIT 等電腦輔助教學系統更是企業以外，專門用於教育領域中的媒體，從此電腦成為教學當中密不可分的工具。

　　教學系統在此時，加入 Kaufman 的需求評估理論後大致底定，從此，教學系統不是從教材內容的目標敘述開始，而是以決定什麼是

教學目標作為開始,並將系統中的每一個因素,都用科學化與科技化的方式分析並做出決定。

八 1980年代 —— 微電腦與表現科技的時代

影響此時期的事件為:

1. 個人電腦。
2. 美國企業界大量採用教學系統,作為員工訓練課程之理論。

　　教學系統的觀念與模式在美國的企業界開始受到注意,這是繼美國軍方在 60 年代的軍事標準訓練課程中,大量採用系統化教學發展之後,另一個採用教學系統作為教學發展的例子。企業界與學校的教學之間最大的差異在於,企業界更講求效率,更注重能力的表現。許多學校的畢業生一旦進入企業,通常會發現其具備的知識和能力與企業界的要求有極大的差距,因此企業界不得不開始思考如何加強這些社會新鮮人的知識與能力,來提升工作表現。員工訓練課程正是他們所採取解決問題的方法,而系統化教學設計就是許多企業的訓練課程所採用的觀點與模式。

九 1990年代 —— 建構主義的時代

影響此時期的事件為:

1. 根據建構主義者的觀點與多媒體的發展,學習環境的設計成為教育的焦點。
2. 超文件與超媒體影響教學設計,以及網際網路成為跨文化議題的橋梁。
3. T. Berners-Lee 在 CERN 發展出網際網路,M. Andreessen 和 J. H. Clark 發現 Netscape Communication,將 Netscape 瀏覽引擎程式釋出。

80 年代開始，系統化教學設計的觀念及效率受到企業界與軍事訓練的肯定，而真正被教育界所重視的是結合電腦、網際網路與人造衛星的發展，所產生的另一種革命性的學習方式，那就是建構式的學習。

個人電腦的技術在 80 年代以後更成熟，而其運用於教學的方式也受到相當程度的關注。此時電腦在教學上的功能，僅為另一種「教學媒體」而已。直到 1991 年當電腦與網際網路連結時，便顛覆了以往學習與教學的觀念。資訊爆炸與資訊的流程開始改變。資訊，從此不再被壟斷，其流傳的速度倍增，而且無遠弗屆。知識的習得不再有階級之分，任何人在任何地方只要有電腦與網際網路，就可以開啟學習之鑰。這些改變引發教育專家對建構學習的議題產生了極大的興趣與關注，使得建構主義的學習觀點漸漸受到青睞。學習者面對排山倒海而來的知識，如何在其有限的學校教育中獲得、組織，並架構成獨有的認知系統，以及教師如何能有效的引導學生，將學習應用於自己的情境中產生互動等問題，挑戰著學校的老師與教育專家們，於是「學習如何學習」成為 90 年代最被關注的教學議題。

第二節　全球關鍵能力的時代

80 年代雖然見證了系統化教學在企業界與非學校教育機構的發展，從而產出另一個概念 —— 那就是能力表現的科技（performance technology）。以系統化的方式設計教學的觀念，在教學的領域中不斷的發展與擴散，逐漸為教育界所認知。但是，將系統教學設計理念推向以「基本能力」為主的教學理論，除了理論本身的成熟度以外，還有來自下列的三個主要原因：(1)「回到基本能力」（back-to-the-basics）的運動所引發的教學改革；(2) 網際網路所引發的學習革命，以及 (3) 全球對「關鍵能力」的呼籲。

「回到基本能力運動」（back-to-the-basics），是在 1957 年蘇

俄 Sputnik 人造衛星發射事件之後開始醞釀。美國社會不斷的呼籲，要改革課程及重視學生的基本能力。從 1976 年開始蓋洛普（Gallup polls）在它的年度調查中，詢問社會大眾對於改進教育的方法，其中「多投注基本學科的教學」及「提升課程標準」這兩項結果，每年都進入調查排行榜前五名；到了 1980 年的時候，同樣的呼籲更進入蓋洛普年度調查的前三名內，可見社會大眾對教育的不滿有多麼的高。對於這樣的社會要求，美國政府由 T. H. Bell 擔任 the Secretary of Education（相當於我國教育部長）所帶領的 NCEE（the National Commission on Excellence in Education）於 1983 年提出一份教育白皮書「A Nation at Risk」（危機中的國家），引起美國當時的總統雷根及各級教育相關機構共同呼籲進行教育的改革（Gross & Gross, 1985, pp. 32-48）。

為了回應對於「回到基本能力」運動的訴求，從 1983 年開始美國各州紛紛要求對各階段學生實施州立的「基本能力測驗」，成為高中生的畢業條件之一，此項措施即是美國政府當局對社會大眾的回應所採取的教育改革之一。可想而知，這些基本能力測驗的實施，勢必影響教師的教學，如何從「知識」提升至「能力」，專家們無不投注大量的精神與努力去改變。教學，從過去以認知主義的知識為主轉向以培養學生的能力，也代表著 70 年代的教學理論隨著社會的改變而受到衝擊，而以「能力」為首的系統化教學理論正要抬頭。

由於美國在各學區是實施教科書多元的國家，基本能力測驗的實施，勢必影響過去以教材為主的教學設計，而改走能力表現教學的設計是必然的趨勢。由於 60 年代 R. F. Mager 與 B. S. Bloom 的目標觀念深植人心，美國政府也對全國的教師辦理編製目標的工作坊，培育教師編製目標的能力（Dick, Carey & Carey, 2009, p. 111）。70 年代與 80 年代系統化教學理論的受到重視與普遍化，才使得教師的教學得以「能力」作為教學的開端，成為順應時代要求的作法。

90 年代網際網路、資訊爆炸等因素，都是促使教學方式作改變。「可漢學院」（Khan Academy）的創立、「翻轉教室」

（flipped classroom）等新興的教學策略，取代了傳統的教學方式。線上課程與教學提供了學習者自學的管道，而教室不再是教師主講的課堂，取而代之的是，學習者的互動、討論與解決問題，教學的形式也發生巨大的改變。

　　由於電腦設備和網際網路的出現，固然是科技的驚人發展，但是 J. Naisbitt 與 P. Aburdene（1990）指出它們對社會的影響，遠超過對科技的影響。其中，最能代表的應該是對資訊流程與知識量的改變（p. 12）。知識不再被少數社會階級的人所獨占，資訊也不再透過創作、印刷、推廣與購買的傳統流程而散播。它是即時的、無遠弗屆的、眾人的、分享的，徹底改變學習的習慣。而此種知識散播的方式，造成知識量爆增，讓學校、教師與學生都處在資訊爆炸的情境裡。由於資訊的快速和知識量的爆增，讓學習的管道多元化，而其所造成的影響是個人必須擁有更好的文字能力。於是，學習要改變、學校要改變、教學要改變。「學習如何學習」是這個資訊社會下，教學的新觀念。

　　當學生可以不用透過教師、教科書，而從網際網路學習知識時，讓學校在教導學生知識這一方面顯得非常無力。因此，更加速了「學習如何學習」理念的擴散，並且逐漸成為學校教育與教學的重心。然而，各國政府面對資訊社會的變化、網際網路所引發學習行為的重大改變，以及因應全球化競爭的問題時，便開始思考作為一個國際社會裡的公民應該擁有什麼樣的能力，而這些「能力」的呼籲也正好符合系統化教學所強調的「能力表現」科技的理想。從此，教學設計也逐漸從認知策略的設計轉向「能力表現」的分析與設計。然而，這樣的轉向似乎也代表了另一種對學習與教學「效能」和「效率」的要求。

　　針對知識與學習的改變，各國政府對教育政策紛紛採取了因應的態度與策略。聯合國教科文組織（UNESCO）在 J. Delors 領導下，在 1998 年國際教育會議中提出了所謂「學習的四個支柱」（the four pillars for education），後於 2003 年再提出第五個支柱，作為各國

政府努力的教育目標：（https://menntuntilsjalfbaerni.weebly.com/uploads/6/2/6/2/6262718/unesco_5_pillars_for_esd.pdf）

1. 學習知的能力（learning to know）：學習基本的知識與技能。
2. 學習動手做（learning to do）：培養自主學習與終身學習的能力。
3. 學習與他人相處（learning to live together）：具備世界公民素養、國際觀與文化瞭解的能力。
4. 學習自我實現（learning to be）：展現天賦潛能、實踐個人的責任與目標，成為熱愛生活、有道德的社會人。
5. 學習改變（learning to change）：培養個人接受改變、順應改變、積極改變，以及引導改變的能力。

　　根據聯合國的精神，歐盟會議（European Commission, 2002）也提出八大關鍵能力：（引自許芳菊，2006，頁26）

1. 用母語溝通的能力。
2. 用外語溝通的能力。
3. 運用數學與科學的基本能力。
4. 數位學習的能力。
5. 學習如何學習的能力。
6. 社會與公民的能力：人際互動、參與社會的能力。
7. 創業家精神：能夠擁抱改變、勇於創新，能夠自我設定目標、策略、追求成功。
8. 文化表達的能力：能夠欣賞創意、體驗各種美感經驗（例如：音樂、文學、藝術等）。

　　1991年澳洲在Finn Report中首揭任何工作職場上，都要必備的技巧與關鍵能力。1992年Mayer Report中更提出七項學以致用的關鍵能力，包括：

1. 蒐集、分析、組織資訊的能力。
2. 表達想法與分享資訊的能力。
3. 規劃與組織活動的能力。
4. 團隊合作的能力。
5. 應用數學概念與技巧的能力。
6. 解決問題的能力。
7. 應用科技的能力。

　　各國紛紛提出以上這些關鍵能力時,也意味著「能力」是現在和未來教育的中心與焦點,更是教學重要的使命。從這幾年,各國開始注重各種能力評比的測驗,例如:PIRLS、PISA,就可以略窺一二。然而,這些能力評比的結果,均對各國教育的內涵與政策產生相當程度的影響。

　　由於各國對「關鍵能力」的定義不同,「經濟合作開發組織」(Organization for Economic Cooperation and Development, OECD)於 1998-2002 年起進行大規模「界定與選擇關鍵能力」(Defining and Selecting Key Competencies,簡稱 DeSeCo)的跨國研究方案(project),將關鍵能力區分為三大類別作為其基本架構,如圖 4-2。

1. 個人必須有能力使用廣泛的工具與環境進行有效的互動,這些工具包含實體的工具,如:資訊科技,也包含社會文化的工具,如:語言的使用。所有人對這些工具瞭解的程度必須是能夠依照自己的目的而適應,換言之,就是互動的使用工具。
2. 在日益互動頻繁的世界中,個人必須與他人交手,意即每個人都會遭遇或面對來自不同背景的人群,因此在異質性的團體中能夠彼此互動就顯得非常重要。
3. 個人必須負起經營自己人生的責任,將人生置於更廣泛的社會脈絡下,並且自主的行動。

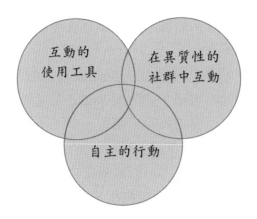

圖 4-2 DeSeCo 關鍵能力的概念架構

　　總而言之，DeSeCo 方案中選出二十一世紀公民的關鍵能力（key competencies），分別為：（Rychen & Salganik, 2001）

1. 能互動地使用工具，包括：使用語言、符號和文本能力，以便運用知識和資訊能力與他人互動等。
2. 能在異質性的社群中互動，包括：發展和經營良好人際關係的能力、團隊合作的能力、處理和解決衝突的能力。
3. 能自主地行動，包括：具有較大的世界觀和脈絡下行動的能力，形成並執行生涯規劃與個人計畫的能力，主張與辯護自己的權利、利益與需求能力。

　　OECD 所提出的三項關鍵能力不僅代表著全世界都將它們視為教育的指標，影響各國的教育思潮與政策，也影響在教室中的教學行動。OECD 特別指出「實踐」的「行動」才是最重要的，意即，知識必須能夠實踐於日常生活當中，實踐知識的能力才是教學的目標。

　　從基本能力到關鍵能力，顯示學習不能僅止於知識的累積與儲存，從表現學科的「基本能力」到未來能在工作世界中表現「關鍵能力」，意謂著「能力」的表現，必須從「課堂」轉移到「真實的世界」

中。教師必須善用教學策略與方法，以「表現能力」為目標，培育學生成為世界的公民。

面對世界教育思潮的趨勢與課程的改變，教師不僅要接受這些改變，更要尋求解決的策略。此時，Gagné 所主張的「學習，是一種使個體成為有能力的社會成員的機制」，以及「學習使人獲得技能、知識、態度和價值，其導致的不同類型的行為，稱為能力」的觀點，正好呼應了這一股「表現能力」的教學需求，而他所創建的系統化教學設計的理論，更受到注意而被推廣於學校教育中（引自林進材，2003，頁 80）。其後，Dick、Carey 和 Carey 則更以 Gagné 的理論為基礎，重新詮釋系統化教學設計的元素，使其更貼近於現代課程與教學的變革。

目前，許多師資培育機構中也將系統化教學理論加入課程中，其中，休士頓大學（University of Houston）、佛羅里達州立大學（Florida State University）、亞歷桑納州立大學（Arizona State University），以及中東地區的 Middle East Technical University 等，更將系統化教學理論作為指定的、唯一的教學理論，可見其重要性（https://uh.edu/education/degree-programs/cuin-ldt-med/certificates/; https://education.fsu.edu/idt; https://asuonline.asu.edu/online-degree-programs/graduate/master-education-learning-design-technologies/; https://eds.metu.edu.tr/tr/curriculum-and-instruction-phd-program-course-descriptions）。師培機構已經察覺到教學環境的改變，大都把教學設計取代了教學理論，以符合能力表現時代所需。因此，「能力」的教學才是現代學校應該關注的焦點，而教師亦應能改變教學設計的方式，才能產出具有競爭力的學習者。

綜觀從十九世紀開始，來自經濟、政治、科技及社會需求的影響，不僅改變了教育思潮與信念，更直接影響了課程的走向與教學的方式。教學策略的發展在這種變革中，不斷的尋找出最能夠實踐課程、導向教育思潮與滿足社會需求的可能性。

第五章

教學設計之觀念

　　自古以來，每位教學者都有自己的教學方法。早期的教學設計大都是教學者以自身的經驗，參考當代的研究或是潮流，甚至是一些專家的建議，發展出自己獨特的講解方式。從十九世紀中期德國哲學家赫爾巴特（J. F. Herbart）著名的五階段的教學步驟開始，教學設計的觀念才逐漸受到美國教育界的重視：（引自任慶儀，2022，頁 10-11）

1. 準備（preparation）：指教師喚起學生的先備經驗，準備學習新教材。
2. 呈現（presentation）：指教師將教材作成大綱或摘要呈現。
3. 關聯（association）：指教師比較新舊教材。
4. 通則化（generalization）：指教師從新教材中衍生出原則和規則。
5. 應用（application）：指教師將特定的範例和新的規則相連結，產生意義。

　　直到進入二十世紀，行為心理學和認知心理學的發展，影響人們對學習的認識，不僅開始重視課程的設計，也重視教學方法的使用。一般廣為人知的教學法，例如：前階組織法、發現式教學法、啟發式教學法或是精熟教學法等，都在心理學的影響下，開始蓬勃的發展。但是綜觀這些教學理論都是以教材為對象，教材內容是教學設計的主體。究其原因，乃是當時的教育是以傳授知識和教材內容為主。直到 80 年代，電腦結合網際網路後，打破過去學習的習慣與界線，改變了全人類學習的方式。聯合國教科文組織針對此影響全世界的重

大變革，遂於 1998 年、2003 年發表「學習的五大支柱」，接著各國提出自己的「關鍵能力」作為回應。此時所引發的，不僅僅是各國對教育的目的改革，更開始注意到課程與教學的問題。尤其在教學的部分，教育專家們發現過去的教學法並沒有針對「能力」或是「表現目標」的特殊性作教學設計，必須尋求其他的教學設計方式。而此時，系統化教學設計的理論在 80 年代開始進入成熟期，所有教學必須考慮的因素也都確定了，甚至連同它們在系統中的順序也都大致底定。90 年代開始，美國許多的教育學院或教育系所中，大都以教學設計（instructional design, ID）取代教學理論（teaching theory）的課程，就是說明了在標榜「能力」或「能力指標」的時代中，教學方法的改變。

第一節　教學設計的重要觀念

在運用教學設計之前，必須先瞭解下列重要的前提與觀念，才能在設計的過程中成功的、正確的運用各種教學設計的因素，以獲得理想的結果：

（一）教學設計的過程需要將教學設計視為一個系統，而系統中的每一個因素都應當應用科學的態度來處理

所謂系統是指眾多的因素彼此協調與合作，以達成某種目的為前提共同運作。因此，所謂的「教學系統」是指將各種影響教學的因素以系統的方式處理，達到特定的教學目的。在此系統中，各種因素雖然彼此會相互影響，但是，為了達成教學的目的，必須運用科學的態度和理論去協調各種因素的運作。所謂科學的態度則是指運用經過實證的理論，以邏輯的順序與方法來分析、診斷、訂定、發展和評鑑。因此，設計者對系統中各種因素的瞭解與應用就顯得非常的重要，而每個因素的執行都要非常的明確與精準，才能達成預定的目標。在應用系統化教學設計的過程中，不僅要注意各種因素與步驟的順序，更

要落實分析的工作才是教學設計工作成功的重要關鍵，才能獲得有效的學習成果。

（二）應用教學設計的過程於一門課程中，是教學發展最佳的層次

在我國的政府體制中，學校的教學目標是由國家所訂定；換句話說，教學目標通常是在課程設計之前就已經訂妥，因此教學設計是從既定的教學目標中，由學校本位與學生的需求開始發展，從確定學生要表現的能力，以及相關的課程內容到教學的各種活動，都是教學設計的工作。教學設計不同於過去的教學理論，例如：前階組織法或是講述法，都是以教材的一個單元為對象，作為教學設計的單位，並且以學生能力表現作為教學的目標。

（三）教學設計的過程是由教師或是課程設計小組所策劃

有些人認為教學設計過程的策劃資料就像是教學的文件，必須發給學習者作為學習的指南或是手冊，這是不正確的觀念。就如同教案一樣，它是給教師、同儕團體與督導人員作為彼此溝通、檢視、參考，或是上級單位督導用的，並不是給學習者的資料。雖然在教學設計的過程中，許多時候所建立的資料是與學習活動和教學內容有關，但是它們卻不是以提供學習者使用的方式編寫出來的。學習者固然要知道每個單元的學習目標，但卻不一定要知道教師要用什麼教學方法、步驟或是活動等資料。

（四）教學設計過程最主要的目的，是幫助學習者學習

傳統的教學策劃工作最重要的中心活動是「教學」，但是，教學設計的目的是讓教師以「學生的學習」為所有設計活動的中心。教學設計是以學生表現的能力為主體，作為教學分析、發展與實施的基礎所進行的一系列工作。

（五）在教學設計的過程中，應盡可能讓學習者達到滿意的學習效果

Bloom 指出，如果學生都有適當的學習背景，加上學校能提供適宜的教材和教法，以及學生能有足夠的學習時間，95% 的學生都可以達到學校所要求的學習目標（引自 Kemp, 1985, p. 16）。換句話說，教學如果能確實的根據教學與學生的診斷和分析，並且以科學的方法進行設計，是可以讓學習者獲得較滿意的結果，而這正是教學設計唯一的目標。

（六）沒有任何「一種」教學設計方法是最完美的

系統化教學設計固然可以減少在設計過程中，由於教師個人直覺、主觀或是用嘗試錯誤的方法所產生的問題，但是教學設計的科技到目前為止仍然未能達到完全科學化和百分之百精確的程度。因為任何系統只要是牽涉到「人」，就是一種最不穩定的系統。由於人是一種極度不穩定的系統，環境中任何的變動都會影響並且改變個人，因此，科學到目前為止仍然未能完全瞭解其學習行為的本質。所以在教學設計的過程中，仍然會有許多無法預測或估計的情況產生，這些會直接或間接影響教學設計的成效。但是，由於教學設計系統是將長久以來專家們認為可以影響教學或學習的重要因素，把它們結合在一起，組織成一個完整的系統，並且以邏輯的方式來考慮、決定每一個因素，也是目前教學設計中最普遍且常用的方法。

（七）教學設計是世界的趨勢

從 1976 年蓋洛普的年度調查當中，社會大眾普遍對學校和學生的表現感到極度的不滿，特別是對進步主義不重視學校的既定課程與培養學科的知識。回到基本學科（back-to-the-basics）與基本能力（competency）的呼籲，終於讓州政府開始有所作為而回應社會的要求。其中之一就是，實施基本能力測驗，以確保學生在各階段的

學習能達到州的標準。到 1983 年為止，美國所有的州均實施「基本能力測驗」，有 27 州更把它列為高中畢業門檻（Orstein & Hunkins, 1988, p. 36）。因此，把測驗學生基本能力表現的結果視為學校課程與教學的績效表現之一，成為目前教育界的趨勢。

　　1998 年聯合國教科文組織更因為網際網路的發達，讓學習成為無限的可能，因此提出「學習的支柱」，強調教育應以培育學生學習的能力為主要任務。其後，歐盟、澳洲、紐西蘭等國紛紛以它為基礎提出自己的「關鍵能力」（引自許芳菊，2006，頁 22-27）。一時之間「關鍵能力」、「基本能力」的語詞充斥在各國的教育當中，從小學到大學莫不把這些「表現能力」作為課程與教學的軸心。可想而知的是，學生「表現能力」的教學是當前學校與教師積極努力的目標。為了要達成這樣的目標，教師必須鄙棄過去以教科書內容為設計的習慣，而改為以表現學生能力為主的教學設計。

　　這種從「知識」到「能力」的改變，也可以從美國大學內的教育相關系所，紛紛將過去培育師資的教學理論（teaching theories）的課程改為教學設計（instructional design）課程看出一些端倪。從「教學理論」到「教學設計」不僅是說明大學的教育學程中課程的改變，更代表培育師資的方式由過去的課程內容改為表現教學的設計能力。換句話說，教師不能只有「教學的知識」，更要表現出有「教學設計的能力」。這種教學設計是指從「能力」為出發點，不是以教科書的內容（單元）作為開始的，而且，這樣的認知是世界性的。

第二節　教學設計之基本因素

　　在各種的教學設計模式中，有四個因素是最基本的，那就是學習者、方法、目標與評鑑，這四個因素是形成系統化教學設計的基本架構。

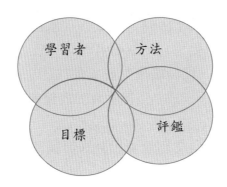

資料來源：*The instructional design process,* by J. E. Kemp (1985), p.10.

　　在四個基本因素中，其所引發的教學問題是：

1. 學習者具有哪些特質？
2. 你希望學習者能夠表現什麼？
3. 教學的過程能用什麼最佳的方法來教？
4. 你會用什麼方法和標準，來衡量學習者是否真的學會了？

　　這四個問題必須在教學設計歷程中能夠回答，而這四個問題所考慮的因素，彼此之間有很密切的關係，是構成教學設計的主要因素。此外，綜合其他來自不同的設計模式的重要因素，可以形成更完整、更多樣化的教學設計模式，以下就針對這些重要的因素分別介紹：

完整的教學設計因素

　　在一個完整表現能力的教學設計企劃中，綜合各種的系統化教學模式後，應該在教學設計時考慮的因素為：

（一）確認教學目標

　　運用前置分析（front-end analysis），通常指表現分析（performance analysis）、需求分析（need assessment），或是工作

分析（job analysis）等，用來決定是否進行教學設計的活動。在確定要進行教學設計的活動後，隨即展開擬定目標的工作，以明確的、清晰的方式敘述目標。

（二）實施教學分析

在確認教學目標後，接下來就是進行教學分析的工作。教學分析的主要目的是從教學的目標中，決定一位已經精熟該教學目標能力的學習者，在過程中應該呈現什麼樣的能力及認知條件，來表現目標的達成。除此之外，還要再決定學習者必須具備哪些能力、知識和態度，才能夠成功的學習該能力表現（通稱為起點能力）。

（三）分析學習者與脈絡

在實施教學分析的同時，也要分析學習者的特性，它與前一個因素應該同時進行。這些特性包含了學習者的起點能力、先備知識、學習態度、學科興趣、成績，以及讀、算、寫的基本技能等。此外，學習者會在什麼樣的脈絡中學習，以及未來他們會在什麼樣的脈絡中，應用學習到的能力與知識，都是這個因素要考慮的。

（四）撰寫表現目標

根據教學分析及起點能力分析，列出學習者必須要達成的目標，包含教學目標中所要求的表現標準及脈絡。

（五）發展評量工具

根據表現目標發展評量的工具，包括：發展客觀式評量、規準評量、現場評量、態度評量，以及檔案評量等各式的評量方法。

（六）發展與設計教學策略

根據前面的步驟所獲得的結果，例如：目標的屬性及學習者的特質，就可以決定使用何種的媒體與教學活動。媒體的特性與學習的脈

絡是決定媒體的主要因素。學習者的特質,例如:引起動機、維持注意力、學習的方法等,則是決定學習活動主要的依據。

(七)發展與選擇教材

根據教學分析,選擇適當的教材。除了教科書外,也包含了製作 ppt 檔、提供學生的參考資料、設計的網頁、檢索的影音資料等。

(八)設計與實施形成性評鑑

發展與設計形成性評鑑,作為評鑑教學設計過程與其成果的工具。教材與教學活動,也都可以應用形成性評鑑作為評量的工具。

(九)修訂教學

從形成性評鑑所獲得的資訊,來檢視教學設計過程中的每一個步驟,找出它們的缺點以改進教學。

(十)實施與設計總結性評鑑

雖然總結性評鑑並非教學設計的步驟,但是其決定教學存廢的評量,是不可或缺的評鑑。換句話說,它是決定教學是否具有價值,教學是否廢除或是保留,並且是透過第三者來進行的一種總和性的評鑑。

二 參與教學設計的人員

誰應該參與設計?一直是許多教育人員包括:行政人員和教師的疑問。我可不可以自己完成設計?還是,我需要一個團隊去完成教學的設計?一般而言,在執行教學設計時,必須包含五種角色或人員:

(一)教學設計專家

負責整個教學設計的執行和協調工作。他必須對整個教學策劃工

作具有教學設計理論或基礎知識及管理的能力。換句話說,他必須熟悉教學設計的工作,並且具有能力指導團隊中的成員。

(二)教師

擔任教學工作的教師,這類人員除了其本身具有內容專家的涵養外,更因其對學習者的特性具有相當的瞭解與認識,也熟悉各種教學法的運作,可以提供在教學設計歷程中對學習者或是學習脈絡等方面的建議。

(三)學科知識專家

對於設計的課程內容具有豐富的知識,提供對教學設計中的學習活動、教材、測驗的發展等,可以擔任檢核的專家。

(四)媒體資源專家

由於媒體日新月異,特別是電腦程式的應用,熟悉各種應用軟體及媒體資源的人員,換句話說,就是具有媒體素養的人員是教學設計能夠成功的靈魂人物之一。

(五)評鑑專家

具備各種評鑑設計經驗的人員,能夠於設計歷程中蒐集各種的資料,並且能將這些資料予以解讀來決定教學設計的成效。

也許,在你的學校裡可能找不到這麼多具有以上專長的人,尤其是在臺灣的學校,大概都是老師和老師兼任行政主管的人員可以參與這樣的團隊。但是,不妨和鄰近大學裡的教育系所連絡看看,有沒有適當的專家,可以提供協助。不要有先入為主的觀念,大學裡的研究教授也願意提供專業的協助,只要知道你的需要是什麼。或者,以策略聯盟的方式,例如:南投縣的國小共同組成課程計畫聯盟,因為參

與的學校夠多、規模夠大，基本上就容易邀請到專家一起給予指導，對彼此雙方都有利，而且更有效率。

三 對教學設計的批評

由於教學設計強調設計工作可以劃分為步驟或是階段進行，對此，許多人存有極大的疑慮。最主要還是擔心教學設計的模式與步驟，會不會讓教學設計太行為主義化了？教學設計是否太注重機械化的教學方式，而忽略人性化的層面？教學設計是否太以認知為中心，而忽略情意呢？這些是近年來，我在教導這方面課程或理論時最常聽到的問題。然而，我認為一個好的教學所顯示的是教師其外在的行為結果，但是要成就一個良好的教學，必然在其醞釀的過程中，有其思考的重點或是內隱的部分。如何從別人的行為表現中去模仿，分析他人的行為，以找出成功的原因，成為一種必要的手段。那麼，教學設計的步驟就是將教學的因素予以明顯化，提供他人模仿的歷程。良好的教學必須考慮哪些因素，考慮的結果必須對這些因素作出決定，這樣的歷程未必是單一刺激——反映的結果；相反的，它必須全盤考慮情境中的所有刺激後，植基於教師個人對學生、情境脈絡及教學方法的認知，才能採取決策的行動。如此一來，就不是行為主義唯一可以解釋的了。雖然，教學中各種因素的決定結果是教師個人的選擇，但是，教學設計中重視學習者在情境脈絡中建構其學習的意義是建構主義所強調的，所以沒有太過行為主義化的問題。

再者，教學時對於不同的班級雖然都要考慮學生的特質，可是其結果卻不見得是一樣的，教學方式也是如此。對於能力表現要以情意為重，還是以認知為重，由教師自己決定，不同領域的目標，例如：認知、情意與技能，其教學設計的方式是有所不同。因此，就沒有重認知而輕情意的情形，只有教師選擇的問題。

使用系統化教學是否太過機械式的思考？如果創造力是指個體用構思、發展，以及表達對問題的解決方式，那麼教學設計是允許並且包含教師的創造力。因為在教學設計中，創造力就可以表現在教學方

法或是活動的設計上。然而在教學設計過程中,充分的瞭解並且考量學習者的特性、學習與應用的脈絡,更是其表現人性層面的作法。

對於教學設計,如果沒有正確的觀念就無法重視它,甚至拒絕它,當然也就無法應用它去解決教學與學習的問題。所以,對於教學設計要先有正確的觀念,才能顯現其對教學與學習的價值。而教學設計從基本的四個元素發展到更多的元素,代表了時代對教學設計的進步與需求;另一方面,更代表了教學設計成為更完整、更包容、更廣泛的理論,並且朝向教學科學化與科技化的方向發展。總而言之,教學設計是將優質的教學經驗透過實證的研究,轉換為具體可實施的行為,幫助教師設計有效率的教學,也是幫助學生能獲得最大的學習成果。

第六章

系統化教學設計的模式

　　利用教學系統的觀念發展教學，是以教育研究的結果為其基礎，將許多影響教學設計的因素納入系統中，由於這些因素的定位與考量不盡相同，因此發展出許多不同的模式。這些模式除了各自表述不同的教學設計理念外，也分享了一些共同的因素。其中 Dick 與 Carey 模式（如圖 6-1）是目前美國大學教育領域中，從大學到研究所必須修習的理論之一。這個模式深受 Gagné 在 1965 年出版的著作 *The Conditions of Learning*（《學習的制約／情境》）的影響。Gagné 在該著作中，以行為主義為基礎，融入認知主義的學習觀點，特別是有關學習者處理資訊的方式來說明學習的發生。直至 Gagné 出版 *Principles of Instructional Design*（《教學設計的原則》）時，更將 Dick 與 Carey 模式作為闡述其教學理念的基礎模式（Gagné, 1988）。爾後，該理論再融入了建構主義對於學習的觀點，特別是有關學習者在建構新知識的過程。Dick 與 Carey 指出，當學習者將新知識融入舊有的認知後，並在社會、文化、物理，以及智識的環境中，詮釋新的意義時，學習脈絡與教學脈絡扮演了非常重要的角色，這也是他們理論中特別重視的因素之一。Dick 與 Carey 模式融合了以上三種學習觀點的理論，在 1978 年第一次出版後，陸續更新，截至目前為止，已經出版到第九版（2021），儼然成為教學領域中的經典之作。以下就各種系統化教學的模式簡要說明之。

一 Dick與Carey模式

　　Dick 與 Carey 模式是由九個因素構成教學的系統（總結性評鑑除外）。他們的模式中，看似直線式的步驟，但是實質是採用循環的

過程做教學的設計，最後透過形成性評鑑去修訂每個步驟。圖 6-1 中的每一個因素，分別採用了不同的理論作為模式的基礎。例如：在評估需求的因素就採用了 Kaufman（1988, 1992, 1998）和 A. Rossett（1999）的需求分析理論為基礎，確認目標的部分是採用 Mager（1972, 1997a）目標分析的觀點，在執行教學分析的部分採用了 Gagné（2004）的學習階層理論為基礎，更採用 Rossett（1999）、Mager 與 P. Pipe（1997）對能力表現分析的步驟。此外，Brown 與 Seidner（1998）對評量的理論，也是成為此模式中基礎的理論。圖中將各種因素按其優先次序作排列，每個因素以箭頭的線條引領到下一個因素，充分表現其在教學設計歷程當中的邏輯順序，是教學科學化的作法。

　　此模式的特別在於教學設計從「確認目標」開始，透過教學與學習者脈絡分析後編寫成表現目標，將目標編製成為測驗，同時依照目標選擇教學策略，最後選擇教材。值得注意的是，測驗編製的時機是

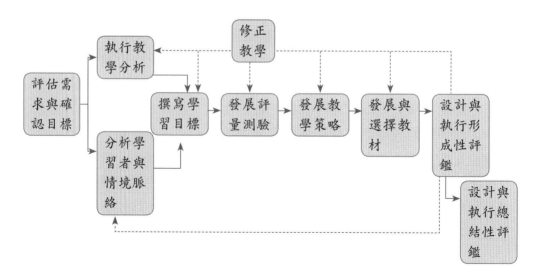

圖 6-1　Dick 與 Carey 模式

資料來源：譯自 *The Systematic design of instruction* (7th ed.), by W. Dick, L. Carey, & J. O. Carey (2009), p. 1.

在尚未選擇教材之前,並且以表現目標為基礎,這種歷程與教育部所稱「基測考綱,不考本」的意義是相符的。另外,在編製具體目標後才選擇符合目標的教材的理念和教育部推行「一綱多本」與「教科書為教學的素材」的精神也是一致的。

在所有系統化教學理論中,將教材的選擇列為教學設計的因素之一的並不多見,但是此種作法是有利於採用本模式者,能有更完整的教學設計歷程可以依循,而又能兼顧使用教材的考量。因此,採用系統化教學理論,特別是 Dick 與 Carey 模式有助於消弭一綱一本和多本的爭議。此外,以表現目標為首的教學發展,也適用於以「課綱」為首的教學設計。

二 Hannafin與Peck模式

圖 6-2 為 Hannafin 與 Peck 模式。它將 ID 的過程分為需求分析(need assessment)、教學設計(design)和教學發展與實施(development & implement)等三個階段,是一個既簡單又優雅的模式(Frisoli, 2008)。它最大的特徵是每一個階段,都作評量(evaluation)和修訂(revision)的工作。然而,對教學的品質和複

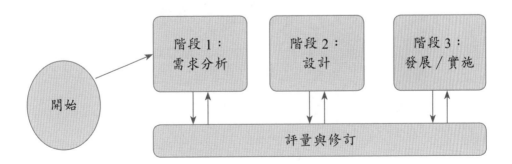

圖 6-2 Hannafin 與 Peck 模式

資料來源:譯自 Hannafin and Peck design model, by G. Frisoli (2008), retrieved from https://www.researchgate.net/figure/Hannafin-and-Peck-Design-Model-Reigeluth-2013_fig1_339623615

雜性作了細節上的壓縮，所以雖然它看起來簡單，但卻不適合於教學
設計的新手。除非使用該模式者是非常有經驗的設計人員，否則無法
透視出該模式在各階段的細節。

三　Kemp模式

　　另一個不同於 Hannafin 與 Peck 的簡約模式，是 Kemp 模式。
他採取最大包含教學全面性的元素設計教學，如圖 6-3 所示（Kemp,
1985）。整個模式企圖將所有與教學設計有關的因素都包含在內。
所有的步驟都是以反覆的方式進行，因此沒有箭頭的方向指引所有步
驟進行的順序，這樣的想法倒是提供設計人員有設計彈性的空間。但

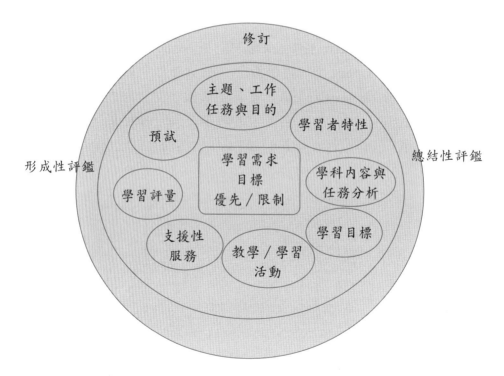

圖 6-3　Kemp 模式

資料來源：譯自 *The instructional design process*, by J. E. Kemp (1985), p.
　　　　　11.

是從該模式以「學習需求」（learning need）、「目標」（goals）、「教學的優先與限制」（priorities/constraints）為整個設計的中心來看，這個模式和前面兩個模式非常的相似（Kemp, 1985）。比較特殊的是，其中有「學科內容和任務分析」（subject content and task analysis）的步驟，顯示在 Kemp 模式中也重視教材內容的分析，這也是其他模式所不曾出現的因素，它卻是任何教育情境裡不可或缺的重點。從「學科內容和任務分析」排列在「學習目標」之前的方式來看，其學習目標乃是從學科內容產出的，這樣的作法比較適合在「課程標準」時代中使用。另外，「支持性服務」也是它另外的一個特有的因素。整體而言，Kemp 模式比較適合小規模的個別單元所使用的一種設計模式，就如同過去我國的「課程標準」時代所適用的模式。

四 Knirk 與Gustafson模式

圖 6-4 Knirk 與 Gustafson 模式是將設計的過程分成三個看似簡單的階段進行：確定問題（problem determination）、設計（design）和發展（development）。

確定問題的階段包括：找出教學的問題、設定目標；設計的階段則是包括：發展教學目標、找出教學策略和媒體；最後的發展階段則包含發展教材。這個模式的特點是簡單，但是每個階段都包含了許多的細節，期望能將全部有關的教學設計的考量都包含在內。藉由箭頭的線條和矩形的方塊，訴說它們的程序。這個模式也是屬於比較小型（micro）的模式，適合於單元或課別的設計。這個模式的缺點是評量只針對教材的部分，並且是在最後的階段才做，就整個教學設計的過程來看似乎是有點晚。

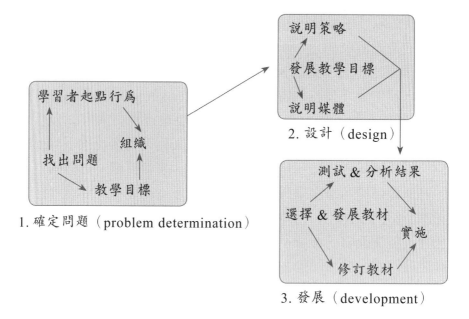

圖 6-4　Knirk 與 Gustafson 模式

資料來源：譯自 *Instructional systems design models*, by A. W. Strickland (2010), retrieved from https://edutechwiki.unige.ch/en/Knirk_and_Gustafson_design_model

五 Rapid prototyping model（快速成型設計模式）

　　此模式是由 Tripp 與 Bichelmeyer（1990）所提出的另一種單元教學設計的模式，如圖 6-5。它是電腦軟體工程界所常用的設計方式，後來才應用於學校教學設計的領域。它包含四個階段：依需求評估與內容分析設定目標、建構原型、運用原型進行研究、建置與維持最終的教學系統。在這個模式當中，設計者跳脫傳統設計教學的歷程和方式，利用觀察具有表現能力的學習者，以表現目標能力的方式去建構所謂的教學原型，並且運用啟發式的方式和過去的經驗，以敏銳的觀察力去引導設計。因此，設計人員本身就必須是教學設計的專家。由於它設計的過程在時間上比較具有效率，因此許多企業界普遍喜歡用此方式進行員工或是新產品客戶的教學訓練。它的另一個優點

是這樣的設計過程，留給設計人員相當大的空間，只要是他們認為適合的方式都可以運用，不限於傳統的教學設計因素。它設計的對象比較是屬於單元（unit）或課別（lesson）的部分，而非整個課程的部分。

圖 6-5　快速成型設計模式

資料來源：譯自 *Rapid prototyping: An alternative instructional design strategy*, by S. D. Tripp & B. Bichelmeyer (1990). *Educational Technology Research and Development, 38*(1), 31-44, p. 32.

以上五種模式各自代表其特殊的設計過程，但是，也具有一些共同點，那就是它們都將教學設計的過程予以分化成為不同的因素或者階段，企圖說明它們設計的歷程。雖然每一種模式所包含的因素不盡相同，不論哪一種模式，其所呈現的歷程或階段都可以分成三個層次：(1) 確認教學的目標或問題；(2) 發展教學，以及 (3) 評量教學的效能。這些層次彼此之間的互動與相互的影響，都對最後的產品——教學有重大的影響。這些模式都稱為系統化教學模式，其中 Dick 與 Carey 模式很明確的以目標作為教學分析的主體，而受到極大的重視，特別當「表現能力」成為教育重心的時代中。而現今美國許多教育系所大都開設「教學設計（ID）」的課程，作為培育未來教師從事「有關能力」的教學設計，其中 Dick 和 Carey 模式便是這些課程中，最被推崇的理論，可見其受到重視的程度。

第 參 篇　課綱為首的教學設計

　　教育部在 2001 年公布新課程綱要，揭櫫國民教育之七大學習領域的課程目標及能力指標，讓我國的課程與教學受到極大的衝擊與改變，翻轉了我國過去一向以教材知識為主的課程與教學。不可否認的是，此次的課程與教學的改革，卻成為一個快速拉近我國和其他國家在教育差距的最佳機會。為因應這樣的變革，同時參考許多已經實施「基本能力」的歐美國家的情況，發現許多培育師資的教育課程中，都已經將「教學設計」（instructional design）課程取代原有的「教學理論」（teaching theory）課程。換句話說，當課程的性質或目的改變時，教學設計的方式就必須改變，才能符合目前教育的要求與趨勢。

　　其後，行政院於民國 100 年正式核定「十二年國民基本教育實施計畫」，教育部於民國 103 年則公布其「總綱」，並正式實施新課綱。此次的變革主要是將課程綱要以「學習表現」和「學習內容」取代舊課綱的「能力指標」，同時標榜以「素養」導向的教育目標。在不斷更迭的「教育改革」浪潮中，教學設計受到無比的衝擊，教師是否能於這些變革中找出可行之道，以新的思維與作法來因應，達成新課程綱要的實踐。在要求「能力」、「素養」的時代中，師資培育機構其所訓練的教師，無疑的，必須具備有新的教學設計理念與能力，而因應課程的改革，教學自然也需要賦予新的策略思維，才能達成課程改革的目的。

　　將教學以一個完整的系統進行設計是這一波教學改革的新策略，其原因在於教學系統的運作是以「目標」為開始，進行一系列教學因素的分析，在歷程中所有的因素都具有目的性、協調性與交互性，是為達成特定任務而運作的。系統中的每一個因素都必須

以協調的方式，彼此交互影響、共同運作，才能具有系統的有效性，而表現「能力」是整個教學系統運作的唯一目的。

因此，本章中以「課綱」為首，將其教學設計過程中必須考慮的十個基本因素一一說明，並示範其實施方法，此十個因素分別為：(1) 評估教學的需求；(2) 目標的釐清方式；(3) 教學分析的方式；(4) 學習者特性的分析方式；(5) 編寫目標的方法；(6) 學習評量發展的方法；(7) 教學策略的發展與決定；(8) 單元對應與自編教材的方式；(9) 教學形成性評鑑的實施方法，以及 (10) 課程總結性評鑑的實施方法。

以上十個因素的分析與設計，均以目前國小之「課程綱要」及教材作為示範的內容，俾能使課綱的教學設計能夠有真實的範例可以參考。

第七章

前置分析

　　為什麼要展開新的教學設計活動？教學設計通常需要大量的人力、經費與時間，如果沒有特殊的理由，一般而言，很少會進行新的教學設計工作。因此，要進行教學設計工作前，都要經過仔細的考慮，才決定是否要啟動。換句話說，我們應該要找到客觀的、正當的理由、可靠的數量化資料來支持新的教學設計活動，而前置分析（front-end analysis）就是其中常用的方式。所謂「前置分析」是指初期的教學策劃活動，用以決定是否要實施新的教學設計活動。如果缺乏正確或精準的教學目標，教學設計常會面臨設計沒有必要的教學，或者是需求不存在的教學。

第一節　前置分析的方法

　　前置分析是發起新的教學設計之前的一個重要的關鍵工作，分析的結果，將決定是否需要進行新的教學設計，或是改採其他的方式解決教學的問題。

　　常見的前置分析有表現分析（performance analysis）、需求分析（need assessment），以及工作分析（job analysis）等三種，以下分別說明之：

一　表現分析

　　當學生的表現不如預期或是有問題時，教學設計必須以客觀的、開放的，並且從多方的角度尋求其根本的原因，以客觀的態度來決定這些表現的問題，是否可以藉由教學或是訓練予以解決。最不好

的情況是，一旦學生表現不理想時，其唯一解決之道就是提供更多的教學，以解決學生表現的問題。但是，學生表現不理想，可能是來自環境的問題，而不是教學的問題。例如：學校的電腦經常損壞，以至於學生的電腦能力表現成績不好，此時，給學生更多的教學，恐怕也無法提升他們的成績；但是，如果把電腦修好，學生上課時可以多練習，可能是解決表現問題最佳之道。另一個例子，學生閱讀圖書的頻率很低，以致閱讀的表現不好，那麼，提供更多的閱讀策略的教學，不見得會改善這樣的情況。但是，讓圖書館的布置舒適一些，多購買一些新的書籍，或者提供好書推薦的活動，可能會提高學生到圖書館閱讀的次數，所以，學生的表現問題不一定是教學設計的問題。

二 需求分析

　　如果學生表現問題的分析結論是提供教學或是訓練課程是解決問題的最好方式，那麼就要瞭解教學的需求。Rossett（1987）把需求定義成：理想的狀況減掉實際的狀況所得出來的差距，就稱為「需求」（need）（引自 Dick, Carey, & Carey, 2009, pp. 22-23）。如果理想的狀況和實際的狀況是相同的，那麼就沒有差距，也就沒有需求，更沒有任何改變要做。換句話說，學生理想的表現和實際的表現之間有多大的差距，這個差距就是教學的「需求」。為了要將理想和實際表現之間的差距有非常具體的描述，這兩者的關係可以用下列的數學公式來表示：

$$理想的狀況 - 現實的狀況 = 需求$$

　　在教學設計的觀念中，「需求」必須要非常的具體。因為「需求」夠具體，才能評估教學是否達成目的。在需求分析中必須先界定目標的理想標準，例如：85% 的學生通過英文初級檢定，45% 的學生進入國立大學。其次是找出目前學生的狀況，例如：70% 的學生通過初級英檢，38% 的學生進入國立大學。最後，把這兩個表現的

百分比相減，其結果就是「需求」。所以，教學設計的需求是要增加 15% 的學生通過英文初級檢定，要增加 7% 的學生進入國立大學。要如此做的原因是未來可以檢討教學設計是否有達成這樣的標準，新的教學措施是否發揮它的功能。藉此，就很容易找出新的教學是不是解決問題的最佳選擇。如同前面所述，新的教學措施沒有提高學生的表現，有可能是其他的原因所造成的，此時，因為有非常具體的目標可以評斷目標是否達成，更容易找到解決問題的方法。

三 工作分析

工作分析最常用於工作的場域，是指蒐集、分析、綜合描述職場工作人員工作內容的一種過程。近幾年，工作分析在人力資源的研究中，占有非常重要的一席。特別是對於某些職業，因為科技或環境的快速變遷，提供訓練課程以提升員工的工作能力，或是符合職場所需要的新能力是有必要的。如此一來，工作分析就變得很重要。

工作分析通常是根據特定職業所包含的任務（tasks）特性，以責任（duties）作為分類，進行分析。每一項工作任務都由同一行業的專家檢視其是否真的屬於工作的一部分，再將其發展成為調查問卷，並對所有的工作對象進行施測。依據實驗對象對問卷量表的反映，其中得分最高的任務就是該工作場域中，被公認對於該項工作是最重要的任務（tasks）。到目前為止，所敘述的歷程，就是整個工作分析（job analysis）要進行的歷程。

從問卷中得到這些最重要的工作任務（tasks），必須加以進一步的檢視。從這些工作任務中分析出其影響的因素，任務分析（task analysis）的歷程即是從這裡開始的。任務分析是將工作當中有關的因素，以及因素與因素之間的關係、表現每個因素所必須的工具、情境和表現的標準（standards）詳細的描述出來。

工作分析是從職場的專業脈絡中所分析出的工作任務，如果員工的訓練課程能夠聚焦在這些重要的工作任務上，那麼訓練課程就可以使員工獲得較高的工作效率、效能與滿意度。

綜合上述的分析方法，不論是在學校或是其他職業場域中，提供一般學校的學生或是企業界的訓練所需要的教學，是否需要重新設計，以及它們是否有效解決問題，是前置分析所要提供的答案。

圖 7-1 說明上述前置分析的脈絡概念，當學生的表現不如預期或是不足的時候，利用「表現分析」先找出他們表現的問題，然後思考這些問題是否可以透過給予更多或更新的學習，就可以解決。如果分析的結果是給予新的教學，可以解決問題的話，就要進行「需求分析」，明確的指出達到的目標需求是什麼，最後才是決定要啟動新的教學設計，確認最終學習者要達成的教學目標。但是，如果提供新的教學或增加教學無法解決問題的話，就要思考其他的解決辦法。

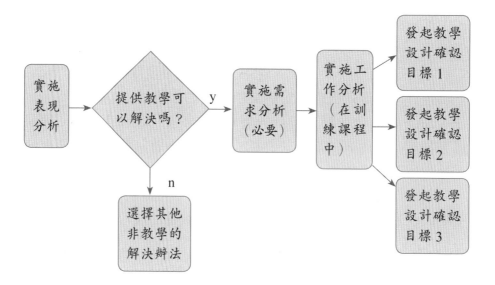

圖 7-1 前置分析的概念

資料來源：譯自 *The systematic design of instruction* (6th ed.), by W. Dick, L. Carey, and J. O. Carey (2005), p. 17.

第二節 前置分析的資料蒐集

新的教學設計，必須要以客觀的理由或資料為基礎，避免流於主觀、或是個人的喜好與願望，才能開始啟動。蒐集資料可以讓啟動新的教學設計具有可驗證的理由，透過內部評估過程（internal assessment procedures）和外部評估過程（external assessment procedures），將是獲得客觀資料的手段。

R. Kaufman 將蒐集資料的方式分成兩類：（引自 Kemp, 1985, pp. 26-29）

一 學校組織內部的評估過程

從學校組織的內部人員蒐集資料，作為評估的基礎。此種評估是透過量化分析、問卷，以及訪談的方式，對學校內部的人員進行資料的蒐集，決定是否啟動新的教學設計工作，其方式如下：

1. 分析學習者的成績和能力表現的分數。
2. 訪談教師對學習者的能力和態度的觀察。
3. 訪談高年級或畢業的學生。
4. 訪談學校管理階層或行政人員。

由組織內部蒐集的資料，固然因為方便，但是對於資料的解讀必須小心，避免流入主觀的陷阱。因為有資料顯示，對於直接參與設計的人員，往往會有主觀的傾向。

二 學校組織外部的評估過程

指透過訪談正在進行教學設計的其他機構，並且分析他們相關人員所需要的知識、技巧和態度的資料，可以補充內部評估資料的不足。其方式如下：

1. 訪談其他學校人員，包含學區督導、學校行政人員、實際從事工作的人員、家長、企業代表和立法的議員。
2. 分析其他機構的計畫或是活動，並且把結果和教育目標作比較。
3. 發送問卷，調查現有的教學實務和確認需求。

　　一般學校或教育機構的課程，通常會使用組織內部評估作為界定教學的需求，並且從外部組織、家長、企業界或其他專業人士等蒐集資料作為組織內部評估的輔助。將蒐集到的資料加以閱讀、分類、解釋和評鑑，並依據結果判斷是否要採取行動以設計教學。蒐集資料的過程中，時間可能很短暫，也可能是非正式的形式，或者是大規模的調查，對於資料的分析都需要有詳細的摘要報告，或是統計結果的分析報告，才能對於最後的決策提供有效的支持。

　　不論是用何種的分析方式，如果資料分析的結果是屬於下列的情況，即可以確定重新設計教學是有必要的：

1. 學習者的能力表現低於預期的水準。
2. 學習者要求改變學習的方式。
3. 學習者不斷的表示對課程不滿。
4. 課程超出學習者實際的能力。
5. 文獻、專家建議有改變課程的必要。
6. 現有課程內容需要更新。
7. 知識或技能有了改變。

　　上述的任何一種情況，加上可靠的數據或資料，可以幫助我們很客觀的確定，進行新的教學設計的必要性。但是，如果分析結果是屬於下列的情況，就不需要重新設計教學：

1. 教師的問題（教師的態度或教學技巧不佳、準備不足、溝通不良等）。

2. 因為設備、器材、場地、時間不足，而無法支持教學。

　　這些問題的出現與教學設計無關，因為它們不是原來教學設計的問題，反而應該在思考重新教學設計之前，要採取行動克服前述的問題與困難。

　　從以上的表現分析、需求分析與工作分析所產出的結果，或是從組織內部與外部評估所獲得的結果，再行判斷其是否需要教學設計。如果是，接著，就要確認教學的目標。

第二節　確認教學的目標

　　根據圖 7-1，從表現分析、需求分析以及工作分析所得到的結果，確定學生或是員工在學習或工作表現上的缺失。如果這些缺失的矯正必須透過教學，而教學也是唯一、可能的途徑時，那麼教學的需求就產出了。接下來的工作就是確認教學的目標。確認教學的目標有兩種情況，一是教師要自行編寫學門的目標，這種情形在大學的學科當中是很普遍的事；另一種是由教育機關或是學校、學區上層領導所頒布的既定的課程或教學目標，有時候因為太過模糊或是太抽象時，教師就必須先釐清這些既定目標的內涵，才能作為教學確認的目標。以下分別說明之：

一　自訂教學的目標

　　自訂教學的目標最經常使用於大學的學科當中，但是也經常使用於中小學中非學科領域的科目當中，例如：學校特色課程、彈性課程等，撰寫清楚而簡要的教學目標，則是有助於教學的設計、溝通和實踐、評鑑。

　　雖然知道教學的需求是什麼，但是如何敘述目標，把目標敘述得非常清楚而且適當，是一件非常專業的工作。J. E. Kemp（1985）指

出從「前置分析」所獲得的目標，盡可能用比較概括性的語詞描述，同時必須包含學習者在內的敘述。以下為學科目標的寫法範例，符合 Kemp 對學科目標敘述的條件，例如：使用了概括性的語詞，包含了目標所涉及的對象與成果。這樣的目標敘述，可以有助於教學設計的人員有明確的方向，至於其下詳細的、具體的目標或是內容，則有待更進一步的教學分析。

範例一

　　在本學程中，教育系的學生能夠熟悉西方藝術的歷史，從文藝復興到現代重要的發展及關鍵的作品。（藝術史）

範例二

　　本學科，是為護理系一年級學生所開設的課程，其課題包含應用於不同醫院場域中，對患者提供個別化的照護時，所需要的基本動作技能、觀察、認知等技巧的學習與實務操作。（護理照護）

二▶ 既訂的教學目標

　　對於要設計教學的人而言，縱使有教學目標，但是，它可能是非常模糊的、或是由空泛的語詞所堆砌出來的語文敘述而已。當目標所敘述的內容太過抽象時，可能讓人無法由目標的敘述瞭解它的意義，例如：社會領域的「4-1-1 藉由接近自然，進而關懷自然與生命」、「3-II-5 能透過藝術表現形式，認識與探索群己關係及互動」，或者無法看出學習者要做什麼，例如：「Aa-II-1 標注注音符號的各類文本」、「Ad-II-3 故事、童詩、現代散文」等。

　　這樣的目標對於目標的原創者而言，可能具有某種的意義。但

是，對於許多教師而言，這樣的目標敘述實在太過抽象，無法瞭解它是什麼意思，更遑論要對這個目標去進行教學的設計。對於不清楚的目標敘述就無法聚焦，那麼教學的設計就無法有效的進行，因此有必要對目標的敘述先做釐清的工作。R. W. Tyler（1949）指出教學目標的敘述，必須以有助於選擇學習經驗和指引教學的形式來編寫，才是有用的目標（pp. 43-46）。所以，他主張目標的敘述原則應該包含：(1) 目標應以學習者為敘述的目標對象，而非教學者；(2) 目標不宜以條列式的教學內容來編寫；和 (3) 目標的行為過於籠統，無法指出目標可以運用於何種情境或場域。Kemp（1985）則指出初步的目標特性，應該提及學習者的對象和以概括性的動詞來表述，以便對所設計的教學或學程有一般性的介紹（p. 29）。

從「前置分析」的結果產出目標，只是「初步的目標」，其寫法可以是概括性的，並非詳細而具體的。因為它只是用於引導設計的人員去開始設計的過程，至於目標中教學的個別目標或主題，則是需要後續的分析才能產出具體而精準的目標。Tyler 在課程與教學的基本原則中所示的概念：從社會、學生和學科中先產出「暫時性的目標」後，然後透過心理學和哲學的濾網，才能獲得「最終的目標」。而 Tyler 所指的「暫時性的目標」，可以說和「前置分析」所產出的「初步目標」具有相同的意義，都是讓設計教學者作為設計的一個重要焦點，以利後續的教學發展和設計（任慶儀，2021，頁 121）。

當然，有時候目標所敘述的內容並不是那麼清楚時，就可以利用下列五個步驟去釐清目標：（Dick, Carey, & Carey, 2009, p. 28）

1. 把目標寫在紙上。
2. 進行腦力激盪，找出學生可以用哪些行為表示他們達到目標。
3. 整理這些行為，選出最能代表目標的行為。
4. 把選出的行為融入一句目標的敘述句當中。
5. 評估目標敘述句的清晰性，以及它和原來模糊目標的關係。

透過這五個步驟，所獲得的結果 —— 最終的目標敘述句要和原來模糊不清的目標相比較，看看是否達到上述四個目標的要求。

進行教學設計是非常耗費人力、時間與經費的工作，學校、教師基本上都會避免重新設計教學，盡量採取「微調」的方式更新教學。但是，從學校內、外部的資料評估，其結果是屬於前述的資料結果時，則啟動新的教學設計就有其必要性。前置分析的工作是利用表現分析、需求分析，以及工作分析將目前的狀況予以分析，來確定有教學設計的需要。此外，在前置分析的階段中也要將一些定義不清或是模糊的目標予以澄清，並且依照前述 Tyler 對於撰寫目標敘述句的三個標準，將目標敘述出來，以便作為下一個步驟 —— 教學分析的基礎。

第八章

教學分析

　　當「前置分析」的評估結果，顯示教學是解決問題或是提升學習表現的唯一辦法時，學習的需求就出現了。教學設計必須以此為目標，提供有效的教學，以滿足學習的需求。對於學校而言，當課程更新或是知識、技能改變時，學習的新需求就出現了，重新設計教學以達成新課程的目標，或是納入新知識與技能，就有其必要性。對於任課教師而言，除了要滿足提升學生表現的需求以外，面對政府所頒布的新課程綱要／標準，教師都要依據學校的政策及相關說明，開始分析教學應該要包含哪些新的知識、能力、態度或是技能。因此，教學設計不論是基於前述哪一種需求，須提供可以達成教學目標所需要的教學。

　　要如何進行教學分析呢？綜觀不同專家所採取的方式，大約有四種：(1) 學科專家的方式（subject-matter experts）；(2) 羅列內容大綱的方式（content outline approach）；(3) 以行政命令的方式（administrative mandates），以及 (4) 表現科技的方式（performance technology）（Dick, Carey, & Carey, 2009, pp. 15-16）。學科專家大都複製自身過去的學習經驗，決定學習者應該要和自己一樣，學習自認為重要的知識。但是，如此的作法，有可能只是獲得和專家一樣的學科知識，並不足以解決現有的學習問題。以羅列內容大綱的方式作為教學分析的方式，通常會假設學習者沒有學到正確或者足夠的內容，所以才會有問題。但是，表現的問題有可能是因為設備老舊、缺乏動機或是文化氛圍所導致的，並非學習內容的問題。所以，提供更多的教學資料，期望能解決學生學習表現的問題，是不切實際的作法。然而，以行政命令要求設計相關的教學，特別是來自政府機構的

要求，基本上也是合法而且有效的，學校必須遵守這樣的規定。這樣的作法，有時也會被批評是「準備—發射—瞄準」的過程，其最大的疑慮可能是射擊過後，射程會偏移了標靶的範圍。意即，提供的教學無法針對問題給予有效的解決辦法時，教學顯然就無法激發學生學習的動機與滿足其需求。然而，表現科技的作法則是不先預設要學習什麼，而是透過表現分析和需求評估找出確切的問題，然後發掘問題的肇因，列舉出解決問題的辦法，當然，其中也包括提供教學的可能性（Dick, Carey, & Carey, 2009, p. 16）。

上述四種針對教學內涵的分析，會因為設計者的背景、立場、經驗和處理問題的手段不同，而產生差異。但是，不可否認的，表現科技的教學設計的方式和過去先決定教學的主題，再從主題中找出內容的學科專家取向（SME），或者以羅列內容大綱的教學設計是截然不同的。因為從學科專家的角度去設計的教學，大部分會強調「認識 x x」（knowing）這樣的目標，而不是「做 x x」（doing）的表現目標。試著比較這兩者目標的敘述會有什麼不同的意義：「認識 Word」和「用 Word 編輯一份文件」。前者的教學可能會從 Office 的軟體類型開始介紹，瞭解 Word 的功能、操作、常用功能表中的項目、插入的功能表、版面配置的功能等；但是，後者的教學就直接教如何從 Word 輸入文字、修改、段落設定到列印和存檔。前者瞭解 Word 的知識，後者解決使用 Word 的問題，因此，針對不同的目標，教學內涵就會有所不同。換言之，教學目標主導了教學分析的後續工作，教學目標的特性讓教學內涵產出不同的樣貌。

同樣的，不同的教學分析經驗也發生在我國歷次的課程變革時期。在「課程標準」時代的教學是以教材綱要的內容為主，教師在進行教學時，通常會先思考在這些教材綱要中要包含的是什麼樣的主題／內容，也許根本不必思考主題／內容的問題，因為國立編譯館出版的唯一教科書，已經決定一切的內容與主題了。所以，從「教材綱要」中我們常見到的敘述是「認識立方公分的意義」、「透過操作活動，認識線對稱圖形」，或者「認識臺灣的自然資源」等這樣的敘

述。從以上這些敘述當中，我們看不到學生要「做什麼」才能表示他們已經達成目標了，縱使這些目標是非常清楚的主題與內容。

及至九年一貫課程改革，教學分析的對象由「教材分析」走向「目標分析」、「能力分析」。從目標的敘述中，例如：「2-n-02能認識 100 元的幣值，並做 10 元與 100 元錢幣的換算。」、「2-n-11能做簡單的二位數加減估算。」、「4-3-1-3能利用生字造詞。」等，約略可以看出學習者在完成學習後，必須會「做」出來的「能力」，而不是學習者學過哪些教材或是內容。

至於，十二年基本國教的教學分析，根據課綱的說明，「學習表現」、「學習內容」都成為教學分析的對象，形成更複雜的分析。學習表現目標的敘述，例如：「n-1-9認識時刻與時間常用單位。」、「5-II-6運用適合學習階段的摘要策略，擷取大意。」大體上，它們的性質趨向於「能力指標」。而學習內容敘述則如：「N-2-13鐘面的時刻。」、「Ad-II-2篇章的大意、主旨與簡單結構」，其性質與學科的內容相似。前者的教學分析以「能力」為主，後者以「內容」為主；所以，教學分析的主體在不同的時代，會隨著課程的變革，有著極大的差異。

那麼，從表現科技的教學設計（instructional design, ID）的觀點又有什麼不同呢？教學科技的教學設計均從「目標」出發。他們認為所有的教學其最終目的是學習者可以「做某件事」，而不應該只是堆積了許多教科書上，不知道何時、何處可以應用的「知識」。透過目標分析後，這樣的敘述可能指向：「用一立方公分的積木教具算出物體的大小」、「從給定的圖形中找出線對稱圖形」，以及「在地圖上指出三種臺灣自然資源的分布區」。這樣的敘述，是不是可以看出當學生學完這些目標時，他們必須要以「能做什麼」來表示，這些動作表現也就成為評量的基準。所以，以 ID 的方式設計教學時，著重的是達成「能力目標」的行動，而非累積「教材」的知識。

對於使用 ID 設計教學的人員而言，「能力目標」是分析的主體，不像過去是以「教材內容」為分析的主體，這是兩者之間最大的

差別。基本上，ID 在教學分析上，主要是分析學生在達成學習目標時，他們要「做什麼」來表示這樣的成就。但是，Mager 更進一步指出，教師要進行目標的分析，必須先決定目標所敘述的學習是屬於哪一種類別後，才可以用適當的分析方法進行教學分析，然後才能找出精準的學習（Dick, Carey, & Carey, 2009, p. 24）。因此，教學目標要如何歸類、有哪些基本的教學分析方法，以及教學目標分析的過程是什麼？都是本章的重點所在。以下就 (1) 教學目標的類別；(2) 教學分析的方法；(3) 教學目標的分析，具體說明各種教學目標的分析。

第一節　教學目標的類型

從「前置分析」中確認了教學是解決問題的辦法，也決定了要達成的教學目標。這些從「前置分析」中所獲得的「初步性」的教學目標，大都是概括性的，並非詳細而具體的目標，因此，教學要能達成這樣的目標，需要進一步分析，才能決定具體、有效的教學內涵與方向。例如：當教學目標是要提供學習者新的資訊或是補足缺乏的知識，那麼教學目標就要以此為任務，找出適當的資料，滿足學習者的需求。當教學目標是要學習者能夠具有認知能力時，教學就要找出學習者要學習哪些先備的能力之後，才能表現出目標的能力。因此，決定教學目標的「類型」是教學分析的第一個工作，透過適當的分析方式，產出針對目標的教學，才是解決問題的最佳策略。因此，教師對於目標的領域和類別，必須有一定程度的熟悉。

在教學領域裡，學者對於目標的分類有不同的觀點。例如：克伯區（W. H. Kilpatrick）將目標分成主學習目標、副學習目標，以及附學習目標；龍渠（J. Rowntree）將目標分成求生技巧目標、方法目標，以及內容目標（引自黃政傑，1991，頁 194-198）。不過目前最常見，也最常使用的目標分類理論，莫過於 Bloom 的教育目標（educational objectives）與 Gagné 的學習成果（learning outcomes）。

一 Bloom的教育目標

在教學領域中，最為人所熟知的目標分類理論莫過於由 B. S. Bloom 所主導編製的教育目標分類系統（the taxonomy of educational objectives）。它是 Bloom 從 1949 年開始在美國芝加哥大學評量委員會（The Board of Examinations of the University of Chicago）擔任副主任（associate director）時，為了能夠客觀的實施學校的教育評量，所提出的想法。教育目標的分類於 1956 年第一次出版，書名為 *Taxonomy of educational objectives: The classification of educational goals. Handbook I: Cognitive domain*（《教育目標分類學：教育目標的分類。指南 I：認知領域》）。其主要的作者有 B. S. Bloom、M. D. Engelhart、E. J. Furst、W. H. Hill、D. R. Krathwohl。同系列的第二本指南則是有關情意領域的目標分類，於 1964 年出版為 *Handbook II: Affective domain*（《指南 II：情意領域》），其主要作者為 D. R. Krathwohl、B. S. Bloom、B. B. Masia。由於 Bloom 是主導教育目標分類學的學者，也是這兩本書籍的主編，因此後世均將這些教育目標分類的理論，統稱為 Bloom 的目標分類理論，並且沿用至今（本書也是如此稱呼）。直至 2001 年，也就是四十五年後，由 L. W. Anderson 和 D. R. Krathwohl 擔任編輯，並結合 P. W. Airasian、K. A. Cruikshank、R. E. Mayer、P. R. Pintrich、J. Raths 和 M. C. Wittrock 等人共同修訂原來 Bloom 的目標分類（Anderson & Krathwohl, 2001）。而現今所稱的 Bloom 目標分類即是指 2001 年之修訂版，其主要的修訂在於認知領域的目標從過去一維面向修改為二維面向。

Bloom 將教育目標分成三大領域：(1) 認知領域目標；(2) 情意領域目標，以及 (3) 動作技能領域。以下分別說明之：

（一）認知領域（cognitive domain）

指有關知識、思考和其他智識方面的目標。此領域的目標於2001 年以後，改以二維向度表示之：（Anderson & Krathwohl, 2001, p. 28）

1. 認知過程的向度（cognitive process dimension）：依序分為記憶（remember）、理解（understand）、應用（apply）、分析（analyze）、評鑑（evaluate）與創造（create）等六個層次，由低層次的記憶漸進到高層次的創作。
2. 知識類型的向度（knowledge dimension）：依序分為事實知識（factual knowledge）、概念知識（conceptual knowledge）、程序知識（procedural knowledge），以及後設認知知識（metacognitive knowledge），由簡單的事實漸進到複雜的程序知識，以及包含察覺自我認知的知識。

Bloom 教育目標理論，係將認知領域目標的認知技能分成六個階層、十九個次階層，加上知識的類別——事實、概念、程序、後設認知四種主要知識，以及十一個次類別知識共同組合而成，如表 8-1。因此，認知目標從最簡單、最低的記憶開始，包含了記憶事實的知識、記憶概念的知識與記憶程序的知識等，這三種知識的記憶是有層級之別的。理解、應用、分析、評鑑與創造的層次也是相同的。總而言之，認知的向度與知識的向度彼此交互形成認知目標，以及後設認知。

（二）情意領域（affective domain）

凡是教學中有關態度、感情、欣賞等的目標，都是屬於情意領域的目標。Krathwohl 等人（1964）將情意領域分成五個層次：1. 接受（receiving）：學習者接受或注意特定的事物或活動；2. 反應（responding）：經由某種參與的形式，表示對特定事物的積極注意或是接受；3. 價值的判定（valuing）：對特定事物、活動表示贊成

表 8-1　Bloom 教學目標之主要與次要分類向度

認知方法 知識類別	記憶	理解	應用	分析	評鑑	創造
	認出 回想	翻譯 舉例 分類 摘要 推論 比較 解釋	執行 完成	區別 組織 歸因	檢核 批判	產出 計畫 創作
事實知識	專有名詞知識 特殊細節與元素知識					
概念知識	分類與類別知識 原理原則與通則知識 理論、模式、架構知識					
程序知識	學科專屬技能與規則 學科專屬技術與方法 決定使用適當程序的標準					
後設認知	策略知識 認知任務知識 自我知識					

或反對的意向；4. 價值的組織（organization）：建立價值概念及將新的價值概念納入原有的價值體系，統整後形成個人的信念；5. 形成品格（characterization by a value or value complex）：將新的價值體系表現於外在的行為，並且以穩定、一致性的方式成為個人的哲學或世界觀（p. 35）。

（三）動作技能領域（psychomotor domain）

　　凡是運用到骨骼與肌肉協調能力之體能方面的活動目標，都屬

於動作技能領域的目標。例如：表演、製作、建造、投籃、跳繩等。
Harrow 將動作技能分成六個層次：1. 反射動作，這是指不需要經過
學習，即與生俱來的動作。例如：肢體的伸展、手臂的彎曲等；2. 身
體的基本動作：由許多的反射動作組合而成，通常由幼兒時期所發展
的身體動作，例如：跑、跳、伸手、抓物等動作；3. 知覺能力：利用
對肌肉動作的意識，改變身體或是基本動作，其中也包括眼、手的協
調，例如：踢球、接物、彎身、轉頭等；4. 體能：利用身體的耐力、
體力、彈性、靈敏性做出的動作，例如：跑 100 公尺、跳遠、跨欄
等；5. 具有技巧的動作：以身體的基本動作為基礎，透過知覺能力與
體能，加以練習後所表現的動作，例如：演奏樂器、使用手工具、駕
駛交通工具；6. 表達的動作：用表情來表示情緒的動作，包括：身體
的姿態、手勢、臉部的表情等演出的動作，例如：跳國標舞、演話劇
等（Kemp, 1985, pp. 80-81）。

二 Gagné的學習成果

　　Gagné（1988）將學習最終要達成的目標，稱為「學習成果」
（learning outcomes），分成五大類：（pp. 43-49）

（一）語文資料（verbal information, VI）

　　指獲得類別名稱、事實、或是有組織的知識。當學習的內容是
屬於這種類別時，學生通常會被要求將記憶中的資訊說出來。例如：
說出「木蘭詩」的文義。這種答案是將文言文簡單的詮釋成白話文，
沒有運用其他的智識能力。另一個例子是：「說出算術運算的四則」
也是同樣的情形，它只有一個答案，而且只要用「背誦」的方式就可
以回答。語文資料是學習其他的智識能力時的基礎，通常被視為「先
備知識」。雖然語文資料的教學被視為低層次的教學，也經常被批評
只需要背誦、記憶等低功能的學習，但是，它的重要性卻是不可被輕
視。學習高層次的智識能力時，例如：分辨、概念、原理原則、解決
問題等，都必須有基本的語彙、定義等基礎，才能支持這些學習。

　　下列目標範例中請依照語文資料的特性，請勾選「✓」出哪些是屬於語文資料的教學目標：

教學目標	語文資料
2-3-1 認識今昔臺灣的重要人物與事件。	
4-II-8 知道古今書法名家的故事。	
n-1-7 理解長度及其常用單位，並做實測、估測與計算。	
n-III-8 理解以四捨五入取概數，並進行合理估算。	
INf-III-5 臺灣的主要天然災害之認識及防災避難。	

答案見附錄一：A

（二）智識能力（intellectual skills, IS）

　　指運用某種心智去學習「如何做某種智識類別的事情」。一般而言，這種所習得的知識，Gagné（1988）將它稱之為「過程知識」（procedural knowledge），意指完成做某件事情的過程中，學習者必須能應用知識、排定邏輯的順序、決定解決的策略等（p. 44）。相對於語文資料，智識能力就顯得複雜許多。例如：根據排列的字數、押韻方式等，學生可以辨認出「木蘭詩」為「樂府詩」，這是應用了語文中的「格律」的知識，以及「樂府詩」的定義，利用辨認和概念的智識能力而獲得的成果表現。

　　Gagné 將智識能力分成四個等級：

1. 分辨（discriminations）：這是四個智識能力等級中，最簡單也是最低的一級。它是指學習者能分辨出物體是否相同，此種分辨特別是指物體實質的或是具體的特徵，例如：物體的顏色、形狀、材質、構造、功能、組織等。主要是分辨現有物品彼此之間是否相同或相異。雖然它是最簡單的智識能力，但卻是其他智識能力的基礎。

2. 形成概念（forming concepts）：這是指根據物體的特徵，決定物品是否屬於某種類別。當學生能分辨物體是否相同後，在相同的物體中找出共同的、必要的特徵。這些共同的特徵成為物體納入同一個類別中的標準，這些標準或特徵就稱為「概念」。當學生能依據類別的特徵，將物體分入某一個類別時，就表示他們具有「概念」的能力了。

3. 應用原則（applying rules）：這是指運用兩個以上的概念來解決問題。例如：學生能做四則混合計算。四則運算包含了四種運算的優先次序，以及同等級計算之順序，這就是最佳的例子。

4. 解決問題（solving problems）：這是指運用多種概念與原則去解決問題。許多屬於數學的幾何或代數問題，都是屬於這類型的問題。另外，學生在創作作文時，也因為應用了許多語文的概念、修辭的概念、記敘文的格式、層次布局的原則等，是屬於這類的成果目標。

　　智識能力的目標，主要是表明學習者要能夠做出目標所需要的動作以證明學習成功，因此，在目標的敘述中必須有非常明顯的外顯動作。從這些動作所使用的語詞就可以看出學習者要「做什麼」，因此，根據這樣的特性，下列的教學目標中哪些使用了「動作」的語詞，請勾選「✓」出屬於智識能力的教學目標：

教學目標	智識能力
2-3-1 認識今昔臺灣的重要人物與事件。	
4-II-8 知道古今書法名家的故事。	
n-1-7 理解長度及其常用單位，並做實測、估測與計算。	
n-III-8 理解以四捨五入取概數，並進行合理估算。	
INf-III-5 臺灣的主要天然災害之認識及防災避難。	

答案見附錄一：B

（三）心理動作技能（psychomotor skills, PS）

指學習者執行身體的動作以達成某種目的，有時也稱為「動作技能」。雖然在執行這些骨骼、肌肉的動作時，會伴隨著許多「心理」方面的技能，但是這些動作必須經過不斷的練習後，才能具有動作的精準，這些就是心理動作技能。以體育領域中，投籃的動作為例，雖然知道球要以物理學中拋物線的方式投出，但是以拋物線方式投擲的動作，必須經過許多肌肉與骨骼協調的練習，才能達成目標。因此，需要肌肉與骨骼不斷的協調和控制的動作表現，就可以歸類到動作技能的領域。

但是，另一種常被誤解的情形是，在數學課裡要畫一個正三角形，雖然也是要用手的肌肉與骨骼的協調才能畫出，但是，不用一直練習兩者的協調，才能畫出正三角形，反而要知道將三個邊畫成等長的三角形來得更重要，這種動作就要歸入智識能力的成果。另外，也可以利用觀察某些動作使用肌肉的情形來判斷，是屬於智識能力還是動作技能的領域。凡是動作只使用小肌肉的部分，就分入智識能力的領域中；而必須使用大肌肉的動作，則分入心理動作的技能領域。以下的目標範例中，哪些是屬於心理動作領域呢？請勾選「✓」出屬於心理動作的教學目標：

教學目標	心理動作
1-2-4 測量距離、閱讀地圖、使用符號繪製簡略平面地圖。	
1-III-1 能透過聽唱、聽奏及讀譜，進行歌唱及演奏，以表達情意。	
3d-III-2 演練比賽中的進攻和防守策略。	
3c-III-1 表現穩定的身體控制和協調能力。	
d-II-1 報讀與製作一維表格、二維表格；報讀長條圖與折線圖，並據以做簡單推論。	

答案見附錄一：C

（四）態度（attitudes, A）

指個體的選擇或是決定的趨向，但是並沒有實際的動作發生，它只停留在決定或選擇的層次上，例如：學生會選擇閱讀中國的文學作品。態度的目標通常不會在教學完成的時候就可以表現出來，因為它常常是一種長期的目標。不可諱言的是，態度的目標是非常的重要，但是也最難在短時間內去表現。雖然如此，我們在評量它的時候，還是會要求學生做出某些動作，這些動作也許是智識能力、語文資料或是心理動作技能，以表示他們達成了目標。例如：學生能在生活中，選擇節能減碳的方式進行活動。所以，學生至少要先知道什麼是節能減碳，才有可能在生活中選擇這樣的方式去實施。因為在生活中選擇這樣的方式，恐怕還需要結合個人的良知、社會的氛圍和道德觀等社會因素才能有所表現。但是，我們卻無法於日後學生的生活中去評量他們是否有貫徹節能減碳的態度，因此，基於教學的評量，通常會評量學生是否瞭解節能減碳的概念，以及觀察平時學生是否有隨手關燈、水龍頭，還是使用低碳用品等行為傾向，作為評量的標準。

以下的目標範例中，哪些是屬於態度領域呢？請勾選「✓」出屬於態度的教學目標：

教學目標	態度目標
1-I-1 養成專心聆聽的習慣，尊重對方的發言。	
6-II-8 養成寫作習慣。	
2a-II-2 表達對居住地方社會事物與環境的關懷。	
s-III-6 認識線對稱的意義與其推論。	
1-III-4 能感知、探索與表現表演藝術的元素、技巧。	

答案見附錄一：D

（五）認知策略（cognitive strategies）

　　指的是學習者用什麼方法去思考及管理自己的學習，也稱為「後設認知」。認知策略可以從最簡單的用什麼方法去記憶，例如：使用頭字語「（康、雍、乾）、（嘉、道、咸）、（同、光、宣）」等組合記住清朝的歷史，或是使用語音「呆鳥獸」記住英文的dinosaur（恐龍），甚至是繪製章節的「心智圖」，以應付考試測驗等。但是，認知策略也可以是非常複雜與抽象的，必須由學習者自行組織，並集合所有的資訊加以思考，然後理出解決問題的辦法。換句話說，個人在學習或解決問題的過程中，必須應用到管理內在的資訊作為基礎，才能有效的解決問題。認知策略是自我控制資訊的整合與運用，被視為是所有學習成果的「先備能力」，因此將它視為學習的一體，不再進行獨立的分析。

　　雖然 Gagné 和 Bloom 都提出不同的目標分類，但是兩者之間具有其共通性，表 8-2 列出它們的比較。

表 8-2　Gagné 和 Bloom 目標分類之比較

Gagné的學習成果	Bloom的教育目標
動作技能	動作技能領域
態度	態度領域
語文資料	認知領域：記憶
智識能力：分辨、概念	認知領域：理解
智識能力：原理原則	認知領域：應用
智識能力：解決確定性的問題	認知領域：分析
智識能力：解決不確定性的問題	認知領域：評鑑
智識能力：解決不確定性的問題	認知領域：創作
認知策略	後設認知

Gagné 和 Bloom 兩者在分類上具有共同點，分析這兩種目標時，選擇自己熟悉的理論就可以了。由於瞭解目標的類型有助於目標分析的工作，因此，將目標所代表的學習類型分入上述這兩種目標理論中的層次裡，便可藉由適當的分析方法進行細部的分析。

目標分析時，語文資料通常被視為學習的「先備知識」，它和學習智識能力時，應該被視為一體；但是，有時候它也是教學的一種目標，是獨立的且自成一格的目標。此外，Bloom 理論中不同型態的知識，不論是事實的知識、概念的知識、或是程序的知識，都在 Gagné 的學習成果目標中匯集成單一的語文資料類別，簡化了知識的類別，有助於分析工作的進行。再者，Gagné 的學習成果目標中的智識能力，主要焦點在於分辨、概念、原理原則、解決問題等四個階層，相較於 Bloom 認知領域分成六個層次，也相對簡化許多。因此，本書採用 Gagné 的學習成果作為教學目標分類的理論。

第 二 節　教學分析的方法

當教學被評估為解決問題的策略時，教學的需求於是產生，教學的目標必須以滿足需求為首要任務。然而，要精準的提供需要的教學，必須先確定教學與學習的類型，然後運用適當的分析方法，找出詳細的教學內涵。因此，要達到有效的教學目標，就必須實施教學的分析。學者所採用的目標分析方式各有不同，本節中將介紹 Mager、Bloom，以及 Gagné 的教學目標分析方式。

一　Mager的教學目標分析

對於 Mager 而言，教學分析就是針對個別教學目標而為，分析的結果就是確認所有的表現動作，都是為達成教學目標所需要的外顯動作。他認為要達成目標的過程需要完成 A、B、C 三個階段的工作，如圖 8-1 所示（Mager, 1997, p. 44）。階段 A 的工作是設定要

達成的目標，階段 B 則是列出「要做哪些事」才能達到目標，以及階段 C 確認目標已經達成。

圖 8-1 Mager 教學目標分析的三階段

Mager（1997a）認為教學分析，應該以「目標」為主，而分析的結果必須以「表現動作」來描述。他進一步詳細說明進行教學分析階段中，五個重要的步驟：（pp. 45-77）

1. 以學習成果的形式撰寫教學的目標。
2. 用語詞或短句寫下所有被視為可以達成教學目標的表現動作。
3. 刪除重複的或不重要的表現動作。
4. 以完整的語句描述剩餘表現動作的特性、品質或數量。
5. 測試所有描述的表現動作，都具有完成的可能性。

如果，所有描述的表現動作完成後，設計者可以接受這樣是達成教學目標的話，那麼教學的分析就算是完成了。

Mager 的分析方法可以由教師的經驗中，萃取其重要的表現動作，作為達成教學目標的評估。但是，對於初任教師或是對於欠缺「任務分析」邏輯的教師而言，其分析過程將有一定的困難。

二 Bloom的教學目標分析

Bloom 的教學目標分析是以「表格」的方式進行，其使用的優點如下：（Anderson & Krathwohl, 2001, p. 95）

1. 可以幫助教師，對教學目標有更完整的瞭解。
2. 教師可以利用表格，清楚的瞭解要如何教，以及如何評量學生。
3. 可以幫助教師以有意義、有效的方式統整目標、評量，以及活動為一體。

所以，Bloom 的目標理論於進行認知領域目標分析時，其步驟如下：

1. 根據目標敘述句所使用的「動詞」和語句中的「名詞」，分別對應於目標表格中認知過程與知識的類別，將目標置於目標表格中適當的細格內。
2. 從目標的細格位置，分析出目標動詞相關的、先備的認知過程，以及發展目標知識的先備知識，並在目標表格的細格中，標示為教學活動（activities）。
3. 針對每一個細格內的教學活動，決定：(1) 是否只針對教學目標進行評量？(2) 是否針對所有的教學活動效能進行評量？(3) 是否針對教學本身進行形成性的評量？(4) 是否針對總結的分數進行評量？在分析時，也必須在目標表格適當的細格內標注「測驗」的字眼。

Bloom 教學目標分析利用表格的功能，主要是作為目標分析之用，簡單而言，就是先確認教學目標在表格中的位置，然後思考為達成目標的過程中，教學必須進行表格中哪些其他先備的認知過程技巧與知識類型。由於認知過程具有階層，從簡單的記憶到複雜的創作，在教學上必須遵守「循序漸進」的原則，Bloom 教學目標分析表格提供可全面一覽所有認知目標的工具，方便教師在分析時作設計。

　　以下是以教學目標：「學生能使用教學的理論設計出課綱的教學」為例，說明教學目標分析的過程，以提供使用 Bloom 目標理論作為教學分析之參考。

　　首先，從教學目標的敘述中，顯示該教學目標最重要的「動詞」是「設計」，因為「設計」不僅僅是「應用」教學理論，更是要依照教學理論的步驟才能設計出課綱的教學。雖然「概念知識」與「程序知識」是教學設計過程中重要的知識基礎，但是相較於教學理論的「概念知識」，依據教學理論的步驟設計，可能更為重要，因此本例選擇將「程序知識」作為主要的知識類別。根據前述的分析，本例將教學目標置於目標表格中 C3 的細格內，意即，教學最主要的目標是「應用」所選擇的教學理論，依照它的「元素與順序」，設計出課綱的教學，如表 8-3 所示。

表 8-3　Bloom 教學分析（教學目標）

認知過程＼知識類別	1記憶	2理解	3應用	4分析	5評鑑	6創造
A 事實知識						
B 概念知識						
C 程序知識			教學目標			
D 後設認知						

　　表 8-3 的目標，要求學習者要依照所選擇的教學理論，逐步設計出課綱的教學，所以把教學目標安置於 C3 的細格中，然後透過課綱的理解，再逐步依照教學理論中的元素，設計出課綱的教學。

　　雖然教學目標可以分入 Bloom 目標表格中單一的細格中，但是就教學實務而言，教師必須提供多樣的活動，才能達成這樣的目標，而這些活動必須從 Bloom 目標表格中選擇出來。因此，本範例必須考量：當學習者要實施教學知識的原則時，其過程牽涉到學習者至少

三個問題：

1. 學習者要「理解」課綱是什麼樣的屬性？
2.「選擇」要用哪一種教學理論的原則設計？
3. 設計時要依什麼樣的順序和元素？

　　所以，要設計課綱的教學，所需的知識不是運用任何教學理論就可以設計出來。學習者必須從眾多的教學理論中，找出可能適用的理論。這個過程就牽涉到學習者必須瞭解各種教學理論，找出可以做課綱教學設計的理論，同時也要瞭解其中各種元素設計的方法和順序，才能完成課綱的教學設計。因此，教學活動就是要幫助學習者，獲得教學理論的適用性知識，更需要依照所選擇的理論，決定設計的元素與過程順序，而課綱的屬性也是必須理解的重點。所以，整個設計的過程中包含許多理解、運用的認知行為。

　　在本例的教學過程中，通常會預估學習者在理解課綱的屬性、教學理論的知識，以及運用理論的過程中，可能會產生錯用、誤用的情形，因此，教學時就要強調學習者的後設認知，所以，增加 D1、D3 是符應此種需求的教學活動。雖然，學習者學過各種的教學理論，也知道哪一種理論適合哪一種教學情境，但是，面對不同屬性的課綱，怎麼知道自己的決定是對的？或是怎麼知道使用某一種教學理論是正確的？此時教學的重點就是要讓學生可以「回憶」這些必要的知識，才能夠要求學習者運用正確的理論和程序解決教學設計的問題，選擇 B4 的活動正是符合此項需求的決定。

　　此外，教學的另一個問題是，除了運用理論解決問題之外，目標理論中都鼓勵教師在教學過程中，盡可能包含高層次認知過程的學習。因此，在本例中，學習者在「應用」程序知識理論過程中，會經歷不斷的「決定」和「選擇」的決策。當教學目標的學習完成之後，讓學習者就自己的最後成品或成果自行檢核、批判，也就能達成另一個更高層的認知，那就是「評鑑」的認知行為。表格中的活動 6、活

動 7 即是啟動這樣功能的教學設計。

　　基於上述教學的考量，以 Bloom 目標表格中的 C3 作為教學目標的中心定位，另以 B2、B4、B5、C3、C5、D1、D3 為目標的活動，作為達成教學目標的過程與步驟，如表 8-4。

　　經過確認教學的目標，以及教學過程中必須教導的細部目標後，就要講求評量的實施。在表 8-4 的教學目標發展中，教師開始考慮在活動進行時，應該要針對每一個細格內的目標進行評量，還是針對多個細格的教學目標評量教學活動效率（effectiveness），或是最終的得分結果（總結性評鑑）。表 8-5 中，評量 1A 與 1B 代表兩者同時進行評量，評量 3 則是獨立的評量，而且是評量學習者的表現是否正確的總結性評量。表 8-5 則是示範將目標、活動與評量結合於 Bloom 認知領域目標表格中，顯示三位一體的設計。

表 8-4　Bloom 教學分析（活動）

認知過程 知識類別	1記憶	2理解	3應用	4分析	5評鑑	6創造
A 事實知識						
B 概念知識		活動 1		活動 2	活動 7	
C 程序知識			**教學目標** 活動 3		活動 6	
D 後設認知	活動 4		活動 5			

活動 1：課綱屬性的分類
活動 2：分析、選擇適當的教學理論
活動 3：應用設計的策略
活動 4：回憶後設認知的策略
活動 5：運用後設認知的策略
活動 6：自我檢核運用設計的程序
活動 7：自我評鑑學習成果的正確性

表 8-5　Bloom 教學分析（評量）

認知過程 知識類別	1記憶	2理解	3應用	4分析	5評鑑	6創造
A 事實知識						
B 概念知識		活動 1 評量 1A		活動 2 評量 1B	活動 7	
C 程序知識			教學目標 活動 3 評量 3		活動 6	
D 後設認知	活動 4		活動 5			

活動 1：分類課綱的屬性
活動 2：分析、選擇適當的教學理論
活動 3：應用設計的策略完成目標
活動 4：回憶後設認知的策略
活動 5：運用後設認知的策略
活動 6：檢核運用設計的程序
活動 7：評鑑學習成果的正確性
評量 1A、1B 與應用程序有關；評量 3 為學習成果

　　以上的表 8-3、8-4、8-5 主要是提供認知教學的過程中，如何利用 Bloom 的教學目標表格設計、發展與評量教學的目標。透過表 8-5 中的資訊，可以立即顯示教學目標在 Bloom 教學目標的定位，以及教學目標的發展，讓目標、活動與評量三者緊密的結合，可以顯示整體教學的完整樣貌。從活動 1 到活動 7，都是對應細格內的目標，教師就可依照目標，設計活動的內容，是教學設計中非常方便的一種方法。

　　就 Bloom 教學目標表格的設計而言，利用目標表格進行教學目標的設計與發展，具有下列的優點：

1. **讓教學者從學習者的角度檢核教學目標**：哪些是學習者達到目標時，「必須」知道、必須能「做」的，不是一堆抽象的事實和資訊，或是只有記憶和理解的低層次認知。

2. **讓教學者可以看到教學的全貌**：從表格中可以將教學目標提高到更高階層的認知方法，而後設認知的知識更是賦權學習者具備「學習如何學習」的技能。

3. **讓教學者可以統整知識和認知方法**：要求學習者「應用」事實的知識之前，是否要讓他們先「理解」哪些為事實的知識？這些教學的問題可以從表格上檢核出學習者的需求。

4. **讓教學者易於創造評量測驗**：目標表格中每個細格的知識與交錯的認知方法，都是從教學目標分析而來，針對這些分析的次級目標，因為有知識、認知方法，讓評量與測驗的設計變得容易，測驗的焦點更為明確。

5. **教學目標的分類定位讓目標、活動與評量具有一致性**：從目標表格中，以教學目標為中心，可以很容易檢核教學的過程中所分析的次級目標彼此之間的關係和一致性，以及教學和學習評量是否缺乏一致性。

6. **增加教師對目標表格內的專業語彙的使用**：目標表格內共使用了十九種認知的語彙，每一種都有其特定的意義，而且也連結相關的平行語彙，無形當中提升了教師們溝通用語的精確度。

　　透過 Bloom 目標表格建立教學目標，以及次要目標的定位，雖然可以檢核教學過程中的學習經驗與評量，但是也受到一些限制。因為許多教學目標的敘述中，可能包含不只一種認知的方法，此時要在目標表格中定位，會有其困難度，例如：「能做長度的實測，認識『公分』、『公尺』，並能做長度之比較與計算。」就此目標而言，它包含有實測、比較和計算等三種認知動作，因此，用單一表格來設計，就會受到一些限制。而此種目標包含多樣認知動作的例子，在一般的教學目標中是非常普遍存在的。

　　Bloom 的目標表格雖然使用上看似非常簡單，但是也有其複雜之處。就知識類別而言，每一種主要類別之下，尚有次要的知識類別，例如：「概念知識」（conceptual knowledge）類別之下分為：

專有名詞知識、特殊細節與元素知識，這兩類也各有其定義。而每一種主要的認知也有其次要的類別，例如：運用（apply）的認知方法下再分為：「執行」與「完成」兩種；與執行平行的使用語彙則有「實踐」；與完成平行的語彙則有「使用」。所以，使用者使用 Bloom 目標表格時，必須參考知識類別及認知方法的對照表，才能將教學目標正確的定位在表格中（Anderson & Krathwohl, 2001, pp. 28-32）。一旦在目標表格中的定位不同時，其所發展的結果就會有相當大的差異。因此，要對這些主要和次要的分類有相當的瞭解，否則會有相當的困難度。

此外，目標表格的設計是針對完成教學目標所需要的認知方法與知識，但欠缺每一個次要目標所需要的更低層級的認知與知識，對於課堂上教學的進行，其實還有許多細節需要更縝密的計畫，這些都無法在 Bloom 的目標表格中呈現，造成課堂上些許的困擾。

三 Gagné的教學目標分析

Gagné 將教學目標分析，分成兩個層次：(1) 過程分析（procedural analysis）與 (2) 學習任務分析（learning-task analysis）。過程分析是描述學習者在表現目標或是技能的過程時，表現動作的「步驟」（steps），以及它們出現的順序；學習任務分析則是要確認，學習者在表現過程分析中的每一個「步驟」時，所需要學習的「技能」（skills）（Gagné, Briggs, & Wager, 1988, pp. 143-144）。所以，Gagné 的教學分析主要是從教學目標中先找出表現的步驟順序，然後才規劃每一個步驟學習者所需要學習的知識與技能。

Gagné 在詮釋他的教學設計元素時，就是使用 Dick 和 Carey 所建立的模式。1978 年 Dick 和 Carey 以 Gagné 的系統化教學設計理論為基礎，將他們的教學模式再重新詮釋後出版，直到 2021 年已經是第九版，目前已經成為許多美國師培課程中「教學設計」課程的唯一理論。Dick 與 Carey 對於教學分析的過程，主要是依據 Gagné 的「學習成果」（learning outcomes）和「學習階層」（learning hierarchy）的理論進行，對於目前大多數學校，以課程標準或課程目標為主的教學和學習而言，它們似乎更能符合當代教學與學習的要求。本章節遂以 Gagné，以及 Dick、Carey 和 Carey 的教學分析理論為基礎，說明各種學習成果的分析。Dick、Carey 和 Carey（2009）依據學習成果的特性，提出三種教學目標分析的方法：(1) 叢集分析（cluster analysis）；(2) 階層分析（hierarchical analysis），以及 (3) 混合式分析（combined analysis），以下分別說明之：（（pp. 60-70）

（一）叢集分析（cluster analysis）

當教學的目標是要學習者能夠回憶並獲得特定文本中的資訊內容時，將文本中的內容依照目標所揭示的知識一一的呈現，便是叢集分析所要進行的形式。叢集與叢集之間並沒有嚴謹的邏輯順序可言，教學時由任何一個內容的叢集開始都是可以的，並不會影響學習的成就。叢集分析的基本架構形式，如圖 8-2。

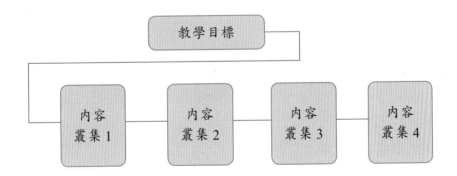

圖 8-2　叢集分析之基本形式

嚴格來說，叢集分析並沒有太多的「步驟」需要進行，它只是將文本中的資料，以「叢集」的方式集中、分類或歸納出來，其作法非常類似平常使用的「樹狀組織圖」。叢集與叢集之間僅以直線串聯，並無方向性，代表它們之間的順序並無嚴謹的次序，可以由任何叢集開始進行教學。

（二）階層分析（hierarchical analysis）

　　階層分析應用得非常廣，認知領域或是動作技能領域的目標，都可以用它作為分析的方法。當教學目標是要求學習者能夠做某些特殊的認知活動時，教學分析即是分析學習者在表現教學目標時，他所表現出來的動作步驟。認知目標的「主要步驟」，是根據已經精熟的學習者在表現目標時，會出現哪些重要的關鍵動作或可見的行為動作？以及它們是以哪種順序表現出來的？所以，分析的重點是將重要的或關鍵的動作，作為該項教學目標的代表性認知動作。換言之，當學習者表現出這些動作時，教師必須能夠接受學習者已經成功的達成教學目標。階層分析的基本形式如圖 8-3，而表現教學目標的「主要步驟」的動作有三個，即是主要步驟 1、2、3。它們之間有箭頭線條彼此連接，代表學習者是以它們的順序來表現教學目標的認知能力。

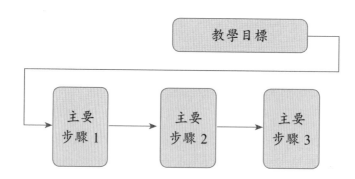

圖 8-3　階層分析之基本形式

　　從已經學會的學習者身上，找出表現教學目標最主要的動作，針對每一個主要的動作，尋找有關的「下屬能力」，此即為階層分析的主要工作。所謂「下屬能力」，是指學習者要學習「主要步驟」時，必須先備的知識或能力，唯有透過它們才能學習上層的主要步驟。「階層分析」中的每一個主要步驟動作，都包含有下屬能力（subordinate skills），如圖 8-4。

以圖 8-4 為例，圖中的 下屬能力 1-1 、 下屬能力 1-2 、
下屬能力 2-1 、 下屬能力 3-1 、 下屬能力 3-2 分別是 主要步驟 1 、
主要步驟 2 、 主要步驟 3 的先備能力。教學時，教師必須先教會
學生 下屬能力 1-1 ，然後再教會學生 下屬能力 1-2 ，學生即可表現
目標中的 主要步驟 1 ，依此類推。當 主要步驟 1 學會時，就進行
主要步驟 2 的學習，最後進行 主要步驟 3 的學習。最後，當學習者
能依序表現出這三個主要步驟的動作時，就會被判定他們達成教學的
目標了。

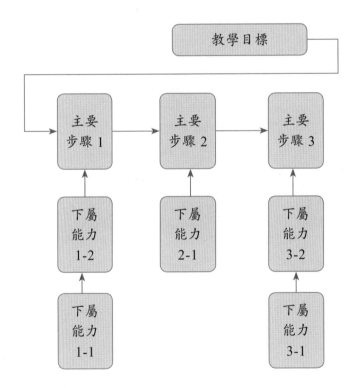

圖 8-4　階層分析之下屬能力分析

圖 8-4 所顯示的是所有認知的動作表現是在可見、外顯的情況
下，但是，有些情況是看不見認知的外顯動作，卻會在學習者腦海中

運作的認知動作。這種情形通常會發生在學生進行判斷或是選擇時，雖然沒有外在的明顯動作，但卻是存在於學習者的腦海中，所進行的認知活動。此時，就可以由圖 8-5 的形式來表示。

　　圖 8-5 的 主要步驟 2 是學習者經由內在的標準或條件，進行判斷或選擇，當判斷的決策符合條件時，就採取適當的外顯表現動作 主要步驟 3 。如果，判斷的決策不符合條件時，就採取 主要步驟 4 和 主要步驟 5 的外顯表現動作。此種內隱的認知動作是學習者非常重要的認知判斷，因此，教學必須能夠提供學生可以依據他們的知識，作出判斷決策的機會，以便採取後續的動作，表現教學目標所要求的能力。

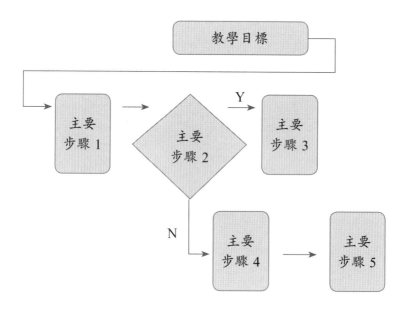

圖 8-5　階層分析中之內隱認知

　　階層分析的形式可以由簡單的外顯表現動作到結合內隱的認知動作的呈現，是教學分析中非常重要的一種方式。所以，階層分析並非只注重外顯的表現動作，其實，它也包含有內隱的認知動作。

當教學目標屬於要用一系列的身體動作表現時,例如:動作技能領域分析主要步驟的動作,也是依照身體主要動作的順序,一一列出,並且由左至右的順序排列。如果,主要的動作需要更精細的技能表現時,須將這些額外的技能動作步驟(additional procedural steps)以「子技能」(subskills)的方式,列舉出來。這些表現小步驟的動作,就被視為「主要步驟」的「子步驟」;換言之,「子步驟」就是包含在「主要步驟」中的詳細步驟。

圖 8-6 中即顯示方塊 下屬能力 2.1 是 主要步驟 2 的先備能力;而 子步驟 3.1 和 子步驟 3.2 ,為 主要步驟 3 過程中的小步驟。下屬能力 3.2.1 則是 子步驟 3.2 的先備能力。換言之,透過階層分析,教學步驟就可以依照分析的圖示,由下而上、由左而右的方向依序進行。

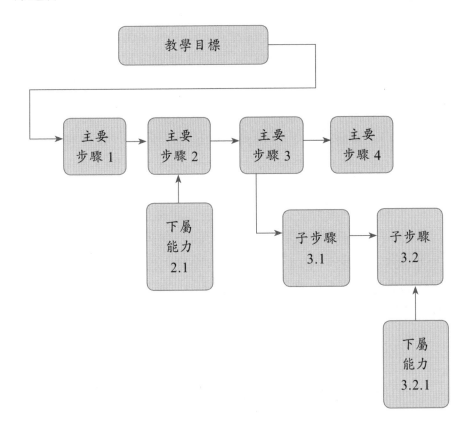

圖 8-6 階層分析中之子步驟分析

「下屬能力」是表現「主要步驟」時必須先會的能力，然後才能夠表現主要步驟的動作。「子步驟」是表現「主要步驟」的細部動作，兩者在分析上呈現「階層」的關係。這些細部的動作，是表現「主要步驟」時非常重要的細節動作，它往往會影響表現「主要步驟」時的正確性。

階層分析在教學分析的實務上，既可應用於「智識能力」的教學分析，也可以應用於「動作技能」的教學分析。它既可包含外顯的動作表現分析，也可以顯示內隱的認知動作分析，是所有分析方法中最常用的一種。

（三）混合式分析（combined analysis）

在進行教學分析時，有時候會發現，雖然教學目標是屬於某一個領域，但是分析的結果，主要步驟中可能混搭來自不同的學習領域的動作或表現，此時，就可採用「混合式分析」。「混合式分析」是教學分析實務中經常使用的一種方法，其作法是先確認教學目標的主要領域，然後以「◁」或「○」等圖示連接不同學習領域的步驟而成。

圖 8-7 即是顯示，教學目標透過階層分析，獲得 主要步驟 1 和 主要步驟 3 的「智識能力」作為表現的結果。但是，獲得相關的知識和內容，也是教學目標所要求的表現時，因其與教學目標所屬的學習領域不同，因此在圖示中會以三角形「◁」（本例之 V 為叢集分析之知識內容或語文資料）作為連接，形成主要步驟的表現動作和知識內容混合的分析結構。圖示中三角形的方向，是將 主要步驟 2 指向 主要步驟 3，代表它是 主要步驟 3 的知識內容，因為兩者是屬於不同目標的類型，兩者以直線和三角形「◁」圖示作為兩者區分，以及兩者連接關係的表示。

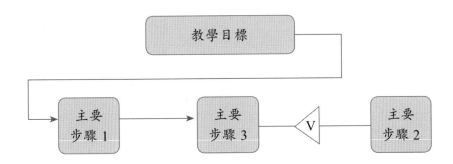

圖 8-7 主要步驟之混合式分析

　　使用「混合式分析」的另一種情況是當教學目標本身無法表現出可直接、可看見的動作，必須藉由其他領域來表現、推估可能達成的情況時，就會使用它。換言之，教學目標的達成必須藉由其他領域的能力或知識來表現，再以「統整活動」的形式完成教學。以圖 8-8 為例，教學目標所屬的領域為情意領域，顯然與左側的「階層分析」之智識能力屬於認知領域，兩者並不相同，但是，兩者具有同等、平行之關係。由於教學目標本身和智識能力分屬不同的學習領域，故兩者之間就會以圓圈「○」加上目標類別的代表文字的圖示（例如：圖 8-8 Ⓐ 表情意領域）和線條作為辨識和連接，以表示兩者的關係。

　　圖 8-8 顯示，教學目標是以左側的智識能力為基礎的教學，然後進行將智識能力在情意目標情境中作結合的「統整活動」，才能算是完成目標的教學。所以，要達成該教學目標，學習者必須能夠表現出三個主要步驟的動作和三個子步驟的動作，然後在統整活動中成功的表現應用所學，才能算是學習的完成。

　　混合式分析既可用在教學目標的「主要步驟」的分析，也可以運用在結合不同類型的教學目標分析，前者是教學目標的主要步驟之一，後者則是學習主要步驟時，需要學習來自其他領域的知識或先備技能。

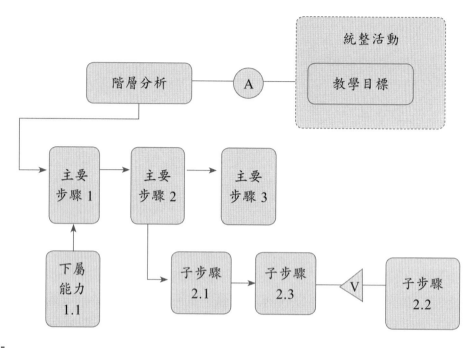

圖 8-8　不同類型教學目標之混合式分析

第三節　目標之主要步驟的分析

　　Mager（1997b）認為一個有效的教學，必須符合三個條件：(1) 能改變學習者；(2) 往期望的方向，以及 (3) 不是往非期望的方向，因此，教學必須要有明確的目標（p. 1）。為了達成教學的目標，教學就要經過仔細的分析、設計／發展、實施，以及評量／改進等四個階段，才能提供達成有效的教學（Mager, 1997b, p. 2）。因此，不論是採取何種方式進行教學分析，分析的工作是導引後續教學設計、發展與教學改進最重要的首要步驟。

　　Gagné（1988）指出，「教學分析」（instructional analysis）的目的是決定達成教學目標所需要的表現能力，而這些表現能力就是構成教學的主軸（p. 23）。而 Dick、Carey 和 Carey（2009）則進一步

指出「教學分析」的目的，是確認達成教學目標所需要的知識和能力，包括：學習者要表現的步驟，以及達到目標所需要的下屬能力的整個過程（p. 39）。換言之，教學分析是找出滿足學習者需求的學習型態，以便能提供有效的學習。為達成此目的，教學分析必須採取的步驟為：（Dick, Carey, & Carey, 2009, p. 40）

1. 將教學目標分類，找出學習的領域（domains of learning），以便提供精確的學習型態。
2. 從已經學會教學目標的學習者身上，找出表現教學目標的主要步驟（main steps）和動作的順序，以形成教學／學習的事件或主軸。
3. 確認表現主要步驟所需要先備的下屬能力（subordinate skills），以便提供學習者學習智識的鷹架。

　　本節中將依 Gagné 的教學成果目標的類別，結合前述教學分析的方法，示範分析的過程。Dick、Carey 和 Carey（2009）綜合教學目標的類型與分析的方法，依據下列的原則進行適當的分析：

表 8-6　目標／主要步驟與下屬能力分析之形式

目標或主要步驟之類型	採用下屬能力分析之形式
智識能力（IS）	階層分析 *
動作技能（PS）	階層分析 *
語文資料（VI）	叢集分析
態度（A）	階層分析 */ 叢集分析

* 階層分析包含過程步驟的順序。

資料來源：譯自 *The systematic design of instruction*, by W. Dick, L. Carey, and J. O. Carey (2009), p. 68.

　　將教學目標歸類之後，須找出表現它們的「主要步驟」。這些「主要步驟」就是學習者要表現教學目標的重要認知動作。這些「主

要步驟」通常可以從已經學會的學習者身上獲得，或是從目標的說明中，找出關鍵性或是代表性的動作。當學習者表現出這些動作時，就可以確認他們已經成功的學會了教學目標。以下就 Gagné 的各類成果類型，說明找出「主要步驟」的方法。

一 語文資料之主要步驟分析（major steps for verbal information）

　　語文資料的分析，主要使用叢集分析的方式進行。嚴格來說，語文資料並沒有所謂的「主要步驟」，因為學習者要表現語文資料時，並沒有邏輯次序的問題。如果，學習的目標是獲得語文資料，那麼我們要問自己：「學生要做什麼，才能表現目標？」我想答案大概是：「我要學生指出組成生字的部件」或是「我要學生說出五種常見的地形」。此處學生要表現的只是從他們的記憶中，把資訊說出來或是寫出來，至於，先說哪些資訊或是後說哪些資訊似乎並沒有太嚴格的邏輯要求。所以，分析語文資料的目標，就只要列出一個個叢集（cluster）的資料，就好像我們在列出學習目標中的主題綱要一樣。

　　要如何找出語文資料目標中的「叢集」呢？有時候，從教學目標的敘述當中，直接可以看出它們的叢集內容。例如：自然領域的學習內容：「INb-II-6 常見植物的外部形態主要由根、莖、葉、花、果實及種子所組成。」就可以很容易從它的敘述中，把「根、莖、葉、花、果實及種子」作為主要的叢集內容，這些叢集內容就相當於語文資料「主要步驟」的意義。

　　語文資料的叢集與叢集之間，不用箭頭連結它們，也不標示順序號碼。因為學生在表現這樣的目標時，先說哪一個叢集的資訊，其先後順序，並沒有嚴格的邏輯要求，叢集與叢集之間只要用直線作為連接就可以了，如圖 8-9。另外，為了顯示該目標是歸類於語文資料的種類，特別以「VI」加注於目標末端。

　　至於學習者要表現目標時，先說哪一項資訊都是可以的，六種植物的構造型態的叢集內容，彼此之間並沒有嚴格的順序要求，只要學

習者就這六種叢集，分別說出它們的特徵，就算是完成教學目標。

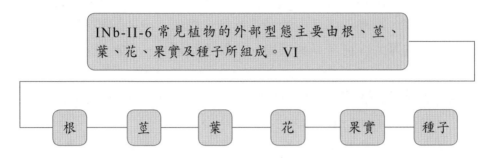

圖 8-9　叢集分析語文資料之主要步驟（一）

　　另外一種情況是，如果，語文資料的教學目標的敘述，沒有上述範例中，那麼明顯的「叢集」線索，此時就需要列出目標可能「暗示」的內容。例如：「Ab-II-3 常用字部首及部件的表音及表義功能。」的目標敘述，就無法直接從敘述當中列出叢集內容，而是從思索學習者在表現生字部件的功能之前，應該先要理解部件是什麼，才能夠表現目標。因此，在叢集分析中加入「部件種類」的內容是必要的考量。

圖 8-10　叢集分析語文資料之主要步驟（二）

　　雖然語文資料的叢集並不講求嚴謹的邏輯順序，但是，語文資料還是會依照某種習慣作順序的安排，例如：圖 8-10 就是從生字部件的種類開始，然後才是它們的功能，這樣教學的順序就會比較符合

一般人的習慣。另外,像歷史也是一樣,它的內容分析通常都是從黃帝、堯、舜、禹等時代的先後,排列其叢集內容。但是,如果找不到這樣的順序,那麼就依其他的順序排列,例如:空間的順序(上下、前後、左右等)、從容易到複雜、從熟悉到陌生、從具體到抽象等。

二 智識能力之主要步驟分析(major steps for intellectual skills)

如果教學目標歸屬於智識能力的類型時,就要進行「主要步驟」的階層分析。在分析目標的「主要步驟」時,根據 Gagné 的理論是以方塊圖示來表示動作,再以有箭頭的線條來呈現它們的順序。其中學習目標置於最頂端,然後以折線的方式引導到表現的「主要步驟」,並且以箭頭的線條,依照由左至右的順序依次表現,如圖 8-11。

以圖 8-11 為例,最頂端的方塊代表學習目標:「根據題意做加法並寫成橫式與直式算式」;其下編號 1 到 4 分別代表學生要表現學習目標的「主要步驟」。這些步驟的寫法是必須以動詞作為開始,而且是可以讓人看到的或觀察到的;但是,有時候學習目標的表現好像無法看到或是觀察到,例如:聆聽或是默讀,就沒有什麼動作可以表現。在這種情況下,就須寫出動作的結果,例如:學生聆聽到什麼重點或是確認什麼事情。總而言之,每個步驟都要有可以觀察到的成果。

以圖 8-11 為例,教師在分析這個目標時,首先要決定學生要做哪些動作來表現他們已經具有目標所敘述的能力?為了表示學生能具有「根據題意做加法並寫成橫式與直式算式」這樣的「能力」,學生應該要做出下列的動作來證明:

1. 學生能認出題意。
2. 學生能根據題目用合成的方式做加法。
3. 學生將合成的過程與結果寫成橫式的算式。

4. 學生將合成的過程與結果寫成直式的算式。

　　此外，教師同時還要思考，如果學生可以表現以上這四個主要的「動作」，那麼，是不是可以說，學生就具有這個目標的能力了？如果答案為「是」，那麼這四個動作就是代表學生必須要表現的目標能力了。

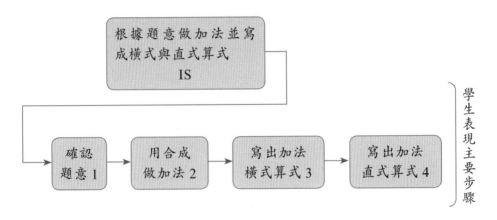

圖 8-11　階層分析智識能力之主要步驟（一）

　　然而，更重要的問題是如何產出這四個主要的步驟呢？專家們建議先找已經學過並且確認具備該目標能力的學生，要求他們表現，在他們表現的過程中探討他們所顯示的表現步驟，然後選出以及確定其中最關鍵的行為，作為目標分析中主要步驟的依據。

　　圖 8-11 的目標，通常是教師在教導「加法教學」的情境下，所有出現在教學現場的題目都是做加法的，所以，主要步驟 1 要求學生讀過題目之後，只要知道題目是要加什麼，就可以進行後面的步驟，所以 主要步驟 1 是屬於「內隱」的認知行為，不一定有很明顯的動作出現。

　　但是，如果教學情境是「加減法混合教學」的話，學生需要先辨

認題目是用加法，還是減法，此時目標分析就會不同了。以圖 8-12
為例，則是先出現菱形「◇」圖示 1，代表學生先決定題意是否為合
成，如果決定為「是」（Yes），則按照指示的路徑繼續表現方塊 2、
3 和 4 的加法動作；但是如果為「否」（No），則按照路徑箭頭的指
示，進行方塊 5、6 和 7 的減法動作。在此例當中，菱形「◇」圖示
是代表學習者要做某些的「決定」。但是很顯然，當學習者在做「決
定」的時候，其實是無法「看到」他的行為，是內隱的行動，但是卻
有其行動的結果。雖然僅是發生在學習者的腦海中，但卻是必要的步
驟，因此必須寫出決定的「事項」是什麼。

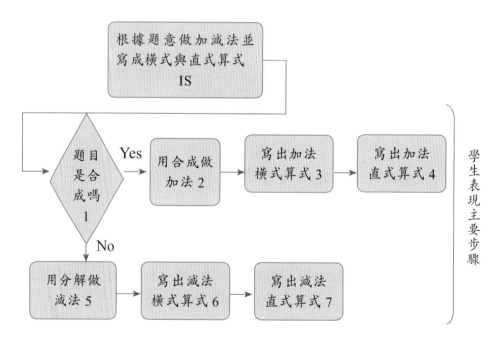

圖 8-12　階層分析智識能力之主要步驟（二）

　　圖 8-11 和圖 8-12 不同，是因為當「決定」的結果不同時，菱形
「◇」圖示就指向不同的路徑前進，代表學生要表現的技能是不同
的。在此種情況下，才能用菱形圖示的方式表示決定的步驟。但是，
有時候雖然有「決定」要做，但是表現的技能是一樣的，就不可用菱

形圖來表示，反而要用方塊圖來表示同樣的，例如：圖 8-12 的例子。注意菱形圖內編寫的「決定」方式，要用適當的問題來寫。

　　另外，主要步驟也可以從教學目標的相關說明中，歸納出重點，作為決定表現步驟的考量。例如：「3-n-10 能做簡單的三位數加減估算。」（N-2-03）其細目詮釋中有如下的說明：

本細目「簡單」的意思指靠近整百的數，如 189、611。教師切勿做 4-n-06 以四捨五入法取概數做估算的教學，避免模糊焦點。

例：「302 ＋ 299 ＝（　），下面的三個數中，哪一個最接近正確的答案？

　　「400　500　600」

　　由於 302 大概是 300，299 大概是 300，300 ＋ 300 的答案大概是 600。

例：「701 － 599 ＝（　），下面的三個數中，哪一個最接近正確的答案？

　　「100　200　300」

　　由於 701 大概是 700，599 大概是 600，700 － 600 的答案大概是 100。

　　依照上述的目標說明，該目標可分成兩個主要步驟表現：1. 將兩個要加減的三位數，先取成整百的概數，2. 然後用它們進行加減。換句話說，教學時，教師需要確定學習者先會取適當的整百位數，然後進行加減，而這兩個步驟就是學習者要表現的重點動作，如圖 8-13。

　　至於表現目標的主要步驟要有多少、粗略或精細，其實是沒有固定的標準可言。但是可以考慮：1. 學習者的年齡：年齡愈小的，表現步驟愈要精細，因為有些動作對成年人可能是基本就會的，但對於幼小的學童而言，這些動作可能就非常的困難；2. 目標的難易度：愈困難的目標愈要精細的步驟，愈簡單的目標就可以粗略一些；3. 教學的時間：如果以兩個小時的課程而言，依作者的經驗是 5 以上到 10 以

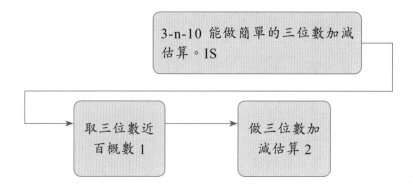

圖 8-13 階層分析智識能力之主要步驟（三）

下的步驟來表現目標較適當，當然也要看現場的學習者對目標的熟稔度而定。

三 態度之主要步驟分析

如果學習目標是態度或是情意時，還是必須表現出某些動作或是行為，作為態度形成的表徵。換句話說，當我們要表現對某一件事情的態度之前，必須對事情能有所認識才能做價值的判斷。因此，態度目標之分析經常結合智識能力或是語文資料，作為達成態度目標的先備能力。

以飲食為例，要求一個人能夠選擇均衡的食物前，他應該要能夠分辨出六大營養素和食物代表的種類、計算食物的熱量，以及算出個人對營養與食物的特殊需求等。當我們具備這些能力之後，才有可能進一步在生活中選擇適當、適量的食物，致力於保持均衡的飲食習慣，並且珍視這樣的健康價值。Mager 指出能夠表現這些能力，也就可以表示學習者對此態度目標具有正面的傾向，因此可視為態度目標之先備能力（中國視聽教育學會，1998，頁 75）。

所以，表現態度目標的前提是必須先有智識能力、語文資料等能力。這些能力是智識能力還是動作技能，就要用流程圖來分析。但是，如果是語文資料的話，那麼目標分析就要列出一連串的資訊。以

圖 8-14 為例，「選擇均衡的飲食」是屬於態度目標。雖然為態度，學生要表現這樣的態度必須藉由智識能力的表現來分辨學生是否具有這樣的知識，因為，唯有先具備相關的知識或概念，行為與態度才有可能產生。

　　圖中的 Ⓐ 即表示此方塊為「態度」的目標，此目標的表現必須具備左邊方塊中的智識能力，意即要學生有朝向選擇均衡飲食的傾向，至少他們需要知道什麼是「均衡飲食的原則」。如果，學生都不知道什麼叫做均衡飲食的話，那要選擇均衡飲食的機會或傾向就微乎其微。

　　圖 8-14 的左邊方塊中目標所代表的是智識能力，其下的三個「動作」則是用來表示智識能力目標的「先備能力」。因此，如果學習者能夠 (1) 認出「六大類營養素的食物」；(2) 計算食物的熱量；(3) 算出個人對營養素的需求，那麼表示學生對於「均衡飲食」是瞭解的，就極有可能形成態度傾向。

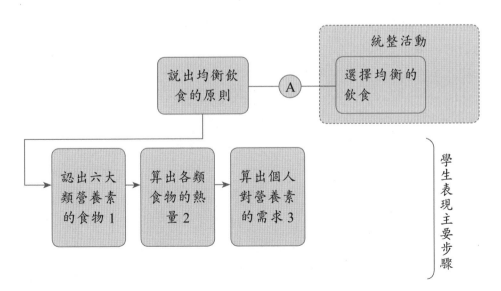

圖 8-14　以智識能力為基礎之態度混合式分析

如果，教師認為學生能用「動作」表現出這三項步驟，就可以判斷學生應該有「能力」選擇「均衡的飲食」，那麼這三項動作就代表學生要表現的「步驟」。最後，教師必須再設計可以讓學生實現選擇均衡食物的「統整活動」，才算是完成目標的教學。例如：給學生麥當勞的點餐單，讓學生針對自己喜好的套餐，換取其中比較合乎均衡營養的餐點作為替代，然後評估該餐點的熱量、營養素和自己所需，應該也可以算是統整活動了。

四 動作技能之主要步驟分析

任何一項動作技能通常會包含許多細部的分解技能，這些細部技能必須要分別的練習，最後再將這些技能串聯在一起，產出最好的成果。對於最終的技能而言，這些細部技能被視為是最後目標技能的先備技能（Gagné, 1988, p. 154）。動作技能目標通常包含心理的決定與身體的執行兩種，缺一不可。動作技能因為牽涉到動作的表現與順序，採用「階層分析」是最適當的方法。

以打保齡球為例，說明動作技能目標的主要步驟分析，如圖8-15。

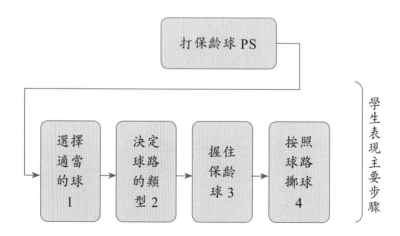

圖 8-15　動作技能主要步驟分析

　　圖 8-15 是表現運動的動作技能，但是，仔細分析其結果會發現它們和智識能力的階層分析非常類似。兩者都是分析表現目標的主要動作，只不過，智識能力的表現著重於心智能力的動作（例如：寫、算、讀），而動作技能則是以肌肉和骨骼的協調動作來表示（例如：跑、跳、打）。動作技能分析成數個主要動作步驟，每一個步驟都用方塊來表示，而且是以水平的方式依照順序排列。如果其中某一個動作還可以分析成次要步驟（substeps）的話，也是以水平的方式排列。

　　從圖 8-15 來看，除了步驟 3 和 4 是屬於身體的步驟以外，步驟 1 和 2 都是屬於心理的動作層次。雖然如此，步驟 3 和 4 其實也隱含有其他的智識能力。因此，動作技能的目標其實包含許多心理的計畫活動，在心理的活動之後，才有身體的動作發生。等到進入教學分析的階段時，就要找出學習這些步驟，需要具備哪些心理或身體的能力了。

　　如果，你無法從學習目標中敘述學生要表現的步驟，有可能是學習目標不夠清晰或定義不明，或是目標的敘述沒有按照標準格式，所以有必要回頭去檢視你的學習目標。一開始，你很難順利的列出這些步驟，因為你從來不曾從學生表現的角度去思考：「我要如何表現這個目標？」但是，把自己想成是學生，自己試著表現一下目標，並且從心理和身體的層面去感受。特別注意自己在這個過程中是以怎樣的方式表現？以及，它們的順序是什麼？有沒有在哪一個表現的點上要決定什麼事？把它們都仔細的記錄下來。你也許會發現有的步驟很簡單，好像不值得記錄，但是，記住那是因為你是學科專家，而你的學生可不是。

　　為了要確定表現目標的步驟，再找一個你認為具有這項學習目標的人，可能是以前教過的學生或是已經升上更高年級的學生，甚至是你的同儕，要他們表現一下這個目標，並且記錄他的每個步驟。然後，把他的步驟和你自己的步驟相互比較，你會發現哪些步驟是不同的、或是相同的，也許從中就可以發現要如何適當的呈現這個目標的主要步驟了。另外，也可以參考教科書、指引、或是手冊等資料，瞭

解它們是如何描述這個學習目標的能力。這樣，也會找到一些有關表現目標步驟的線索。然後，將這些步驟加以整理，並且問自己：「如果學生用這些步驟和方式表現目標，我能不能認為或判斷他已經達成目標了？」

第四節　主要步驟的下屬能力分析

所謂「下屬能力」是指學生為了能夠表現目標「主要步驟」的能力，必須先學會與能力有關的語文、智識能力（分辨事實、形成概念、運用原則、或是簡單的解決問題）、肌肉動作等。因為它們是表現目標主要步驟動作的「先備能力」，而且位在表現目標之主要動作的下層，故稱為「下屬能力」。根據已經精熟目標的學習者的表現，確定教學分析中目標的主要步驟與動作，接著針對各個步驟進行相關的下屬能力分析。這些下屬能力分析就必須依據 Gagné 的學習階層（hierarchy of learning），或是 Bloom 認知領域中認知與知識的向度而進行。

Gagné 將學習的成果分為五大類（語文資料、智識能力、認知策略、心理動作技能、態度），特別是智識能力（intellectual skills）無疑是學校教育中普遍被認為是最重要的學習。智識能力是個體以語言或符號跟環境互動或回應，而在個人環境中，物體、事件及它們之間關係的溝通，也是用語言和符號等作為表徵。當個人和他人溝通這些物體、事件，以及和自己經驗的關係時，也都使用智識能力的表徵，可見智識能力在教育上的重要。

學習是有階層的。Gagné 根據資訊處理的複雜性（complexity）將智識學習的階層分為：(1) 分辨（discriminations）；(2) 具體概念（concrete concepts）；(3) 定義概念（defined concepts）；(4) 原則（rules）；(5) 解決問題（problem solving）（Gagné, 1988, pp. 57-65）。圖 8-16 顯示學習階層之間的關係。大部分的教學，其理想的目的都是為了要培育學生解決問題的能力。為了要學習解決問題，學生

必須先學習更簡單的原則與定義概念；然而，為了學習這些原則，學生必須先學過某些具體概念。為了學習概念，學生必須先學過分辨物體或事項。這種層層的學習是構成 Gagné「學習階層」（hierarchy of

圖 8-16　智識能力的階層

資料來源：譯自 *Principles of instructional design*, by R. M. Gagné, L. J. Briggs & W. W. Wager (1988), p. 56.

learning）的基本概念。智識能力的複雜性，如圖 8-16 所示，從最複雜的解決問題到最低的分辨事實，其間形成的每一個階層都要依賴較低層次的學習經驗，以成就較高層次的學習（Gagné, 1988, p. 56）。換句話說，如果要教學習者應用某項原則，那麼須先教他概念和分辨後，再教應用原則，就會比較容易。如果要教學習者具有某項概念，那麼教學就須先教他如何辨別屬於概念類別中的事物，這樣教概念時就比較容易。這種「學習階層」的分析就是教學分析中，分析下屬能力最主要的基礎和依據。對於表現目標的主要步驟中的動作，運用這種階層分析（hierarchical analysis）找出學習該項動作之前，學生必須先學習的原則、定義概念、具體概念和辨別等能力，就是下屬能力之分析。

　　Gagné（1988）把下屬能力（subordinate skills）定義為「學習新的目標之前，必須要學習的先備能力（prerequisite skills）」（p. 145）。以智識能力目標而言，它們通常包含有兩個以上更簡單的能力（simpler skills）和概念（concepts）。這些更簡單的能力和概念就稱為「先備能力」，它不但有助於學習者學習更高階的目標，也可以讓學習者對高階目標的學習更容易。如果，學習者已經擁有這些先備能力的話，那麼教師就可以用最少的教學，讓學生完成目標的學習。

　　那麼如何決定目標的主要步驟的下屬能力呢？Gagné（1988）建議採下列的問題作為決定下屬能力的基礎：「為了學習這個步驟，有哪些更簡單的能力是學習者必須要先擁有的？」持續不斷的以這個問題往下探詢，直到學習者不用再學就已經具備學習該項目標最基本、最簡單的能力為止（p. 55）。而這個最基本、最簡單的先備能力，就稱為「起點能力」（entry skills）。所以，起點能力其實也是先備能力的一種。此種從高層的能力一直分析到最簡單、最低層次，形成所謂的「學習階層」，而其分析的方法則稱為「階層分析」（hierarchical analysis）（p. 148）。教學分析的結果已經確定學生一定要表現的「動作」，那麼，學生要表現這樣的「動作」，需要先

知道什麼「原則」嗎？那麼，要知道這個「原則」，學生要先知道什麼「概念」嗎？同樣的，學生要有這樣的「概念」之前，要能「分辨」什麼嗎？如此，一層一層的往下探詢，就形成所謂的「學習階層」。而每一階層的學習，都有其先備能力，這就是 Gagné 學習階層理論對教學的意義，也是系統化教學設計中教學分析的重要基礎理論。

利用上面的問題去找到每個步驟的先備能力（下屬能力）的用意，是避免教了太多跟表現目標沒有直接關係的能力。這些能力有可能只是「知道也好」的類型，實際上跟表現目標無關。在 Gagné（1988）學習與記憶的觀點中，教學如果傳達太多無關的資料會干擾到學生的學習，不但會讓教學變得更冗長，更使得學生在短期記憶的負荷變重，無法專注在學習目標這件事上面（p. 10）。因此，要學生表現目標，須將焦點專注在教導學生有關的學習。

一 語文資料之下屬能力分析

國小的課程裡，經常要求學生能夠記住一些基本的資訊，例如：植物的構造、臺灣的節慶或是歷史事件與人物等，而這些資訊只需要學習者利用回憶就可以說出來。凡是語文資料其所牽涉到的都是以記憶為主的學習，要學會這些資料基本上只用到學生的記憶就可以了。

語文資料分析方法與其他成果目標的分析略有不同，由於語文資料是成果目標中最基本的目標，可以說它沒有所謂的下屬能力分析。但是，一般都會將語文資料進行分類，形成叢集（clusters），以簡化語文資料的記憶，也減輕其認知負擔。這種將語文資料予以分類的方式，類似內容大綱的作法，有人稱它為「叢集分析」（cluster analysis），也可以被視「主要步驟」的性質。

圖 8-17 顯示語文資料的叢集，以及其下的「下屬能力」分析，這是國小國語科的學習內容指標。從「主要步驟」的敘述當中，可以預測的是，學習者要能夠具有生字部件的知識，也要能分析構成生字的部件。而生字部件的下層知識包括各種部件的種類和其定義，而部件的功能可以讓學習者分析出生字的構成。具備這些知識就足以讓學

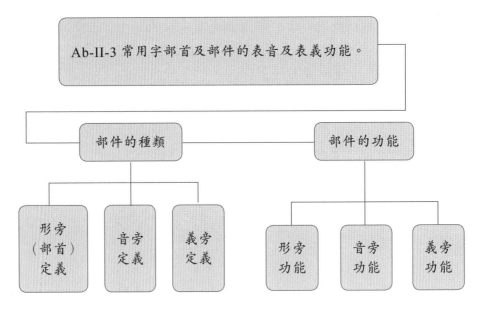

圖 8-17　語文資料之下屬能力分析

習者有造字原理的概念，進而推測生字之意。

二▶ 智識能力之下屬能力分析

　　如果目標是解決問題的話，那麼教師須先找出學生如果具備有哪些原則的觀念，就能夠讓解決問題的教學更容易？又，如果學生擁有哪些概念，就能夠讓原則的教學更容易？學生如果能辨認出哪些事實，會讓概念的教學更容易呢？如此持續不斷的往下層更簡單的能力去探詢，直到起點能力為止。

　　階層分析是以理論上智識能力之問題解決為目標時，它所形成的分析圖示（Gagné, 1988, p. 155）。學習目標置於階層分析的頂端，折線之下為表現目標的主要步驟。每一個步驟之下即為其下屬能力，它們的排列是由上而下，考慮每個下屬能力的先備能力，這些下屬能力乃是由學習階層中推論出來的。因此，Gagné 的「學習階層」理論，成為發展下屬能力最佳的指引。

　　但是，在實際的狀況中，每一項目標的分析不可能完全是屬於單一的學習領域範圍。舉例而言，智識能力通常會與另一種成果目標——語文資料結合在一起，由於它們是屬於不同的成果目標，因此會以△（三角形中間有英文字母 VI）作為語文資料的表徵。以圖 8-18 為例，學習目標為「根據題意做加法並寫成橫式與直式算式。」其表現的步驟有四：分別為方塊 1、2、3、4。它們排列的方式並沒有直接的線索可以作為排序的依據，但是教育部在數學細目詮釋中說明此分年細目是要學生透過合成的活動做加法後，再記錄成橫式與直式之算式，且這些算式不具有計算的意涵。因此根據這樣的說明，將這些動作安排如圖 8-18。學生為了要表現方塊 1 的動作或步驟，他們必須認出題目是具有合成的意義。為了學會判斷題目是屬於合成的性質，學生必須先瞭解合成的定義（事實），所以學習「定義」的部分是屬於「語文資料」的範疇。

　　由於語文資料並不屬於智識能力的領域，因此用△（三角形中間有英文字母 VI）作為其代表，由三角形所指的方向代表它是該項能力的語文資料，在學習的順序上要先於該項能力。此順序亦可用其標號之先後看出順序，例如：方塊 1.1 是 方塊 1 的語文資料，教學時或學習時，必須先教方塊 1.1 的語文資料後，才進行 方塊 1 的教學會比較容易。同樣的，方塊 3.1 和 方塊 3.2 均為 方塊 3 的語文資料，學習時要先學會方塊 3.1 和方塊 3.2 的語文資料後，才能讓 方塊 3 的教學更容易。此外，圖中虛線以下的能力為「起點能力」（entry skills）。方塊 2.1 「能作數的合成」即是起點能力，所以，第二個步驟與其下的階層學習代表學生要先會作數的合成後，接著畫出合成的圖，然後解決加法的問題，最後才是將這些歷程寫成橫式的算式和直式的算式。

　　圖 8-18 中，主要步驟 1 即為內隱的認知步驟，其餘的步驟 2、3、4 均屬於外顯的認知步驟，教學時，就可以按照圖示的路徑和順序進行，每一個步驟都代表教學的一個重點。透過分析的圖示，不僅讓人瞭解目標教學的過程，更可以看出它其實也架構了所謂「學習的

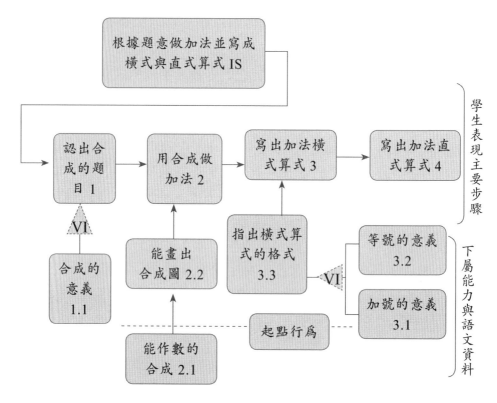

圖 8-18　智識能力之下屬能力分析（一）

鷹架」（scaffold），有助於教師對學習的系統化與循序漸進的教學步驟，有了科學的設計。

　　再以另一個數學的目標為例，如圖 8-19，從細目詮釋的內容中決定了兩個主要步驟：(1) 先以近百的方式取三位數的概數；(2) 將取得的概數做加減的計算。為了要取近百的概數，學生需要決定要取靠近哪一個百位數，為了要做這樣的決定，便需要在數線上定位，才能分辨出要取前後哪一個百位數，因此基本的要求就是要學習者畫一條數線，並依照百位數的距離刻畫數線，將取得的概數做加減的計算。

　　有了教學分析圖，就可以看出教師如何規劃他的教學過程，從主要步驟中可以瞭解學生要表現的認知動作有兩項：取概數和做概數

加減，如果學生可以表現正確的話，即表示達到教學目標了。所以，主要步驟1要求學習者能取任何一個三位數的近百概數，需要從數線的位置中決定靠近哪一個百位數，因此教學時需要學習者能利用數線作為工具，才算是正確的取法。所以，學習的下屬能力就是數線的概念與運用。主要步驟2將概數的加和減合併在此，並沒有再分成加法步驟與減法步驟，是考量到該目標已經是三年級的數學目標，對於加減法必然已經熟悉，可以直接做加法與減法，所以不採加減分開的步驟實施。

　　圖 8-18、8-19，「主要步驟」都是學習者要表現學會教學目標

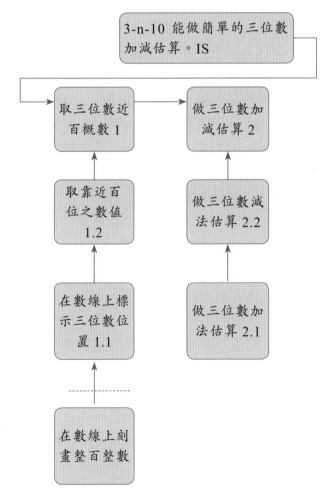

圖 8-19　智識能力之下屬能力分析（二）

時，他們必須能夠表現的認知動作，透過這些主要步驟就可以確定他們已經學會了教學目標。而透過主要步驟的階層分析，則可以一覽學習這些主要步驟的學習階層，這些階層也形成學習智識的鷹架，有助於教師展現循序漸進的教學步驟，而對於學習者則有漸次學習的功能。

三 態度目標之下屬能力分析

態度目標很難用可觀察及可評量的詞句，詳細的寫出來。通常這類的目標都是間接的，以教學者所能看到的學習者的行為所推論出來的。因此，Mager 提出兩種行為作為表現態度目標的方式：親近傾向的行為目標和規避傾向的行為目標（中國視聽教育學會，1988，頁75）。親近傾向的行為目標，則可由智識能力或語文資料的目標表現出來。所以，態度目標的下屬能力分析主要是依據該目標是以智識能力或語文資料，作為學生要表現的動作而定。以圖 8-20 為例，如果以「選擇均衡的飲食」為學習的目標，那麼以智識能力的目標作為該態度目標的傾向行為，圓形中的 A 是態度目標的標示。意即，能夠選擇均衡的飲食必須具有對均衡飲食的原則有所瞭解之後，才有可能形成這樣的態度。主要的步驟 1、2、3 和 4，就是在表現智識能力的主要步驟，而每個步驟之下即為其語文資料。

其中，1.1 和 1.2 即為步驟 1 的語文資料，2.1 為步驟 2 之語文資料。意即，如果學生先學會認出各種食物的名稱，以及六大類食物類別的資料，那麼在教導分辨食物是屬於哪一類時，就會比較容易。雖然此例中的智識能力的層次，大都屬於「分辨」層次，而且下屬能力也僅止於語文資料，但是不必太過擔憂其層次似乎不高，其原因為國小所要學習的大都屬於比較基礎的目標。

從圖 8-20 的示例，可以發現過去凡是「態度」的目標，通常在一般的教學設計中都被誤用。在許多的教案中，「態度」都沒有真正被設計出來，大都在「應付了事」的表面效度下完成它。但是，藉由

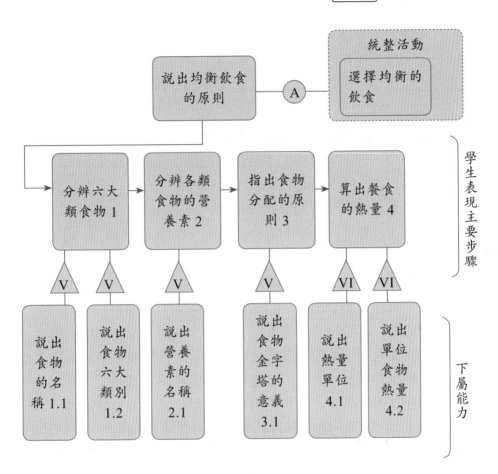

圖 8-20 態度目標之下屬能力分析

目標及下屬能力的分析，才能看出「態度」並不是附屬性的目標，而是高於任何其他類別的目標，應該占有一個獨立且高階的位置。Gagné 強調「態度」目標，需要有一個真正實際的「統整活動」來完成。在本例中，教師藉由食物的選單，例如：麥當勞的套餐選單，將其中的可樂換置成比較健康的飲料、薯條可以換成熱量較低的蔬食，以代替原本的高糖、高熱量的食物，這樣一來就可以讓學生藉由「智識能力」的學習，算出前後餐點的差異，或許「均衡飲食」的態度可以在這樣的情況下，充分的顯示出來。因此，「態度」目標必須具有

其他目標領域的基礎，然後藉由「統整活動」來完成。如果缺乏「統整活動」，學習成果就只能侷限於知識瞭解的層次，無法「應用」於類真實的情境中，更遑論「實踐」於真實的世界中。

四▶ 動作技能目標之下屬能力分析

藉由肌肉一連串整體的順序所形成的動作技能（motor skills）其實是非常的複雜，因為包含對動作本身順序的認知，以及肌肉骨骼的協調。有時候它也被稱為知覺動作技能（perceptual-motor skills），或是心理動作技能（psychomotor skills）（Gagné, 1988, p. 90）。不論是哪一種稱呼，它都包含智識能力和動作技能兩者，意即包含了感覺及頭腦和肌肉。動作技能的具體表現是在身體肌肉的活動中呈現動作的順序，就這個部分而言，它是屬於智識能力（過程），而這些身體所表現的動作必須符合對速度、正確性、力道、或順暢性的要求。學習動作技能需要不斷的練習才能達到完美，特別是在運動、音樂演奏，以及體操等項目。因此，在執行身體動作前，智識能力通常先於身體的動作，換句話說，智識能力顯然是動作技能的先備能力。

以圖 8-21 為例，除非學習者已經學會體重與球重的關係，以及年齡與球重的關係（1.1 和 1.2），否則要教導學習者選擇適合自己的保齡球是很困難的（步驟 1）。但是，這些變數與球重的關係無法由肌肉動作中觀察到或是表現出來，但是它卻是教導學生選球時必須的知識概念，它是隱含的一種能力，但卻是必須的。步驟 4 則是往下細分為次級步驟（substeps），這些次級步驟須以水平的方式列出，分別為步驟 4.1、4.2、4.3、4.4 及 4.5 等。如果教導這些次級步驟之前，還有智識能力要具備的話，那麼須對該次級步驟進行階層分析。

動作技能目標的下屬能力分析，其分析方式與「智識能力」目標的分析雷同。在許多教學設計中，往往看到的都是一些「活動」的設計，並不講究知識或是細部動作的描述。也由於沒有細部的動作分析，在評量學生的動作技能時，往往注重他們動作的成果，卻無法在歷程中給予正確的動作指導，導致學生學習的情形有限，連帶評量也

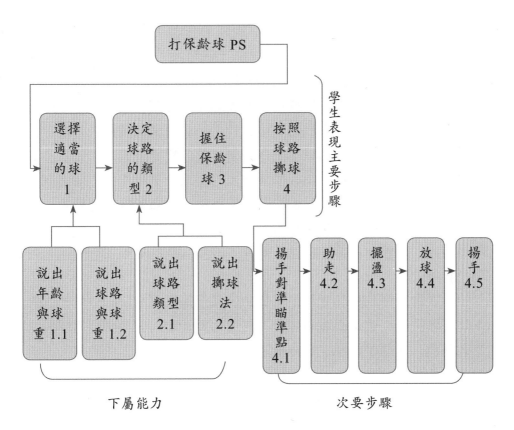

圖 8-21 動作技能目標之下屬能力分析

忽略了動作的過程。

根據 Gagné 的教學設計理論，語文資料、智識能力、態度、動作技能、後設認知等，都不出目標的所有可能的領域或範圍，這些都是在教學情境中產出的學習成果。要能夠有效的達成這些成果目標，教學科技的專家以逆向思考的方式，將這些成果反向作為起點，設計教學的活動。透過學習階層理論的分析策略，逐步建立以表現目標為主的教學過程，此為科學化的設計手段。

以圖示的方式繪製教學分析，並且依照不同的目標類型進一步分析其下屬能力，是一種很有用的方法。對於這樣的圖示，有人說它是電腦流程（algorithm），也有人說它是「決定樹」（decision trees），不論被稱為何者，用它來說明表現某一種能力以及所需的知識時，顯然是一種很有效率的方法。特別的是，整個分析的過程依據了 Gagné 教學設計的理論，以及學習階層的概念，可以說是一種非常科學化的歷程。表現目標的主要步驟，讓教學者開始注意到學生是如何表現目標，以及它們的順序是什麼，從這個出發點來省視自己的教學是否合宜，是一種以學生為教學本位的思考方式。

值得注意的是，每一位教學者著眼的重點在分析中，可能造成不同的結果，但是只要是從學習的階層理論中，不斷的推論與修正，終究會找到最合乎邏輯與最適當的分析結果。何況，每次教學的學習者都是不同的群體，其特性自然有差異，因此分析的結果稍有不同，自屬意料中的事。

初次做教學分析其實是很困難的，甚至是對研究所的學生們（許多是現職教師）也是艱難的任務，更遑論對其他尚未接觸到相關理論的教師們。剛開始要學生們分析這些目標，其實也是困難重重，因為他們很少會去思考 Gagné 或其他的教學理論究竟能做什麼（除了考試以外）。所以，要將理論化為實際可行的實務，其實是需要不斷的練習和思考的。而這些，正是我們教導教學設計的教師們責無旁貸的任務。

雖然國內許多學者對於如何轉化「課綱」為教學目標或內容，提出他們的理論與見解，但是卻無法形成共識。再者，師培機構也沒有開設相關的課程，以培訓國中、小學的教師，而教育部更缺乏配套措施，無法說清楚到底要如何轉化。這樣的困境，其實從九年一貫課程改革就開始，到了十二年國教依然存在著，「課綱」還是課綱，「教學」依舊是教科書的內容。

第五節　定義不明確的目標分析

所謂「定義不明確的目標」是指從目標的敘述中無法「看出」教學要進行的活動，以及所涉及的內容。「定義不明確的目標」常見

於過去課程標準時代的教學目標，以及十二年國教的學習表現的敘述中；諸如：「生活用語的學習」、「讀懂與學習階段相符的文本」、「在具體情境中，解決兩步驟應用問題」都是目標不明確的例子。因此，在教學時評估要達成哪些目標，就會造成教師的困擾。

十二年國教課綱是由「學習表現」和「學習內容」兩個向度所組成，而「學習表現」在國家教育研究院的解釋當中，則是刻意保持它的「非具體內容」的特性，因此，這樣的特性使得「學習表現」落入「定義不明確的目標」範疇，而學習內容也多為模糊的，自然也成為「定義不明確的內容」。為了解決「定義不明確的目標」，必須以二維的思考建立符應的「學習目標」，才有可能為教學所用。

教學目標必須具體、可評量、可看出活動的形式，這樣的觀點可以由 F. Bobbitt（巴比特）從社會中成人的生活歸納出十個領域，創造出近八百個目標開始，這些目標特徵都是可以從目標的敘述當中，就可以「看到」教學活動。換句話說，目標必須經過多次的分析成為更細小的目標，直到可以從目標「看到」要進行的活動和內容為止（任慶儀，2021，頁 115-119）。R. W. Tyler（泰勒）（1949）認為一個好的教學目標必須具備兩個面向 —— 行為動作和內容（p. 47）。清楚的目標敘述，可以引導學習經驗的選擇及教學的設計。J. E. Kemp 於是主張教學目標，必須以「對象、具體的行為目標、行為結果」的方式撰寫。

就目標的具體性而言，課程目標、教學目標、單元目標都是歸類在「定義不明確」的目標類別中，但是只要將它們轉化，就可以成為具體的目標。以下，以康軒版教科書文本中「第 14 課卑南族男孩的年祭」為例，說明面對定義不明的目標與內容時，要如何進行教學分析。

表 8-7 所示的教學計畫中，其「學習內容」為「Cb-I-1 各類文本中的親屬關係、道德倫理、儀式風俗等文化內涵。」而「學習表現」則為「5-I-3 讀懂與學習階段相符的文本。」在這兩者交互之下，其具體的學習目標要如何設計呢？

如表8-7所示，究竟所謂「讀懂」是什麼意思？「學習內容」包括：親屬關係、道德倫理、儀式風俗等多項，那麼要教全部嗎？還是可以選擇其中的一項？要如何表示呢？它的內容應該要教什麼？要如何確定？以上這些問題，恐怕也是困擾著教師們。

表8-7　學習目標的設計-1

學習表現 ＼ 學習內容	Cb-I-1 各類文本中的親屬關係、道德倫理、儀式風俗等文化內涵。
5-I-3 讀懂與學習階段相符的文本。	學習目標 #1

要解決學習目標等這類定義不明的目標，就要先轉化它的動詞。此時，可以從Bloom的認知領域中選擇最接近教師心目中的「行為表現」，或是從Gagné的「學習成果」中，選擇適當的能力表現動作。就此例而言，簡單的「說出」就代表學生可以從閱讀課文重要的內容而得知。

另外，對於學習內容中的範圍，也是需要從「叢集分析」中（詳見頁137）條列出它的範圍，學習內容的分析結果如表8-8所示。表8-9則是再以其中的「儀式風俗」為例，列出其重要的、基本的內容。

表8-8　學習目標的設計-2

學習表現 ＼ 學習內容	Cb-I-1 各類文本中的親屬關係、道德倫理、儀式風俗等文化內涵。 - 親屬關係 - 道德倫理 - 儀式風俗
5-I-3 讀懂與學習階段相符的文本。	學習目標 #1

表 8-9　學習目標的設計 -3

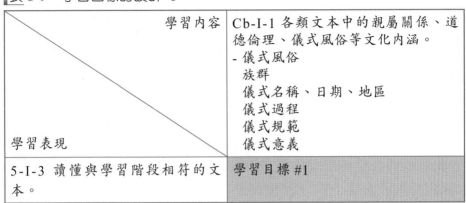

學習內容 學習表現	Cb-I-1 各類文本中的親屬關係、道德倫理、儀式風俗等文化內涵。 - 儀式風俗 　族群 　儀式名稱、日期、地區 　儀式過程 　儀式規範 　儀式意義
5-I-3 讀懂與學習階段相符的文本。	學習目標 #1

　　從「學習表現」和「學習內容」兩者的交互向度中，教師接下來要思考的是，如何讓學生讀懂「卑南族年祭的儀式風俗」呢？換句話說，教師要規劃什麼樣的「學習目標」呢？此時，教師可以要求學生閱讀課文，以獲得對卑南族年祭的基本知識。所以，明確的「學習目標」就能符應「學習表現」和「學習內容」，以及「單元」的三者合一的學習，如表 8-10。

表 8-10　學習目標的設計 -4

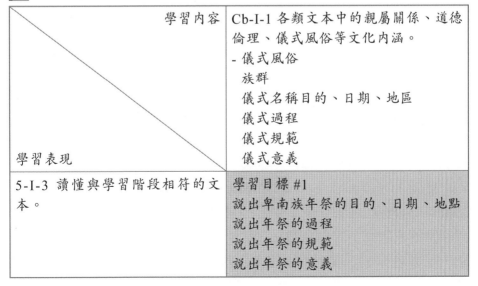

學習內容 學習表現	Cb-I-1 各類文本中的親屬關係、道德倫理、儀式風俗等文化內涵。 - 儀式風俗 　族群 　儀式名稱目的、日期、地區 　儀式過程 　儀式規範 　儀式意義
5-I-3 讀懂與學習階段相符的文本。	學習目標 #1 說出卑南族年祭的目的、日期、地點 說出年祭的過程 說出年祭的規範 說出年祭的意義

　　所以，學習目標必須從學期「教學計畫」中的「學習表現」、「學習內容」兩個向度中轉化出來，然後透過學校教師的共同備課就會很容易的設計出「學習目標」。因此，課程與教學的計畫就顯得非常重要。

　　再以表 8-8 的教學計畫為例，「學習內容」為「Ca-I-1 各類文本中與日常生活相關的文化內涵。」，還包含「親屬關係」。因為課文中提及作者的表哥，所以該課也應該針對「親屬關係」進行學習。作者和表哥到底是什麼樣的親屬關係呢？而「學習表現」依照上述表 8-8 的規劃，還是「5-I-3 讀懂與學習階段相符的文本」。依照這兩個向度，那麼學習目標 #2 要設計什麼呢？表 8-11 將「親屬關係」轉化為三種親屬關係，本課則只針對「姻親」的部分進行學習。

表 8-11　學習目標的設計 -5

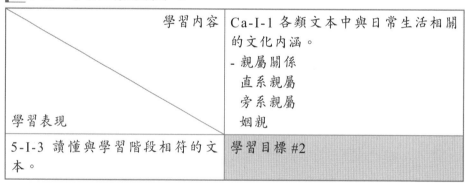

	Ca-I-1 各類文本中與日常生活相關的文化內涵。 - 親屬關係 　直系親屬 　旁系親屬 　姻親
學習內容 ＼ ＼ 學習表現	
5-I-3 讀懂與學習階段相符的文本。	學習目標 #2

　　所以，考慮學生能懂所謂的「姻親」關係，教師可提供「家庭樹」（family tree）的系統，讓學生能瞭解課文中作者和表哥的親屬關係的由來，因此「學習目標 #2」就可能以繪製「家庭樹」和「親屬關係」中的「姻親」關係為學習目標。

　　此時，從表 8-11 的「學習表現」、「學習內容」兩個向度，教師就可以藉機以繪製「家庭樹」的目標進行活動，而這個活動本身又以學生的家庭為主體去繪製，這樣的活動實際上就可以稱為「素養活動」，如表 8-12。藉由家庭樹的繪製，讓學生瞭解「姻親」的關係

是如何發生的，也就瞭解了課文中作者的親屬關係。所以，由「學習內容」轉化出「教學的具體內涵」，對應於「學習表現」，就可以清楚的建立學習目標。由於學習目標具有「行為動作」和「具體內容」兩項特徵，作為教學和學習的目標是最恰當不過的目標了。

表 8-12　學習經驗的設計 -6

學習內容 學習表現	Ca-I-1 各類文本中與日常生活相關的文化內涵。 - 親屬關係 　姻親
5-I-3 讀懂與學習階段相符的文本。	學習目標 #2 能繪製家庭樹 能說出課文中人物間的親屬關係

　　上述表 8-8 的設計以「學習內容」為主，作叢集分析，其結果對於表 8-10 和表 8-12 的目標建立，有著非常重要的影響，而「學習目標」是以具體的「說出」、「繪製」作為目標表現的關鍵行為。擁有具體的行為動作，也有明確的內容，這樣產出的目標，對於教學與活動的安排，應該是更有幫助。

　　將「學習表現」和「學習內容」分成兩個不同的敘述，在教學設計時，就必須同時檢視兩者。至於，以何者為主、何者為副，其實只要掌握住教學時，是以「學習內容」為主，再結合「學習表現」作為下屬能力與統整活動，如圖 8-22；還是以「學習表現」為主，將「學習內容」為副，視為附屬的語文資料的方式，如圖 8-23，進行學習目標的建立，都是可以的。換句話說，「學習內容」應該以「學習表現」為前瞻目的，而「學習表現」必須包含「學習內容」的範圍。只要確認它們轉化之後，可以提供具體的學習目標，就是教學分析最重要的成果。

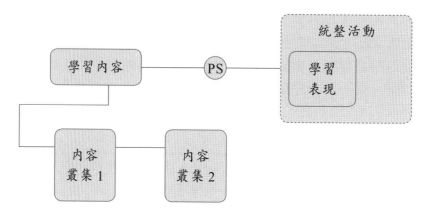

圖 8-22 以學習內容為基礎的教學分析

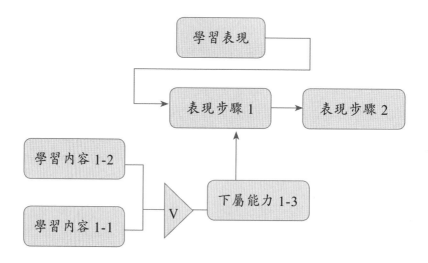

圖 8-23 以學習表現為主的教學分析

當教學目標的敘述是以二維的方式,分別敘述目標表現與內容時,如:十二年國教之「學習表現」與「學習內容」,其分析方式也要以二維的方式,將兩者交互共同檢視與轉化,產出「具體」的學習目標,提供教師作為教學的基礎。此種「二維」的教學分析方式,則是回溯至 Tyler 於 1949 年出版之 *Basic Principles of Curriculum and Instruction*(《課程與教學原則》)一書中所創之方法。Tyler 強調所

有的目標敘述，都應該具備明顯的行為動作，以及目標要應用的範圍。而 Bloom 的認知領域也延續同樣的觀點，創造出認知目標的表格，作為認知行為與知識內容交互分析的方法。

綜觀上述 Mager、Bloom、Gagné 的教學分析方法，均適用於以「一維」方式敘述之目標。目前各國對課程標準或教學目標的敘述方式都是以「一維」的向度為主流，甚少以「二維」的方式作為敘述（除了我國之十二年國教）。針對此種二維方式敘述的課程（綱要）或是教學目標，都必須以兩者交互的方式，產出適當的學習目標後，才能作為教學之用。

十二年基本國教的課綱以二維向度重構教學元素的設計，也意味著必須將「學習表現」或「學習內容」分析，找出適當的目標，作為發展課程中的教學目標。針對此點，本書認為從 Tyler 的課程與教學觀可以一窺一二。Tyler（1949）主張一個清晰的目標須具有「行為的」（behavioral）層面，以及「內容」（content）的層面，才能夠尋找出發展課程的教學目標（pp. 47-51）。運用二維分析表格的方式確立清晰的目標，以引導學習經驗的選擇，以及教學的設計（Tyler, 1949, p. 49）。從目標的敘述中，可以確認學生要改變的行為，以及目標可以適用的內容領域或是生活領域。所以將具有「行為層面」的目標分析出需要的「步驟」，結合內容層面所分析出的知識細目，就構成有意義的組合。如此一來，目標的行為層面就可以提供更清楚的課程計畫、學習經驗，以及要使用的教學。綜觀 Tyler 的作法，比較趨近於 Bloom 的目標表格設計方式，但是對於現今課程綱要的複雜性，一項課綱可能有數個目標行為的敘述，所以分析時難免有所侷限。

本書主張，基於現代教學設計的趨勢，從 Tyler 的二維分析表格、Bloom 的認知與知識的二維表格，到 Gagné、Mager 和 Dick 與 Carey 等人的表現步驟與下屬能力的階層分析圖，其主要的立場都是從目標分析開始，兩者有共通的見解，但是分析的方式略有不同。特別是 Gagné 與 Dick、Carey、Mager 的理論中，都以「能力」作為主

要的核心，解決問題的行為表現是他們唯一追求的「成果」。這樣的教學設計成為當代重要的教學理論，也是許多師培學系中必備的一門課程與唯一的理論。教學設計的方法不只一種，但是唯一不變的原則是必須從「目標」出發，而非「教材」，學習的目的是應用能力，而非堆積無用的知識，唯有秉持這樣的觀念與作法，才能符合當下課程與教學改革的需求。

第九章

學習者分析

　　學習者、教學法、目標及評量，並列為教學最重要的四個基本因素。意即，教學在設計發展的階段，必須考慮該項計畫會用在哪一種學習者的身上。教學計畫成功與否，往往是以學習者是否積極的參與學習，並以其最終的成效作為衡量的標準。所謂學習者，其範圍可從小學到中學、大學，甚至是工業、企業、政府、軍事等各種訓練課程的學習者。因此，在策劃初期，將學習者的特性、能力、經驗等列入考慮是有其必要。雖然，教學設計的對象，可能是針對特定的學生，例如：國小的學生，雖然是國小學生，但是仍然不能輕忽對學習者個別差異的瞭解。

　　學習者在學校所學的知識或是能力，是否會在其他的場合（除了在教室或學校）中使用或應用，是教學上一直思考的重要問題。在今天講求「能力」的時代裡，不能以考試為學習的最終表現。相反的，思考學生在教室課堂上所學的能力應該可以運用在其他地方，成為最重要的教學任務之一。換言之，學生要在哪裡運用學校所學的能力，就是教學者要去思考的問題。舉一個最簡單的例子，我經常會問學生：「為什麼我們要學植物的葉形？」（針葉、闊葉等）意即，我們在什麼時候或是什麼情況下會用到這些，或是需要辨認的能力呢？所以，分析學習者可以表現能力的脈絡是學習者分析的要素之一。

　　此外，學習者學習目標的過程中，是否要藉助一些設備或是工具，例如：地圖、顯微鏡、電腦及計算機等，也是教學設計中必須考慮的要素。為了要達成目標，學校是否提供良好的學習環境？這些環境裡的學習脈絡，也是在學習者分析的範圍內。

第一節 學習者特性分析

　　教學設計時，要瞭解學習者的哪些特性，各家說法不一。Kemp（1985）建議對學習者特性的瞭解必須包括：(1) 學業方面的資料：前一學年或學期學生的程度、成績、讀算寫的基本能力等；(2) 個人及社會特性：年齡與成熟度、對教學內容所持的動機、態度和期望；(3) 特殊學習者的特性：如少數民族（原住民）的學習者其語文能力，失能學習者之生理和身體的殘障或學習能力的障礙等，以及 (4) 學習型態（learning styles）：有關學習者的腦部功能（左右腦功能）、學習情境，以及認知學習型態等（中國視聽教育學會，1988，pp. 36-46）。這些因素都會直接或間接的影響教學計畫的結果。

　　K. Dunn 和 R. Dunn（1978）曾經針對學習型態提出影響學習者的因素，作為設計教學時的參考（pp. 17-19）：

1. 即時的外在環境因素：有關聲音、光線、家具等選擇與安排。
2. 個人的情緒：有關動機、責任感、對學習任務的持續性。
3. 個人的社會性需求：有關自我調適、同儕或團體的適應等。
4. 個人的生理需求：有關知覺的喜好、變動性的需求、時間的安排等。

　　瞭解學生的學習型態，可以提供學習者較佳的環境，以及不同的學習方式，適應個別的歧異性。此部分的資料，可由 Dunn 和 Dunn（1978）所設計的學習型態清單（learning styles inventory）獲得（pp. 17-19）。

　　此外，學習者的腦部功能，也會對其學習方式產生不同的效果，值得教學者的注意。根據大部分的研究指出，左右腦在學習的過程中具有不同的功能。對於使用右腦的學習者而言，統整式的教學內容有助於其學習，分析式的教學內容則對慣用左腦的學習者有較佳的效果。此外，右腦學習者善於解決問題、具有創意；左腦學習者對語

言有較佳的理解力和表達力（Gregorc, 1982, p. 6）。因此，掌握學習者的學習趨勢給予學習的指引或提供不同的活動，都有助於其學習。此部分的資料，可以藉由觀察學生是否（本能的）使用左右手的習慣判斷。

另外，Dick、Carey 和 Carey（2009）建議對學習者特性的瞭解，應該就下列項目進行資料的蒐集：（pp. 93-94）

（一）起點能力（entry skills）

在教學分析中，最直接影響的因素莫過於起點能力。教學設計時，如果對起點能力沒有準確的掌握，所設計出來的教學不是太過簡單讓學習者失去興趣，就是太難讓學習者覺得無法達成而感到沮喪。因此，使用前測（pretests）或是訪談（interviews）學生是確定起點能力的方法之一。

（二）對教學主題或內容的先備知識（prior knowledge）

很少學習者對學校所教的內容或是主題是完全陌生的。尤其是小學的課程當中，不乏以螺旋式的方式重複出現某一個主題或是目標。但是學習者對於這些先備知識有可能是一種學習的迷失或是誤解，因此，在設計教學時，也要確認學習者先備知識的範圍和本質，利用前測（pretests）或是訪談（interviews）可以獲得相關的資料。

（三）對教學內涵和可能的傳播系統（delivery system）的態度

瞭解教學的內涵和學習者的需求，對於教學的設計會是一種有用的考慮。例如：我們常在偏鄉地區的學校，看到教師們使用 Google 的地圖作講解的內容，對自己使用科技教學而沾沾自喜，但是對學生而言，能夠自己上網練習使用 Google 地圖的人是少之又少。在教學的過程中，只有教師操作、學生觀看而已，自然引不起學習的興趣。但是，如果換成使用傳統的地圖，每一小組成員都能在地圖上看到學習的內容時，其參與學習的情況就會好很多。

（四）學業動機（academic motivation）

學生對學業的動機是教學成功最重要的因素，要如何引起學生的學業動機呢？J. Keller（1987）建議以 ARCS（attention, relevance, confidence and satisfaction, ARCS）模式作為基礎，用問題引導學生思考以瞭解其學業的動機：(1) 學習的目標跟你有多大的關聯性？(2) 你最感興趣的是目標的哪一個層面？(3) 你如果能表現這個目標，你會有多大的滿足感？(4) 你有信心可以學會這個目標嗎？從這些問題的答案，作為設計教學時，對學生的瞭解和可能面對的問題。

（五）教育和能力的水準（educational and ability levels）

瞭解學生的成就情形及一般性能力的水準。這些相關的資訊可以提供教學設計時，有關學生經驗的瞭解及他們對新的教學方式接受的程度。

（六）一般性的學習傾向（general learning preferences）

調查學生是否比較喜歡固定的學習方式，例如：傳統的講述方式，還是可以接受解決問題之小組學習、獨立學習或是網路學習。

（七）對於訓練機構（學校）的態度（attitudes toward training organization）

研究顯示學生對學校和同儕的態度愈正向，其學習成果亦較佳。

（八）團體特性（group characteristics）

團體中的異質性程度，會影響對學生、對彼此歧異性的適應。因此，必須要在教學設計中予以解決和調適。對團體的整體印象，例如：他們知道什麼及感覺是什麼，都可以透過和學生的互動獲得相關的資訊。

以上的因素（一）和（二），可以用測驗獲得相關的資料，而因

素（三）至（八）建議用訪談學生或是提供相關的問卷作調查，以獲得相關的資訊。這些資訊可以影響教學目標的選擇和發展、教學策略的安排，並且找出引起學生學習動機的活動類型，以及使用的媒體形式和教學方法。因此，盡可能透過各種調查，蒐集上述因素的資料，作為教學設計的參考。

　　不論是透過前測或是訪談、問卷調查所獲得的資料，都要將結果予以摘要和記錄，作為後續設計教學活動的重要參考。記錄時，可以將調查的項目、資料來源，以及學習者的特性（結果）用表格的方式呈現，如表 9-1。

表 9-1　學習數學之學習者分析資料的記錄方式

項目	資料來源	學習者特性描述
1. 起點行為	前測	·90% 學生能數數到 50
2. 先備知識	前測	·90% 學生做過 10 以內數的合成，但是沒有解題的經驗
3. 對內容態度	問卷	·大部分學生表示害怕數學
4. 對教學方式	問卷	·大部分學生喜歡數學的操作活動
5. 對數學的動機	問卷	·大部分學生表示數學是很重要的學科
6. 對學習喜好	問卷	·大部分學生表示喜歡小組式的學習
7. 班級整體特性	觀察	·數學能力差異性不大 ·喜愛活動式的學習 ·對小組的競爭有信心

　　將調查的資料作成摘要來記錄是一件很重要的工作，藉由摘要的過程，教師可以具體的掌握學生的特性，不可將自己的刻板印象套在學生身上，或是認為自己已經教了許多年，就根據自己的經驗，把學生都看做是如出一轍的學習者，而忽略了他們所具備的特性。

　　此外，學習者的分析除了上述的特性需要澄清外，還要針對與學習者有關的脈絡進行分析。脈絡分析分成兩大部分：(1) 表現環境的

脈絡分析（context analysis of performance setting），以及 (2) 學習環境的脈絡分析（context analysis of learning setting）。

第二節　表現環境的脈絡分析

　　設計教學時，能力是在哪一種環境中可以表現出來，是一個非常重要的考量，亦即，當學生表現目標時，他所處的環境中，是否具備其所需要的設備與設施呢？例如：我們要學生表現投籃的技巧，那麼學校至少要有籃球場和一個籃球架可以讓學生表現，或是當學生表現在地圖上找到學校的所在區域、座標及方位時，他們是否能夠隨手可得一份地圖。當學生表現某項樂器的吹奏技巧時，是自己準備一項樂器，還是需要學校提供其樂器。表現目標所需要的設備或設施，就是表現環境的脈絡所要考慮的要素。換句話說，教學必須提供能夠滿足學習者在表現能力時的環境需求。

　　一般而言，在課程中所學習的知識和能力，可以在學校或教室的環境中百分之百的表現出來，亦即，學校提供表現的環境脈絡大都依照教科書裡的情境提供相關的設備、設施、工具，以及其他的資源。但是，也要考慮這些設備和設施，是否和學校以外的環境中一致？如果，除了學校以外，這些設備和設施都沒有在其他任何場域出現或被使用，就代表了學校教育和社會的脫節，而這正是學校教育被批評最多的地方。所以，在設計教學時，應該要對學生表現脈絡（performance context）加以考慮，以便讓學習的情境更符合真實的社會情況。如果所學習的能力可以應用在真實的情境裡，學生必定會增強其學習動機，而且能感受到學習和生活的關聯性，當然也加速了學習的遷移（learning transfer）。因此，評估學習環境的物理條件是否有利於學生表現能力，是很重要的任務。設備、工具、設施或是其他資源的提供，是否足以讓學生可以學習或練習？它們是否具有足夠的新穎性？這些都是在表現脈絡（performance context）分析中，重要的元素。

　　除了環境脈絡外，社會脈絡（social context）也是考慮的元素。學習者需要以單獨的方式表現，還是以小組的方式表現？學習者需要自行獨立的表現嗎？還是要在其他人面前表現？

　　表現環境的脈絡資料必須在教學分析時一併考慮，經過調查所獲得的資料必須能夠描述學生在表現目標時，學校是否能夠提供足夠有利的條件，讓學生表現能力？一般而言，能力表現的環境對教學設計產生重要的影響，例如：學校沒有游泳池的設施，但是教育部要求國小學生畢業前要有游 50 公尺的能力。此時，教學設計顯然必須考慮其他替代的環境因素，例如：向民間的業者租用游泳池場地，或是協調附近其他學校共同使用游泳池設備，讓學生可以充分的表現他所學的技能。這樣的作法，是符合教學設計中一項重要的觀念，那就是學校對於目標的教學，必須盡力提供學習的資源，不能因為沒有設備或人員，就不提供學生學習的機會。

　　對於表現環境的脈絡分析結果，可以利用表 9-2 的範例表格予以記錄。

表 9-2　表現環境脈絡分析之範例表格

資料類型	資料來源	表現環境特徵
物理條件	訪談： 觀察：	設備： 資源： 設施： 時間：
社會性	訪談： 觀察：	獨立： 小組： 表現方式：
技能的相關性	訪談： 觀察：	符合的需求： 目前的運用： 未來的運用：

資料來源：修改自 *The systematic design of instruction*, by W. Dick, L. Carey, & J. O. Carey (2009). p. 101.

第三節　學習環境的脈絡分析

　　學習環境的理想狀況和現況，永遠是有差距的。Dick 和 Carey（1996）建議必須對下列的脈絡作分析，才能將兩者的距離拉近：（pp. 94-95）

（一）教學環境與教學規定的一致性

　　教學環境中是否有教學目標所規定的工具，或是其他支持性的教具。因為在釐清目標的步驟中，已經提到要考慮學生在表現目標時，是否需要用這些工具或是教具？例如：學生能用教具以合成的方式作加法。在此目標的敘述當中，可以看到學生在學習這樣的能力時，必須要有教具給學生操作練習，最後才能表現目標的能力。這些教具可能是花片，也可能是小立方體，總之，一定要有教具才能學習該項能力。

（二）教學環境與真實世界之間的相容性

　　將學習環境模仿成真實的世界，是學習脈絡中極為重要的工作任務。例如：學校的音樂教室設計成類似小型的音樂廳，其中有小舞臺、簡單的音響設備，以及觀眾席位等。當學生在這樣環境中學習合唱或是樂器演奏時，是否會比在教室內，坐在自己的位置上吹奏樂器來得更起勁、更真實呢？這幾年我走訪許多偏鄉地區的學校，發現他們比都市的學校在這一方面做得更好。在南投縣中寮鄉（所謂的教育優先區）的一所國中，在該校的繪畫教室中，每位學生配有一個畫架，整間教室內利用吊掛的普通燈泡營造出畫廊的感覺，沒有豪華的燈光設備，但學校依然用克難的方式去營造類似專業畫室的環境，提供學生作品公開展示的機會。學生在這樣的環境中學習，自然會感受到環境氛圍的影響，進而促進其對學習的投入。因此，如何讓學習環境相容於真實的環境脈絡是教學設計中非常重要的一環。

（三）教學傳播方式的相容性

從目標的敘述中，可以察覺其「應該」具備的表現脈絡，這些脈絡同時也是學習的脈絡。但是有時候，學校會因為原來的環境設備限制了教學傳播的方式。我們經常會看到的場景是書法課裡，教師經常把九宮格的稿紙貼在黑板上，然後轉過身寫書法。教師努力的一邊寫、一邊講解，但是，學生還是只能遠遠的看到教師的背影。如果，教室中沒有電腦或是單槍放映機，就要考慮以小組的方式進行學習。換句話說，就是以小組輪流的方式，近距離看教師的示範，作為教學的方式。但是，如果教室有電腦和放映機的設備，那麼教學的方式就可以用自拍的影片進行示範與講解。所以，教學傳播的方式在進行教學設計時，必須予以適當的分析後，再作調整。

總而言之，瞭解學校或教室內的設備情況，以及學生在學習與表現目標時需要的脈絡和資源，是教學分析中必須考慮的問題。更重要的是，當環境缺乏適當的條件時，雖然對教學及學習會造成限制，但是，如何從現有的環境現況，調整成為對學習者有利的學習或表現的脈絡，是設計教學時必須努力的方向。另外，教學傳播的方式也是在脈絡分析中重要的元素，由於它是直接影響教學的效果，因此，在教學設計時，特別是在教學策略的步驟中，也必須加以考慮。

教師必須把上述的脈絡加以分析後，將其結果記錄於表格中，如表 9-3。

表 9-3　學習環境脈絡分析之範例表格

資料類型	資料來源	學習環境特徵
環境與教學需求的相容性	訪談： 現場觀察： 觀察：	教學策略： 傳播方式： 時間： 人員： 其他：

表 9-3　學習環境脈絡分析之範例表格（續）

資料類型	資料來源	學習環境特徵
環境與學習者需求的相容性	訪談： 現場觀察： 觀察：	地點： 便利性： 空間： 設備： 其他：
模仿真實情境的可行性	訪談： 現場觀察： 觀察：	物理特徵： 社會性特徵： 其他：

資料來源：修改自 *The systematic design of instruction*, by W. Dick, L. Carey & J. O. Carey (2009). p. 101.

　　學習者的特性分析是學習者分析的首要工作，表現脈絡或是環境，以及學習脈絡分析則是其次的工作。找出這些脈絡中對學習的限制或是相容性，讓教學的環境盡量趨近於表現目標的真實情境是整個學習者分析的重要目的。不論是全班級或是小組的教學，瞭解學生一般性的學術性或社會性的特徵，例如：起點能力、先備能力、動機等，有助於對目標的深度或是廣度作決定，對活動的計畫、資源的需求或是其他重要的考量，以及對教學計畫的設計也會產生重大的影響。

第十章

撰寫表現目標

　　如果沒有對課程目標進行教學分析與學習者分析，那麼要求教師從課程目標中產出教學的目標，實在是一件很困難的事。雖然表面上教師可以掌握編寫目標的格式與內涵，但是當其缺乏編寫目標正確的概念與知識時，就無法產出專業而有效的教學目標。因此，常常有教師為了要編寫目標，把原本應該要從課程目標產出教學目標的這個過程，翻轉成從課本的單元或主題中來產出教學的目標，然後再把課程目標套入作對應。因為有教材或單元，這樣編寫教學目標的過程比較容易，而許多教師也認為這樣編寫課程目標成為教學目標是正確的方式（因為過去也都是這樣寫的）。然而，用這種方式所編寫的教學目標仍然是以教科書的內容或主題為基礎所產出的，它和從課程目標轉化而來的教學目標，兩者之間存在著相當大的差異。

　　然而，編寫完教學目標，專家們會告訴你，把它們融入到你的教學裡，課程目標的教學就完成了。但是，實際的情況是，許多教師在研習會中，學會了寫教學目標，或者學會了轉換課程目標為教學目標的方法，隨著會議或課程結束後，這些寫完了之後的教學目標，卻還是擱在抽屜裡或是檔案中，完全沒發揮作用。換句話說，這些辛苦轉化的目標對教學設計的過程，完全沒有發生任何的影響與作用。那麼，如何從課程目標中產出教學目標？課程目標轉化的依據是什麼？寫完教學目標，其後續的工作或任務又是什麼？這些轉化的教學目標和教科書之間要如何平衡呢？這些問題一直困擾著教師。

　　Mager（1997）將教學目標（instructional objective）定義為「一群字詞和／或是圖像和圖示，用來讓他人知道什麼是你想要學生達成的。」（p. 3）依照 Mager 的觀點，教學目標具有三項特徵：

1. 教學目標與想要的成果有關,而不是和達成成果的歷程有關。
2. 教學目標是具體的,而且是可以測量的,不是廣泛的和模糊不清的。
3. 教學目標關注的是學生,而不是教師。

　　目標是一種工具,用來說明學生在學習完成以後的改變,這些改變必須符合教學設計所設定的方向。有了明確的目標,教學者就可以運用其智慧、創造力、經驗,以及聰明才智去設計教學的活動。換句話說,有了教學目標、教學的過程或是活動,就可以無限的變化,只要是有助於學生能達成教學目標的,就是好的教學。因此,不必拘泥所有的教師在同一堂課、同一個時間進行同樣的活動。就像是打籃球,控球的球員可以因時因地,自行決定當時最佳的隊形和進攻的策略,只要他們的目標都是針對如何在比賽中獲得高分就可以了。有清楚的教學目標,教師就可以針對自己學生的特質進行最適當的教學與活動。

　　除此之外,教學目標還有許多重要性,例如:教學目標提供選擇教材的基礎,就像外科醫師一樣,他不會先選擇手術的工具,除非他知道要完成的是身體哪一個部分的手術。同樣的,教師應該先具體而清楚的瞭解教學目標,才能選擇適當的教科書或教材。

　　目標對教學的效率也有影響,例如:學生對表現某一些目標的能力,有可能不是因為缺乏相關的知識而表現不佳,而是沒有足夠的練習或是設備。因此,教導學生已經會的知識顯然是多餘的。在此種情形下,多提供一些練習,或是多提供一些設備、空間,反而有可能讓學生表現得更好。然而,可評量的(measurable)教學目標就是找出學生能夠做的,以及學生知道怎麼做之間差異的最好工具。

　　目標除了作為教學活動的準則以外,更可以作為測驗設計的原則。有了清楚的教學目標,對於選擇評量的方式是很重要的。敘述不清楚的教學目標讓教師與學生無法確定要評量的重點是什麼,這種情況下,學生常常會感到評量與課堂的學習活動沒有太大的關係,

同時，也感受到評量是不公平的、無益的，沒有測量到真正重要的能力。因此，總結的說，好的教學目標應該具備下列的功能：

1. 目標提供選擇教材的基礎。
2. 目標提供教師發揮創造力與智慧的空間。
3. 目標評量教學的結果。
4. 目標指引學生努力的方向。
5. 目標是實現教學效率的基礎。

所以，目標對教學和學習或者教師和學生，各具有其特殊的意義，為了達成上述的功能，目標應該具有下列這些特質，才能算是有用的目標：（Mager, 1997, p. 51）

1. 表現（performance）：描述學習者要「做」什麼。
2. 情境（conditions）：描述在什麼情境下，發生期望的表現。
3. 標準（criterion）：描述必須達到或優於能力的層次，諸如：速度、正確性與品質。

在文獻中，很多時候把「行為目標」（behavior objective）和「表現目標」（performance objective）、「學習目標」（learning objective），以及「教學目標」（instructional objective）等視為平行交互使用的名詞。這些目標的語詞，不論怎麼稱呼都有一個共同點，那就是描述「學習者」要學習的知識、技能或是態度，並不是描述「教學者」的行為。

Mager 於 1975 年在他的著作 *Preparing Instructional Objectives*（《準備教學目標》）中第一次使用「行為目標」（behavior objective），作為強調學生能做什麼的用語（Mager, 1997, p. 51）。當時就有許多學者非常反對，以至於後來延伸出其他替代的用語，如：表現目標、學習目標、教學目標等。Gagné（1988）則是將表

現目標（performance objective）定義為「對具有可觀察到行為的能力，作精簡的敘述。」（p. 121）另外，最能對前述各種目標提供清楚定義的莫過於 Dick、Carey 和 Carey。2001 年他們在其著作 *The Systematic Design of Instruction*（《系統化教學設計》）將教學目標（instructional goal）、表現目標（performance objective），以及終點目標（terminal objective）作了清楚的區分（p. 113）。他們認為教學目標（instructional goal）是描述學習者在完成一系列教材之後，能在「真實世界」裡，「做什麼」；意即，學生是在學習情境以外的地方（通常是課堂或學校以外的地方）運用所學的知識和能力。當「教學目標」轉化成「表現目標」時，就被稱為「終點目標」（terminal objective）。它描述的是學習者完成一整個單位（unit）教材的學習後，在「課堂」上能做什麼。「終點目標」的情境，是建立在學習的情境中（通常指課堂或學校，以及模擬的情境裡），並不是真實的世界。因此，「表現目標」描述的是在教學與學習的環境脈絡裡，學習者學完教學（instruction）後能做什麼。

　　「教學目標」（instructional goal）是指在真實的脈絡中，學生能夠表現的目標；而「表現目標」（performance objective）則是指學生在學習的脈絡中，能夠表現的目標。最常見的教學目標的描述如：「在生活情境中，能解決加減的問題」，但是真正在教學的情況中，大都無法在「真正的生活情境中」進行教學，所以要將「教學目標」轉換為「終點目標」（terminal objective），以便能在教室或其他模擬的環境中進行教學。所以，前述的目標就可能改為「在活動中解決加減的問題」。Mager 也強調「教學目標」和「終點目標」的脈絡，如果能夠彼此接近，未來能形成「學習遷移」的可能性就愈高。為了將來能在真正的生活情境中應用，因此「終點目標」就以「表現目標」的方式敘述，是為了「學習遷移」所做的準備。是故，「表現目標」必須指出學生要表現的「能力」，這也是它一再強調的重點。

　　撰寫「表現目標」（performance objective）被視為教學設計歷程中，最具代表性的任務之一。然而，「表現目標」，在國內

比較少用這樣的語詞來形容目標，但是它的同義詞「行為目標」（behavior objective）卻是經常出現於教育的書籍或文獻中（Gagné, 1988, p. 121）。因此，在本書中不論是用「行為目標」（behavior objective）或「表現目標」（performance objective），都是同樣的意思，都是描述學生在學完教材後，能「做什麼」。

至於，哪些目標必須以「表現目標」來敘述呢？Dick、Carey 和 Carey（2009）指出在教學設計的過程中所產生的能力，都要以「表現目標」的形式撰寫。所以，不論是採用語文資料的叢集分析、智識能力的階層分析、動作技能的過程分析，以及態度的混合式分析，其分析後所產生的結果，都應該以「表現目標」的形式敘述，甚至對於包括原本不在教學範圍裡的起點能力（entry skills），有時候也要寫成「表現目標」，如此一來，它就可以作為前測測驗題目的基礎，確定學習者在學習之前，是真的具有課程和教學所要求的先備能力。

至於要不要在教學過程中告訴學生要達成的目標，有研究指出開始教學時，告訴學生目標是什麼，對學生的學習結果是有正面而顯著的影響，但是也有研究顯示是沒有顯著影響。Dick、Carey 與 Carey（2009）在檢視了許多相關的研究後，總結指出，在教學前提供學生有關要達成的目標，對學生的學習成就是具有些微而正面的影響（p. 112）。雖然如此，由於目標是教師在設計教學許多活動的基礎，在教學設計的過程中，它影響了許多教學設計的決定。因此，要如何編寫出有用的目標則是下一個要解決的問題。

第一節 表現目標的組成及格式

在許多目標（包括能力指標、學習表現目標等）的敘述中，會看到，例如：「在生活中，能解決……」這樣的敘述，Mager 把它稱為「教學目標」（instructional objective）。它所敘述的是在「真實的生活情境」中，學生能表現什麼樣的能力。但是，「真實的生活情境」在教學中通常是不可得的，反而在學校或課堂上提供「模

擬」真實的生活情境中的問題，讓學生學習解決問題，或許是可行的替代方式。因此，在實際的教室教學中，就要將「教學目標」轉換為「終點目標」（terminal objective），以便能在學校或課堂的脈絡中實施。而這個「教學目標」的轉化方式，就是將它以「表現目標」（performance objective）的方式敘述，意即，在完成某一個單元或指標的教學時，學生能在學校或教室環境中表現什麼能力。那麼，要如何將「終點目標」所敘述的能力，在生活情境中作應用，這就是「學習遷移」的主要任務。Mager（1975）建議在教學的歷程中，教師應該要設計一些活動或情境，讓學生有遷移學習的機會。真實的例子：將教室設計成一個超市，讓學生模仿購物的行為，進行數學加、減、使用錢幣的活動；或是將音樂教室設計成表演場，有舞臺、燈光、音響及觀眾席，可以進行一次「模擬的」音樂展演活動，讓學生可以親身經歷一下。這些都是利用模仿的情境，讓學生可以進行能力的表現。如果教師可以重視學習的遷移，那麼這些活動都算是在接近於真實的環境內進行遷移的練習，換句話說，在學校或課堂中練習學習的遷移，才有可能在「真實的生活情境」中應用所學，才有可能達到真正的「教學目標」。

一 撰寫表現目標的方式

在教學分析的過程中，每一個「表現目標」要如何描述，Mager（1997）認為有三個主要的元素，必須包含在其目標敘述當中：（pp. 51-82）

（一）描述教學分析所指出的能力（skills）

描述學習者能做（do）什麼，這個元素包含動作。例如：「學生能用合成的方式做加法」，「做加法」就是學生要做的表現。對於表現目標，例如：「說出家庭遷徙的原因」，「說出」亦是學生要做的動作。因此，表現目標就是要非常清楚的描述學生要用什麼方式，來表現他的能力。

　　雖然表現目標的形成是依據教學分析而來，但是難免有時候還是會碰到一些不適當的動詞，專家建議對於這些動詞還是要以清楚的「動作」代替之。例如：「知道」，雖然它通常指的是語文資料、「瞭解」指的是智識能力，以及「欣賞」指的是態度，但是在轉換為「動作」的用語時，不妨問自己：「我能看見學生在做這樣的動作嗎？」如果無法看見它們，就進一步去思考到底要看到學生做什麼，才能確定他們是知道、瞭解，甚至是欣賞了。

　　目標敘述中的動詞，固然來自教學分析裡的動詞，但是仍然必須避免使用一些沒有明顯動作的動詞，例如：知道、學會、回憶等。最好，教師要問自己：「我能不能看到學生這樣做？」、「知道」不如「說出」更能看到學生的動作、「學會」不如「算出」來得具體。

（二）描述讓學習者表現任務時需要的情境（conditions）

　　學習者在表現目標時，是否可以使用工具，例如：「他能夠在地圖上畫出家庭遷徙的路線」。「地圖」是學生在表現這個能力的情境中要必備的工具。另外，目標為「用教具以合成的方式做加法」，其中「教具」是學生在表現目標時要用的工具。

　　在表現目標內加注情境，有時可以作為學生在回憶資料的線索（clues）。常見的例子是：「給定勾股定律的公式，學生可以算出座標上任何一條斜線的長度。」那麼，從目標的敘述當中，可想而知的是，當評量這樣的目標時，教師會先給學生勾股定律的公式，然後學生只要依照提供的公式去計算斜線的長度。這樣的情境是有助於學生搜尋記憶的線索。同樣的，「給定植物的圖片，學生可以說出植物的構造」，這些提供的「圖片」就是有意義的線索。

　　另一種常見的情境是無法作為學生回憶的線索的目標，例如：「從回憶中，寫出勾股定律的公式。」但是，這種例子卻常常在教學的過程中遇見，沒有提供線索的回憶是加重學生對認知的負荷，會消耗他們大量的精力與能量去回憶，會導致學生對學習感到疲累與厭倦，應該盡量避免。

（三）描述用來評量學習者表現的標準（criteria）

　　這個標準通常陳述的是對學生表現的容忍度，包括限制、範圍、可接受的答案或反映。例如：目標敘述中「在水深 2 公尺的游泳池內，學生能用蛙式游完 50 公尺」，此時「游完 50 公尺」敘述目標的範圍，「蛙式」說明游泳的形式，是達成該目標的一種標準。所謂表現的標準，是指學生表現的可接受性與範圍。

　　另外，表現的目標常與精熟的程度混淆。例如：「給學生 10 題加法題目，學生能答對 80% 的題目」，這個「80%」並不是目標的標準，它是指目標精熟的程度，會這樣寫是因為教師已經發展好測驗題目，期望在測驗中，學生有這樣的精熟，並不是目標的標準。

　　再看另一個例子，「給學生草本植物的定義，學生能說出至少三種植物的名稱」，其中「至少三種」即是目標的標準。這樣的標準也限制了目標的複雜性，因此學生不必說十種，只說三種即可。

　　「表現目標」是要描述學習者的「能力」，也就是學習者學完後能「做什麼」。因此「表現目標」所使用的動詞，Mager（1997）主張必須是「具體行為」的動詞。因為目標使用具體行為的動詞，才能讓教師作出好的教學決定。換句話說，教師在進行評量的時候，必須能「看到」學生做了目標所要求的動作行為，這些動作行為就是目標裡要使用的「動詞」。為了分辨哪些動詞是具有這種特徵，請勾選「✓」出下列的目標敘述句中何者使用具體的行為動詞：

目標敘述	使用具體的行為動詞
理解四則運算的邏輯	
知道氣候變遷的影響	
換算公里和公分	
分享旅遊的經驗	
說出臺灣五大地形	
體會健康的重要性	
用圓規畫出半徑 3 公分的圓	

答案見附錄二：A

　　「教學目標」除了用於「真實世界」的目標描述外，更重要的是，它是針對學生而編製，並非是針對教師的教學。如果針對教師的教學，在理論上是使用「行政目標」（administrative objective）一詞來描述的。除了目標所使用的動詞，目標是否描述「學習者」也是表現目標所要求的標準。為了分辨下列哪些目標是符合這項標準的目標，請勾選「✓」出哪些目標是描述學習者的目標：

目標敘述	描述學習者的目標
安排參觀自來水廠的行程	
畫出直角三角形	
讓學生介紹鹿港的景點	
說明本課的主旨	
使學生體會農家的辛苦	
說出本課的大意	

答案見附錄二：B

　　Mager（1997）指出另一個編製「表現目標」時常見的錯誤，即目標描述的是「教學過程」而非「教學結果」。請於下列表格，勾選「✓」出哪些目標是描述教學結果：

目標敘述	描述教學結果
閱讀本課課文	
說出課文的大意	
能聆聽「快樂頌」樂曲	
能用蠟筆畫出自己的肖像	
找出三首李白的詩	

答案見附錄二：C

如果你能答對以上的選項，就表示你能夠分辨目標中所要求的「動作」、「目標對象」、「目標結果」。所以，一個好的「表現目標」必須遵守三個元素的設計原則。

Mager（1997）指出在目標敘述時，還包含另一個重要的元素——「情境」。把「情境」列在目標中，是為了向學習者溝通會在什麼樣的情況下被評量。只要向學習者描述會影響表現的情況，意即告訴學習者評量時擁有什麼工具或資源來表現，以及在什麼特殊狀況下（提供輔助工具或限制條件下）必須作出表現。以下是一些範例：

1. 使用量角器，選出銳角三角形。
2. 給予臺灣地圖，列出六大直轄市（六都）的名稱。
3. 給予華氏與攝氏換算的公式，算出題目中的溫度。
4. 給予主旨的定義，寫出一篇寓言故事的主旨。

對於編寫目標，除了必須符合上述元素的原則之外，還有經常被省略或是誤解的元素——標準（criterion）。所謂的「標準」是指表現的「品質」（quality），而不是期待學生要做的是什麼（what）。表現的品質是要求學生的表現行為本身要做到「多好」的程度，意即對「表現」本身具有的影響或限制的因素。目標的「標準」，通常是針對限制表現的「速度」、「正確性」而提出的。有了這樣對「標準」的定義之後，教師和學生就容易用這樣的「標準」評量，而不至於有所誤解。請勾選「✓」出下列哪些目標敘述是有這樣的表現標準：

目標敘述	表現標準
給 10 題除法計算題，學生能答對 80% 的題目。	
學生在 3 分鐘內至少能投中 10 個中的 8 個籃板球。	
提供主旨的定義，學生能寫出一篇不超過 20 個字的故事主旨。	
學生能依照給予的說明書，組合成三個樂高機械人。	

答案見附錄二：D

學習者在表現目標時，其動作的正確性（accuracy）和速度（speed）是很重要的，此時就需要加上一些標準，以免引起爭議或誤會。許多人會誤以為當目標中有百分比的數值或量，就是「標準」，從以上的例子，可以發現這樣的謬誤。所以，「標準」是針對行為動作本身的限制或是正確性所提出的。例如：上述範例「提供主旨的定義，學生能寫出一篇寓言故事的主旨。」如果沒有加上「限制」，有可能讓學生誤以為只要寫出主旨就可以了。殊不知，主旨應該是要「言簡意賅」不宜冗長，此時，不妨加上字數的限制作為評量的標準。所以將目標改為：

> 給予主旨的定義，寫出一篇不超過 20 個字的故事主旨。

「不超過 20 個字」，就是將寫主旨的「行為」限制在這個「標準」內。當學生注意到目標的限制時，就容易掌握目標達成的標準，對於溝通學生的表現及評量有莫大的助益。至於，表現目標的動作標準，如果時間或速度不是重要的表現要求，也是可以省略。

雖然表現目標強調，要以學生為對象、以具體動作表現、提供學習和評量的情境、列出動作標準等重點，不過，學者 Kemp（1985）認為表現目標的撰寫，至少要包含二個必要的元素：（pp. 38-39）

1. 表現的動作（動詞）。
2. 表現的結果。

至於，情境（conditions）、標準（standards）則可在溝通時視情況予以省略。但是，不變的是表現目標或是教學目標都必須以描述「學生」為唯一的對象。

Kemp 提及目標的敘述中情境和標準是可以省略，只要溝通時能說清楚即可。Mager 和 Kemp 對於目標的寫法，意見上大致相同，都是贊同目標的對象是學習者、行為動作必須具體、評量顯示行為動作

的結果、評量的情境要預告、行為表現標準要列出，這些目標敘述中的元素和要求都是產出好的目標所應該要有的條件，而這些條件也正是撰寫表現目標所遵從的原則。

二 撰寫教學分析的表現目標

除了上述對於表現目標的撰寫元素以外，它還必須依據教學分析的結果來產出。換句話說，目標必須直接從教學分析而來，不僅是主要的目標，也包括其先備的下屬目標（subordinate objectives）。唯有如此，編寫目標的工作才能變得完整與清楚。

每一個教學目標，按照教學分析的結果，都要將每一個分析的「能力」以表現目標的方式編寫成目標。當「教學目標」（instructional objective）以表現目標（performance objective）方式撰寫時，就稱為「終點目標」（terminal objective），是教學的主要目標；對於達成「終點目標」所需要學習的先備能力，就稱為「下屬能力」（subordinate skills）。當「下屬能力」以表現目標的方式撰寫時，即稱為「下屬目標」（subordinate objective）。可以說，「終點目標」和「下屬目標」都是以表現目標的寫法作為標準的格式。然而，要撰寫表現目標，Gagné 建議先決定目標是屬於哪一種類型的成果（outcomes），然後再針對每一種成果撰寫表現目標。以下先就各個學習成果說明之：

（一）語文資料目標

語文資料是指以語言的方式表達資訊（名稱、事實、命題），也稱為「說明的知識」（declarative knowledge），意指一個人具有說明記憶在腦海中，經常使用語彙的能力（Gagné, 1988, p. 130）。例如：臺灣的五大地形，或是四季的名稱等，都是屬於這類型的學習成果（learning outcomes）。下列的範例中，該項的目標情境是評量的時候，教師或測驗卷上會提供「人體結構圖」這樣的輔助工具，讓學生在有圖示的情境下，將背誦的器官名稱說出（寫出）。雖然目標的

表現還是以「記憶」為主，但是提供一些「線索」對於學生而言還是有利的。如果，沒有提供這些情境，這樣的目標會因為缺乏搜索記憶的線索（clues），變成要硬背這些答案，無形當中就會增加學生的認知負擔（cognitive loading），容易讓他們產生學習疲勞、厭倦等情緒，這是值得教師注意的。因此，目標將「情境」說明清楚，並且告知學生完整的目標，學生即刻知道要如何準備評量，而不是用猜測的方式，胡亂的準備，對評量產生恐懼。

（二）智識能力目標

1. 分辨（discrimination）

　　分辨是指學習者用感官（如：看、聽、聞、觸摸等）來分辨不同的刺激是否相同，還是相異的能力。「指出」是此學習階層中，最常用的動詞。為了減輕學生認知的負荷，在評量此項目標時，教師提供「植物的圖片」，作為回憶的線索，學生在有圖片的情境下搜尋記憶，加以分辨。所以，提供適當的情境是可以幫助學生搜索記憶的。因此，撰寫的方式如下：

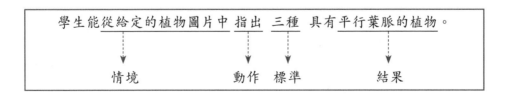

2. 具體概念（concrete concept）

　　具體概念是指學習者必須能用「感官」（如：視覺、觸覺、味覺、聽覺等）找出屬於某一類物體的能力。例如：問學生「什麼是三

角形？」請其描述三角形的特徵。如果學生能說出來三角形的細節或特徵，那麼我們可以說他知道這個概念。或者，讓學生在一堆圖形當中「指出哪個是三角形」，或許他無法去描述這樣的概念，但是卻能辨認出來，也可以代表學生是具有三角形的概念。這些表現方式都是可以被視為具有三角形的概念。因此，在寫這類的目標時，就可以寫成：

3.定義概念（defined concept）

定義概念所指的是分類物體或事項的能力，而其分類的原則是屬於事物抽象定義的部分，而且是無法用「感官」直接辨認的事物。因此，在寫這類的目標時，就可以寫成：

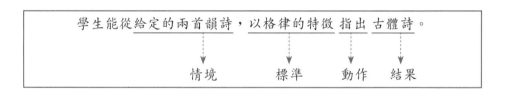

4.原則（rule）

原則是指運用兩個或兩個以上的概念時，可以歸納找出其關係的能力。以下面的目標敘述為例，在此目標中，學習者必須具備什麼是「四邊形」的概念與面積算法，也要有什麼是「三角形」與「圖形切割」的概念，才能夠透過操作四邊形的圖片，進而「發現」三角形與四邊形面積的關係，進而形成三角形面積計算的「原則」。因此，這類的目標寫法分析為：

給予四邊形的圖片，學生能說出 三角形面積計算的原則。

情境　　　　　動作　　　　　結果

5.解決問題（problem solving）

R. M. Gagné（1985）把解決問題定義成「學習者選擇及運用原則，在新的情境中找到解決的方法。」（p. 178）學生在解決問題的過程中，就可以習得高層次（higher-order）的原則。這項高層次原則是綜合其他的原則及概念，可以讓學生解決其他形式的問題。在下面的例子當中，學生必須選擇適當的教學方法。設計能力指標的教學計畫，意指學生在許多的教學理論中，選擇一個較佳的理論來解決問題，但是卻不限定是哪一項理論。因此，這樣的目標是屬於「定義不完全」（ill-defined）的目標；換言之，在評量的時候就不只一種可能的解決辦法。然而，目標敘述當中「完整的」也是屬於定義不完全的標準，它可能意謂著有許多不同的層面。在這種情形下，學生所寫的「教學計畫」可能依其所選的教學理論，而有不同的「完整性」意義，因此，在評量的時候通常就會以「規準評量」（rubric evaluation）作為工具，進行對學生作品的評鑑。

但是，如果目標改為：「學生能以系統化教學模式 設計出 社會領域能力指標之教學計畫」，那麼僅能說，它只是運用「系統化教學模式」的原則而已，不宜稱為解決問題。

學生能將給定的能力指標以適當的教學理論 編寫 完整的 教學計畫。

情境　　　　標準　　　　動作　標準　結果

（三）態度目標

　　態度目標是評量學習者在未被告知的情境下，藉由觀察其所採取的行動，是否符合期望的表現。然而，態度目標在評量的時候，會面臨兩個很重要的挑戰，那就是「真實的場景」和「個人的隱私」。因為讓學生處在真實的環境中，就有很大的困難；而評量他們私底下的行為，有可能觸犯個人隱私的問題。因此，要評量學生在生活中是否符合表現的目標，其實是很大的困難，而妥協是經常被採取作為可能的解決之道。所以，在教學實務中，對態度目標的評量，大部分都以學習者一旦選擇某種決定時，他「知道」要採取何種的行動，作為評量的焦點。以下列態度目標為例，如果能在真實的速食店中，在沒有告知學生的狀況下，他們將會被觀察點餐的內容是否符合目標，將是一種最有效的評量。但是，事實上，我們可想而知的是，教師通常無法進行這樣的「現場評量」，因此，往往退而求其次，以發展相關的智識能力或語文資料的測驗去評量學生的態度，作為替代方案。所以，測驗題目可能就是讓學生選擇哪一樣食物會比較符合健康的原則，例如：選炸雞或漢堡、牛奶或可樂、薯條或沙拉。意思即一旦學生要遵守均衡健康飲食的原則時，憑藉著學到的知識，有機會在速食店中，選取可以替代的、健康一點的食物。這樣一來，評量時提供學生「速食店的點餐單」，也算是趨近於「真實世界」的評量。

（四）動作技能目標

　　有些行為必須用肌肉與骨骼協調而精準的動作，例如：體育或藝術表演方面的技能。下列動作技能目標的範例，指出評量游泳的能力是在水深 1.5 公尺的游泳池內進行，是以蛙式的方式游完 50 公尺，

時間的限制是 5 分鐘。這些目標敘述，很清楚的說明了平常上游泳課時，學生應該要努力的方向，以及要達到的目標。如果，平時的練習和評量都是在學校內的泳池的話，目標就可以直接描述「學生能在學校的泳池內，用蛙式 ……。」如果是租用校外的泳池，就要指定泳池的深度，因為深度不同，泳池的水壓會有所差異，評量時就會妨礙到學生正常的表現。有清楚的「情境」條件，學生平時自己練習時，就會特別注意泳池深度的問題，以免評量時因為嗆水而失常。

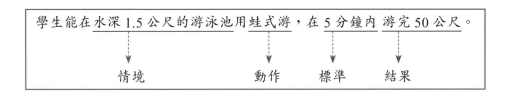

以上各類成果目標中，評量「表現目標」時，均要考慮情境的問題。最理想的狀況是學習情境和表現情境是一樣的。但是，居於現實的考量，兩者有可能是不一樣的，不過，應該極力避免在教學和評量時出現這樣的情形。

Dick、Carey 和 Carey 認為將「教學目標」（instructional objective）運用「表現目標」的方式編寫後，就稱為「終點目標」（terminal objective）；而「終點目標」所要先備的學習目標（可能跨越學習的階層），都稱為「下屬目標」（subordinate objective），這兩者的學習脈絡都是以學校、課堂為場域，所有學生的學習都在學校或課堂的情境中完成並加以評量。如果，要達到真正「教學目標」的成果，就需要教師在學校或課堂上設計「類真實的情境」，讓學生可以在模擬的情況下「遷移」學習。表現目標的撰寫形式，包含具體描述學生表現的情境、行為、內容或結果，以及標準，是編製測驗最重要的依據。

在進行「終點目標」後，也做了教學分析與學習者分析，之後須編寫各種下屬目標。整個歷程可以簡要的描述如下：

1. 將教學目標的內容釐清。
2. 將釐清後的教學目標轉化為終點目標。
3. 將終點目標進行教學分析。
4. 針對教學分析中的主要能力，以表現目標的方式撰寫下屬目標。
5. 針對主要能力的下屬（先備）能力，以表現目標的方式撰寫成為下屬目標。
6. 如果不是全部的學生都具備起點能力，就要針對起點能力撰寫起點目標。

第二節　撰寫教學分析的下屬目標

在教學分析中，除了由「教學目標」所轉化的目標稱為「終點目標」外，其餘依照在分析架構中的能力，所編寫的目標都稱為「下屬目標」。所謂「下屬目標」就如同先備能力，是學習上層能力的目標。如果，「終點目標」已經完成確認，並且進行教學分析與學習者分析，就可以依照教學分析圖示中的階層和範圍，以表現目標的方式分別撰寫目標。以下的範例，即是依照 Gagné 的學習成果類型所分析的結果，以表現目標的方式一一寫成下屬目標。

一 撰寫語文資料之下屬目標

撰寫語文資料的表現目標，是要根據教學分析而為之。在圖 10-1 的教學目標是設定為語文資料的學習成果類型，使用叢集分析（cluster analysis）的方法，獲得包含四個主要的知識叢集。運用表現目標的元素與要求，將此教學目標加以轉化為終點目標，以利教學之用。同時，將生活方式也依表現目標的要求，規劃出具體的內容與範圍。評量時也提供有關的圖片，讓學生可以搜尋線索。其轉化的終點目標和下屬目標，如表 10-1。

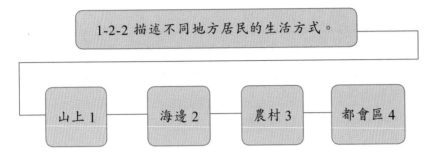

圖 10-1　語文資料之叢集分析圖

　　本範例中將原來的目標加入情境和標準，使得學生能從圖片的觀察中獲得線索，進而達成學習的目的。

| 教學目標 | 1-2-2 描述不同地方居民的生活方式。 |
| 終點目標 | 1-2-2 從提供的圖片中，說明四種地方居民食衣住行的特色。 |

　　根據上述的叢集分析結果，依照表現目標的寫法，將下屬的語文資料的目標表示如表 10-1。其中，左邊欄位的目標敘述是依照表現目標的方式將圖 10-1 叢集分析的結果作編製，而右邊欄位則是依照一般習慣的寫法表示目標。試著比較兩者的寫法，當教師宣告學習的目標時，就會發現如果目標是以表現目標的方式編寫，再加上「情境」和「標準」的話，學生可能更容易準備事後的評量，也更能夠明瞭自己要準備的是什麼！最重要的是，評量的時候將會有輔助的圖片，讓學生可以搜尋圖片裡的線索而不必死背！如此一來，對於評量的恐懼也會隨之減少。

表 10-1　表現目標和一般性目標

表現目標寫法	一般性目標寫法
學生從圖片中，至少說明四種地區居民的食衣住行的三個特色：	學生說明不同地方居民的生活方式：

表 10-1　表現目標和一般性目標（續）

表現目標寫法	一般性目標寫法
1.學生從給定的圖片中，說出山上居民的食衣住行的三個特色。	學生說出山上居民的生活方式。
2.學生從給定的圖片中，說出海邊居民的食衣住行的三個特色。	學生說出海邊居民的生活方式。
3.學生從給定的圖片中，說出農村居民的食衣住行的三個特色。	學生說出農村居民的生活方式。
4.學生從給定的圖片中，說出都會區居民的食衣住行的三個特色。	學生說出都會區居民的生活方式。

二 撰寫智識能力之下屬目標

　　撰寫智識能力的下屬目標，是要根據教學分析圖中的階層撰寫。雖然原則是每一項智識能力都要寫一項或一項以上的目標，但是也要同時考慮一個問題，那就是，如果教學目標中包含太多目標時，可能對於學習者產生溝通上的問題，以及學習者會缺乏信心完成這麼多的目標。因此，如果可以「統整」成較少的目標也是不錯可行的方式。但是，如果智識能力目標中尚包含有語文資料者，除了撰寫智識能力的表現目標外，應就語文資料另寫表現目標，因為這兩者是屬於不同的成果目標（見表 10-2）。

　　以數學為例，其原來的能力指標（細目 1-n-02）已經轉為圖 10-2 中之終點目標。針對圖 10-2 中之主要步驟（方塊 1 至 3），以及其下的下屬能力（方塊 1.1 至 1.3，以及方塊 2.1 至 2.3 等）均須編寫下屬目標，以便教學完成時可以進行目標之評量。在轉化教學分析時，注意要盡量將情境和標準列入表現目標中，以便未來作為評量的依據。目標敘述中，「用合成的方式」被視為目標的標準，「做對」、「正確的」亦是另一種目標的標準。此外，目標敘述中加注「給定的題目」則被視為情境，亦即，在評量該項目標時，教師會提

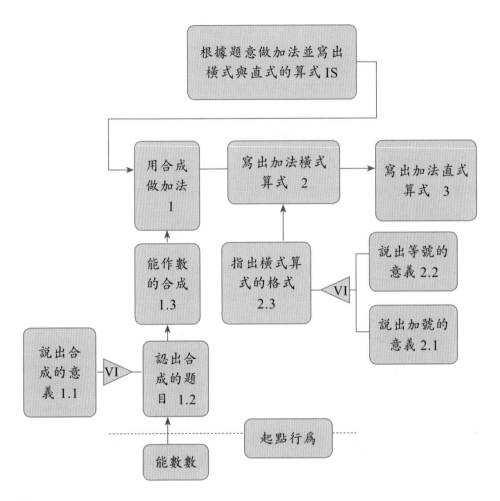

圖 10-2　智識能力之階層分析

供題目。

　　圖 10-2 的階層分析中方塊 1.1，以及方塊 2.1 和 2.2 均有 VI 的標示，代表這三個方塊的內涵是屬於「語文資料」的性質，而且隨著三角形的方向意謂著其學習的順序。例如：方塊 1.1 先於方塊 1.2；而方塊 2.1、2.2 先於方塊 2.3，這些順序的意義為語文資料的學習是先於智識能力，也就是說學習能力之前，必先對某些專有名詞或定義有所瞭解之後，才能夠學習進一步的「能力」。

表 10-2　智識能力與語文資料之表現目標與下屬目標

學生能用合成的方式做加法，並寫成橫式與直式的算式。
1 學生能對給定的題目用合成的方式做加法。
1.1 學生能從數合成活動中正確的說出加法的意義。
1.2 學生能用合成的方式做對加法。
1.3 學生能認出合成的題目。
2 學生能從合成的圖示中正確的寫出橫式的加法算式。
2.1 學生能正確的說出「＋」號的意義。
2.2 學生能正確的說出「＝」號的意義。
2.3 學生能正確的說出橫式之加法算式格式。

三 撰寫動作技能之下屬目標

　　由於動作技能目標均包含有語文資料或是智識能力，因此在撰寫動作技能成果之目標時，必須包含這些成果的下屬目標。同樣的，學生能夠打保齡球這樣的教學目標轉化為圖 10-3 中之「學生能於社區的球館打保齡球」，這樣的目標就會暗示學生未來的評量是在社區的球館環境中進行，如果學習的情境也是相同的話，那麼教師和學生都很確定教學和練習都應該要在社區的球館內。所以，社區球館的球道、長度與環境中的因素是在學習情境中要克服的變數。表 10-3 中的表現目標是以對應圖 10-3 的教學分析而編寫的。其中 1.1 和 1.2 所轉化的表現目標中，均加上對情境的描述，「提供不同磅數與材質的球」、「給予年齡與球重的公式」，以及「給予球路與球重的參考表」等。這些情境就代表了未來在評量學生的表現時，會提供給學生保齡球、公式和參考表等作為工具，進行評量。換句話說，學生不必在考試的時候要將這些公式背下來，只要在考試時會正確的運用這些提供的公式，作相關計算或選擇就可以了。

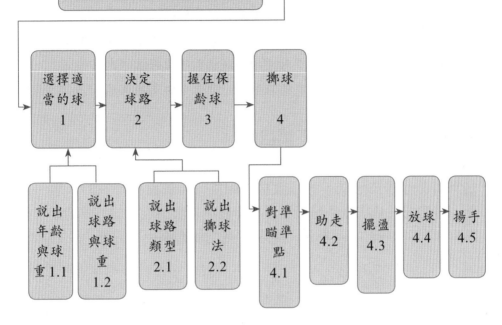

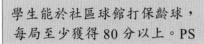

圖 10-3 動作技能目標之過程分析

表 10-3 動作技能目標之表現目標與下屬目標

學生能在社區球館打保齡球，至少每局獲得80分。
1. 提供不同磅數與材質的球，學生能正確的選出適當的保齡球。
1.1 學生可以從給定的保齡球與年齡的公式，算出適合的球磅數。
1.2 學生可以從給定的球路與球重的參考表中，選出適合的球。
2. 學生能正確的選出適當的球路。
2.1 學生可以從三張握球圖片中，指出球路的類型。
2.2 學生可以從三張擲球圖片中，說出其擲球法的名稱。
3. 選擇擲球法，學生能正確的握住保齡球。
4. 學生能按照選定的球路正確的擲球。
4.1 學生能根據擲球法，正確的對準瞄準點。

表 10-3　動作技能目標之表現目標與下屬目標（續）

學生能在社區球館打保齡球，至少每局獲得80分。
4.2 學生能根據擲球法，正確的計算起點開始助走。
4.3 學生能根據擲球法，在助走時將手臂正確的擺盪到身體後方。
4.4 學生能根據擲球法，在助走的終點能正確的將球擲出。
4.5 學生能根據擲球法，在擲球後將手臂正確的上揚收尾。

四　撰寫態度成果之下屬目標

　　發展態度成果的表現目標其實是比較複雜的，主要原因是態度是學習者的內在感受，無法直接由觀察的方式看到行為的表現。因此，態度成果基本上都是藉由語文資料或是智識能力的方式表示其行為的傾向。以圖 10-4 為例，說明態度之成果是由智識能力來表示其

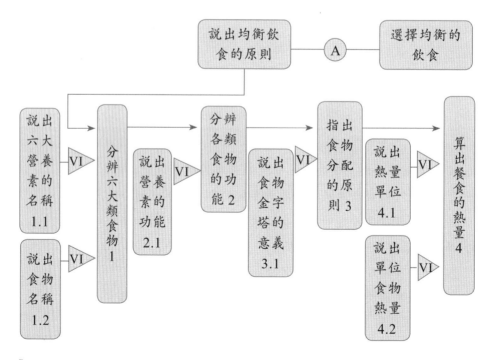

圖 10-4　態度目標之混合式分析

行為之傾向。因此表現的目標，就要由智識能力的表現目標來代表。從表現目標的情境中，可以看出學習的時候，學生必須對所謂的「均衡食物」的原則有所瞭解之後，才能進一步選擇去實施這樣的態度。所以，從情境可以看出學習的活動，以及學生要表現的動作。那麼，教學的意義是除了要教導「均衡飲食的原則」外，還要記得設計一個「統整的活動」，讓學生有機會去運用所學到的知識去「選擇」均衡的情境。

圖 10-4 中對於態度目標採用了「混合式」分析，從方塊 1、2、3、4 所表現的「能力」，以及方塊 1.1、1.2、2.1、3.1、4.1、4.2 的「下屬能力」就能知道學習「能力」之前，必須先學會這些「下屬能力」。而這些「下屬能力」在圖 10-4 中用三角形的 VI 引導，表示它們是屬於「語文資料」的性質。所以，先學習與目標有關的簡單事實，然後才學習有關的能力，在教學上應是合乎邏輯的順序。

在轉化圖 10-4 之教學分析裡的能力及其下屬能力時，就要將其加上情境與標準後，寫成下屬目標，如表 10-4。從下屬目標來看，這樣的目標經過分析，學生的學習表現一覽無遺，可以說已經跳脫知識層面的學習，進入到能力的表現。甚至，從這些表現目標也可以看出教學應該要進行的方式，可以說它們符合 Ornstein、Pajak 與 Ornstein（2007）對目標的要求，那就是一個好的目標可以顯示教學活動的寓意。

表 10-4　態度成果之表現目標與下屬目標

學生能從給定的速食店選餐單，選擇比較均衡的飲食。
1. 學生能根據給定的六大營養素表以及食物圖片，辨認出六大類食物。
1.1 從回憶中，學生能說出六大營養素的名稱。
1.2 學生能從給定的食物圖片，說出其名稱。
2. 學生能從給定的食物圖片，說出其對人體的功能。
2.1 學生能依照營養素的表格，說出其對人體的功能。

表 10-4 態度成果之表現目標與下屬目標（續）

學生能從給定的速食店選餐單，選擇比較均衡的飲食。
3. 學生可以從給定的選餐單中，算出餐食的熱量，其誤差值須在 ±10% 以內。
3.1 學生能從回憶中說出熱量的意義和單位。
3.2 學生能從給定的食物卡路里的表格和食物重量，算出餐食的熱量，其誤差值應在 ±10% 以內。

　　在態度的學習成果中，從上述分析的目標裡就可以發現要在生活中評量該項教學目標是極度的困難，但是透過轉化成表現目標時，再加上「情境」的設計和「標準」設定時，評量就可以更明確、更公平。

　　以上是從不同學習成果的目標，經過教學分析，示範轉化、編寫下屬目標的方式。每個教學目標經過適當的轉化為終點目標後，再行分析，確定其表現步驟及下屬能力。將這些步驟與下屬能力轉化為下屬目標，就能建構出教學的順序與內涵。換句話說，從教學目標所產出的表現目標（performance objective）或是行為目標（behavior objective），都必須依賴教學分析的結果。這些結果不但指出學習者要表現的能力，也指出與能力有關之學習階層（hierarchy of learning）中的知識與概念。如果，「能力」是代表個體能夠「做某件事」的話，那麼，當教學目標轉化成動作或步驟，就代表它必須以「能力」來呈現該目標，而目標之下的動作或步驟所必須先備的下屬能力是以 Gagné 的「事實」、「概念」、「原理原則」的階層逐步分析出來的，這些「學習階層」即是代表這些表現步驟所需要的「知識」。如此一來，當目標分析既包含「能力」和「知識」，然後又以語文資料、智識能力、態度、動作技能等不同領域分別再進行分析，那麼，以這種方式處理教學目標的轉化，就可以融合許多學者對教學目標到底要轉化成「能力」，還是「知識概念」，或是「目標」的爭議。

　　值得注意的是，在編寫下屬目標之前，必須要有完整的教學分析，同時也要完成對學習與情境的分析。因此，教學分析中的下屬能力在轉寫成為下屬目標時，必須加上情境與標準。這些「情境」能夠暗示表現目標和學習目標的活動、範圍、輔助工具、場地等，而「標準」則說明了表現的範圍、限制與程度。這些情境和標準會在後續的步驟中，成為學習的評量方式和教學策略的基礎。

第十一章

學習評量設計

「這次的考試，怎麼都考些很冷僻的問題呢？重要的，都
沒考到？」

「這些考題，怎麼都不是上課時老師說的重點呢？」

「這次的考試，重點的地方根本都沒有考到，不知道在測
什麼？」

我想，過去不論當我們還是學生的時候，或者是我們現在的學
生，對學校考試的題目最常抱怨的就是，測驗好像沒有測到應該要測
的重點。為什麼測驗的題目和上課的重點，或是表現的要求不一致
呢？到底測驗是測學生不懂的地方，還是測他懂的部分？我想是教師
們在設計考題時一種矛盾的心理。其原因很可能在於教師的習慣是等
教學完了之後，才開始想從教材中產出測驗題目。但是，往往一不小
心，就會在一些不重要的地方，或是針對學生容易錯的概念上設計題
目。有時候，忘了在教學之初所設定的目標是什麼？導致題目沒有和
目標緊扣在一起，造成學生對測驗的抱怨。因此，在教學設計的過程
中，一旦表現目標確定以後，緊接著就要從目標中產出題目以避免上
述的情況發生。

雖然在教學分析中，把學習以先後的步驟及上下階層的方式進
行，但是在學習評量之前，必須提供學習者有足夠的時間能將所有的
步驟和階層的學習統整在一起練習。決定要評量之前，應該考慮下列
三個問題：

（一）評量的是成果、過程，還是兩者都要？

　　當學習者表現目標時，在過程中他的自信、仔細的程度與正確性是非常的重要。這個部分就是「過程評量」所關注的焦點，其具體的評量因素有：表現正確的順序和動作、表現細節的控制、正確的使用工具，以及在既定的時間內完成。

　　然而，「成果評量」聚焦於最後的結果或是努力的成果，特別是對成果的品質或是成果的數量，以及對應用特定過程的最終動作或行為的評量。教師在教學設計中，應該要仔細的考慮清楚評量的目的。

（二）計畫表現的評量中，有無限制或約束的考慮？

　　在發展評量之前，表現的情境應該列入考慮，特別是有關表現的複雜性、需要的材料、安全的因素，以及時間等。至於評量的方法則要考慮：施測的地點、特殊的器材，以及其他參與的人員等因素。

（三）評量的情境是模擬的，還是真實的？

　　除了學習情境和表現情境要相近以外，評量的情境也需要相同的考慮。因此，真實的情境如果不可能的話，那麼應該要考慮「模擬」的情境，才能真正讓學習者表現目標或能力。如果有必要，利用錄影的方式記錄，然後在方便的時間內，再進行評量也是可以的，此種評量方式也能讓學習者參與，一起檢視或評量自己的表現。

第三節　評量參照的標準與時機

　　學習者學習的成就，依照評量的標準不同，其所詮釋的意義就不一樣。基本上，用來衡量評量的標準可分成兩種：(1) 相對標準（relative standard）與 (2) 絕對標準（absolute standard），這兩種評量各具有其不同的意義。當我們以相對標準來解釋學習者的成就，即是將個別學習者的成就和班級其他的學習者相比較，說明其是否學

得比其他學習者更好或更多。此種結果無法說明個別的學習者，對學習的目標是否達到流利或是精熟的情況。由於採用相對標準，所有學生的分數以常態分配的方式分成五種等級。因此不論學生的分數表現如何，受到常態分配的影響，永遠都會有學生落入 F 級區，或者是 A 級區，如圖 11-1。落入 F 級區的學生也許在目標表現上是精熟的，但是和其他學生比較，因其差距小的關係，所以落入 F 級區，這種情況會發生在全班都考到 90 分以上，但是得到 80 分的學生可能會落入 F 級區。相對的，也有可能 A 級區的學生並沒有在目標上表現精熟，卻是因為和全班其他學生相比，他得到比較高的分數而已。這種情況經常發生在全班都考不及格，但是得到 59 分的學生會進入 A 級區。嚴格來說，這種情況是表示雖然分配到 A 級區，卻代表學生在表現目標上並未達到精熟的標準，這是相對標準評量的缺點。所以，相對評量標準無法正確的顯示學生對目標精熟的真正情況。

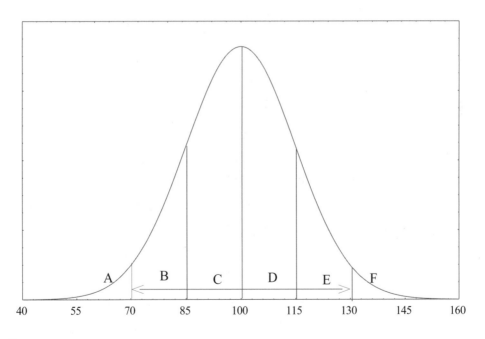

圖 11-1 常態分配圖

　　當我們以絕對標準來檢視學習者的成就時，就是以特定的標準衡量個別學生的成就，其所獲得的資料，通常是顯示個別學生在某一個目標表現得精熟，還是未臻理想。因此，絕對標準的評量是評量在目標的學習上，其表現的程度。當學習者的成就符合絕對評量所設定的標準時，那麼精熟學習的理想就可以達到了。因為它和目標息息相關，因此有時候評量表現目標的測驗也稱為「目標參照測驗」（objective-referenced tests）。

　　評量的時候採用絕對的標準，是以個別學習者為中心的評量，符合學習者中心評量（learner-center assessment）的定義。學習者的評量不僅僅是評量學習者學習進步的情況，也評量教學的品質，是系統化教學設計中一項重要的因素。

　　在教學設計的過程中，什麼時候該發展評量？當表現目標已經確定，並且將相關的脈絡或標準加諸在其中時，就要發展評量（assessment），而不是在教學發展與教材選擇之後，再發展評量。主要的原因是，以絕對標準所設計的測驗題目（test items）必須和表現目標具有直接的關聯。如此一來，當測驗題目是從目標產出的，與目標息息相關，那麼，測驗本身就具有所謂的「效度」（validity）。而效度（validity）與信度（reliability）是測驗的必要條件。效度是指學習目標與評鑑題目直接關聯時，就合乎「效度」的要求；信度則是指測驗不論在什麼時候使用，都可以得到一致性的結果。一般而言，具有效度的測驗基本上就具有信度，反之，則不必然。此時，因為尚未選擇教材或媒體，根據目標所發展的評量，就可不受教材的影響，而專注在目標的評量。

　　Kemp（1985）認為目標必須引導出題目的方向，更具體的說，測驗題目的類型必須和表現目標的情境和動作相符（p. 161）。這樣的觀點說明了在確認表現目標後，下一步緊接著就是要準備評量的工具。如此一來，所編出的測驗或是其他的評量都是從目標而來，此與教育部一再宣稱「考綱不考本」的意義是一致的。

第二節　認知評量的工具

在教學設計的過程中，由教學分析所產出的表現目標，就成為評量發展的依據。評量的形式有許多種，對於語文資料或是智識能力目標中的概念和知識部分，亦即認知領域的評量，大都使用紙筆評量的方式。至於有牽涉到心理技能（mental skills）和動作（physical skills）技能能力的表現部分，就會以其他非紙筆的評量方式實施，例如：檢核表、評分量表、問卷等。

一般而言，紙筆評量分為：

一▶ 客觀式測驗

測驗題目中具有唯一的標準答案，又細分為：

（一）選擇題：包括一個題幹和數個選項，其中一個為標準答案。

（二）是非題：只有題幹，而且選項只有兩個為「是」和「否」。因為只有兩個選項，猜對的機率為二分之一。

（三）配合題：是選擇題的另一種形式，學習者依據試題的內容，將題幹與答案選項配對。

二▶ 寫答測驗

由於答案可以由簡單的寫幾個字到詳細回答複雜的問題，故而分成：

（一）簡答題：學習者用簡單的句子來回答問題，也可以是要學習者填答未完成句子的形式。

例如：巴爾幹半島素來糾紛不斷，直至今日仍常有摩擦狀況發生，是因為_____的原因。

（二）申論題：學習者組織並表達其想法，描述關係等。一般的問答題均屬於這一類型的題目。

那麼，根據目標的動詞，要出什麼樣的題型呢？Kemp（1985）

認為目標中的動詞，即指出測驗題目的性質（p. 161）。常見的目標動詞或能力和測驗題目的相關性，列於表 11-1 中。

表 11-1　目標行為動詞與測驗型態

目標動詞	簡答題	配對題	選擇題	問答題	作品	現場表演
說出	✓					
定義	✓	✓	✓			
找出	✓	✓	✓			
分辨出	✓	✓	✓			
選擇	✓	✓	✓			
找到	✓	✓	✓			
判斷	✓	✓	✓			
解決	✓	✓	✓	✓	✓	✓
討論				✓		✓
發展				✓	✓	✓
建構				✓	✓	✓
產出				✓	✓	✓
操作						✓
選擇						✓

由表 11-1 中，可以顯示出目標的動詞和題型的關係。由此可知，在撰寫表現目標時，動詞的選擇會影響後續的測驗題型，所以在撰寫目標時要相當的謹慎。一般而言，在習慣上當表現目標的動詞為「說出」時，它和表現成「寫出」是具有同樣的意思。因為它要求學習者以口頭的方式說出來或是用文字書寫的方式陳述，因此，採用問答題或是簡答題的方式評量較為適當，例如：說出（寫出）長方形面積的公式。而目標的動詞為「分辨」，則可以用簡答題或是配對題來測量，例如：副熱帶與亞熱帶之氣候特徵有何不同？也可以用選擇題

來測量學習者。判斷、解決等目標的動詞，可以用選擇題來評量，例
如：

> 解決數學四則運算問題
> （　　）15×3÷3＋3＝　　①15　②18　③9　④5

或是：

> 判斷原因
> （　　）西亞地區多數的房屋，牆很厚、門窗小，這種景觀和下列哪一
> 　　　　個因素最有關？　　①地形　②政策　③氣候　④產業。

至於，目標動詞為「發展」、「產出」等，可以用學習者所創造
出來的作品來評量，例如：設計發展國語科單元的教案。此時，學生
必須能夠呈現教案作為評量。最後，如果目標的動詞為「操作」，可
能就會要求學習者當場操作線路的連接，或是現場投籃等。

從以上的說明，可見目標的動詞和測驗題目的相關性，因此，編
寫目標時，亦應注意最能代表目標或能力的表現是什麼動作與行為，
用什麼樣的動詞最能顯示它，應該要小心謹慎的使用它們，尤其是不
同的動詞代表著使用不同的測驗類型。

第三節　表現評量的工具

評量工具的多元化，本是教學設計中應該要注意的問題。其實
「多元評量」的政策，早在九年一貫課程以前就開始，並不是現在教
育改革的創新。評量本來就應該多元，只是大部分教師都採用紙筆測
驗的形式作為學習的評鑑。一來，簡單快速；二來，比較沒有爭議，
因此造就紙筆測驗成為學校現行最主要的評量方式。但是，面對「能
力」的評量，紙筆測驗似乎無法獲得令人滿意的結果。基本上，紙筆

測驗都是針對語文資料和智識能力的成果，或是認知領域目標的評量。然而，對於動作領域或是態度成果的評量，如果用紙筆測驗的形式就不適合，反而使用下列的評量方式，可以獲得更適當的結果：

一 檢核表（checklists）

檢核表的設計是以檢核學習者在檢核項目中，是否表現出該項目所要求的動作或是能力。通常以「有」、「無」和「是」、「否」等兩組方式表示之。在記錄時，以打勾的方式註記學習者有沒有表現項目中所列的動作，如表 11-2 和表 11-3。它的好處是快速、簡便、記分容易，只要將檢核的動作列於表格內，檢視其是否出現於學生表現的行為中，其缺點為無法判斷該項行為出現的頻率或是程度。

表 11-2　聆聽表現之檢核表

行為表現　　姓名	保持安靜	舉手發問	記下重點	眼睛注視說話者	坐姿端正	表情專注	會重述
林○偉	✓		✓	✓	✓	✓	✓
王○翔		✓		✓			
陳○亮							
張○三		✓		✓	✓	✓	
孫○文	✓						

表 11-3　保齡球之動作技能檢核表

動作項目	有	無
1.眼睛瞄準中間的球瓶	✓	
2.助走	✓	
3.手臂前後擺盪		✓
4.收尾時手臂抬高	✓	

設計檢核表時，只須將要檢核的行為動作列出，盡可能的具體才能快速的記錄下檢核的結果。至於，要列示哪些行為動作作為檢核的項目，可根據教師的經驗或是相關的教學活動內容作出決定，並沒有一定的規定。需要注意的是，檢核表的檢核畢竟不是為人所熟知的紙筆測驗，因此，它的檢核項目應該事先告知學生有哪些行為動作會被檢核，其計分的方式是什麼？

檢核表的檢核可以檢核學生表現目標的過程中的行為，也可以檢核學生的學習成果，端看教師如何運用而已。

二 評分量表（rating scales）

評分量表的設計是以評量學習者在評量項目中表現的程度為目的。先決定要評量的表現項目，其次是其表現的層次，通常由低到高的標準，作為評量學習者表現的程度，因此，至少要有三種以上不同的層次（例如：優、良、可、劣）。為計分方便起見，各種程度分別給予 0 到 3 分。評量時，以勾選適當的欄位即可，如表 11-4。最後將每項分配的分數加總，如果有需要的話，就可以將總分再轉換為百分制之分數。

表 11-4　說話表現之評分量表

評量項目　　　等級	優 3	良 2	可 1	劣 0
重點清楚				
時間控制				
語句完整				
音量適當				
說話速度				
眼神				
手勢				
身體				
得分				

評分量表的設計也如同檢核表一樣，將評量的行為動作以具體、可見的方式列為評量項目，施以不同程度的等級區分，而給予不等的計分。

三 記述性記錄（anecdotal records）

以記述性的方式記錄學習者的表現，或稱為「軼事性記錄」，是一種開放目的式的評量方法。它是以教師敘事的方式，對學生的目標表現進行評量。其特色為，在評量的過程中教師觀察學生的表現，以敘事的方式寫下觀察的細節，然後，對學生為何有如此的表現，要推論其可能的原因。最後，必須提出教師欲採取的補救措施或是協助的計畫，是一種非常個人化的評量。

在設計的實務中，以類似大綱的方式將欲評量的行為列在表格的最左邊欄位中，其右邊的欄位描述學生在該項行為的表現特性，然後緊接的欄位是評量者對學習者反應原因的推測，最右邊的欄位中則寫出其對學習者的改進建議，如表 11-5。為了要順利完成這樣的記錄評量，教師必須在學習者表現的當下，立即做一些簡單的記錄，事後再將這些簡單的記錄擴大，成為完整的評量報告。雖然記述性評量是很浪費時間，也不適合應用在學生人數眾多的班級中，也有可能落入主觀窠臼的缺點，但是只要細心的準備，時間久了，自然會累積許多對學生表現非常有用的觀察與建議。對於需要改進的表現或行為，就有非常精準的評斷，再加上改進的建議，使得記述性記錄的評量極具教育的價值。

另外，記述性評量也是常被教師採用作為親師溝通的工具，因為它最能代表教師對個別學生親身的觀察。同時，在它的記錄當中，還包含教師對學生表現的解釋及建議，除了可以讓家長瞭解他們的兒女在學習的情況外，也是向家長說明教師對學生的學習採取了哪些措施以幫助他們。

表 11-5　英語會話之記述性評量表

評量項目	行為描述	解釋表現	建議
英語發音	發音時無法唸清母音 e/æ/ɛ，但子音的發音，雖然小聲但很清楚	在課程跟唸時，沒有注意母音的不同	·把音節放慢練習唸生字 ·嘴形加強
會話	能正確的回答 How 與 What 為首之問句，但是學生要求重述問句 3 次	可能太緊張，忘了注意問句的開始	·練習寫下問句的第一個疑問詞 ·加強變換練習問句之聽力
替代生字	能正確的將字卡的生字套用至句型中，但是反應時間很久	對句型的流暢度不夠	·練習視線不離開句型，然後換字練習 ·用同儕的練習方式避免緊張

四 成品評量（rating products）

　　對於許多學生作品的評量，除了評量過程中的能力因素以外，通常也會對作品的本身進行評量，特別是作品的品質和數量。那麼，作品的評量因素包括：1. 作品一般性的整體外觀；2. 精準的細節（形狀、體積和潤飾）；3. 作品各部分或因素之間的關係（大小、合宜、潤飾、顏色），以及 4. 在期限內作品的數量。

表 11-6　學生作品之能力評量表（拓印葉子）

能力表現	表現Yes/No
1.在卡片上先畫草圖	
2.選擇大小適當的葉子	
3.用鉛筆描繪葉形	

表 11-6　學生作品之能力評量表（拓印葉子）（續）

能力表現	表現Yes/No
4.將葉子內緣部分塗上水彩	
5.將葉子壓印在卡片上	
6.寫上祝福的話語	
最後成品	低　　　高
1.一般性外觀（構圖、配色、圖文配合）	0　1　2　3
2.細節部分（水分控制、邊緣整潔、圖形完整）	0　1　2　3

作品評量的應用，其範圍非常的廣，最常應用於作文、體育動作、藝術作品等。

五 規準評量（rubric assessment）

評量從過去以教師為中心的方式轉為以學生為中心，主要是對 1980 年代中期以後許多相關的大學學會之機構，例如：美國大學學會（American Association for Higher Education, AAHE）、美國國立學生人事學會（American College Personnel Association, ACPA），以及國家學生人事行政人員學會（National Association of Student Personnel Administrators）等，呼籲大學生的學習應該由教師中心轉為以學生中心，其中當然也包括學習的評量。

M. E. Huba 和 J. E. Freed（2000）將評量定義為「教學的過程中，由教授所指定的一種活動，對學習者所表現的能力與技巧，透過分析、討論與評斷而獲得全面性的資料。」（p. 12）因此，評量是從各式各樣的來源中蒐集、討論對學生所知道的、理解的，以及教育經驗的最終成果 —— 他們能以知識作什麼的資訊，發展出對學生更深層的瞭解。當評量的結果可以用來改進學生後續的學習時，才是評量過程的結束（pp. 8-12）。意即，評量的結束並不是給學生一個分數就完成了，而是提供學生如何在後續的學習當中，可以針對自己的弱

點予以改進，以達成更好的成果。Huba 和 Freed（2000）提出以學習者為中心的評量，必須具備四個基本的要素：（pp.9-15）

1.明確的敘述學習成果

雖然學校在總體的目標上會訂出全校性的共同目標，但是仍然有需要對每一個學科訂出更具體的目標，以幫助學生朝向學校的總體目標前進。

2.發展或選擇評量標準

設計或選擇評量標準資料的蒐集，以便評量學習的成果是否達到。此要素不僅僅提供了資料蒐集的基礎，而且對前一個步驟——決定學習成果作一個結束，如圖 11-2。意即，在設計評量標準的過程中，會強迫我們對學習成果到底是什麼，作一個徹底的瞭解。因此，當我們發展評量標準的時候，就會回到前一個步驟去微調學習的成果，讓兩者趨於一致。

Huba 和 Freed 認為評量的標準，應包含對學生直接和間接的評量。直接的評量範圍很廣，包含對方案、成品、報告／論文、展演、表現、案例研究、臨床評量、學習檔案、訪談、口試等。這些評量都是要求學生展示出他們所知道的，或是他們可以用所學到的知識作些什麼，這些都是學校中很普遍的評量形式。這些評量的本質是要求學生展現他們的學習，被稱為「真實評量」（authentic measurements），或是「表現評量」（performance assessments）與質性評量（qualitative assessments）。這些評量對於學科裡的事實是否精熟，以及學生能否有效的應用所學的知識去解決問題、推理而言，是一種非常有效的工具。評量的分數則是依據個人所發展的標準，用主觀的判斷而為。

間接的評量則包含自我報告評量（self-report measurement），還有對畢業學生或是他們雇主的調查報告，都可以分享他們對畢業生知道什麼、用知識可以作什麼的看法。

3.創造導向成果的學習經驗

為了保證學生能在課內、課外獲得學習的經驗，達到學習的成

果,必須提供學習的機會,諸如:獨立研究、練習、實習等。

4.討論和使用評量結果改進學習

　　教師和學生之間對評量討論的焦點,在於如何使用評量的結果以改進學生的表現;而教職員之間對評量的討論,則是聚焦在如何將評量結果作為課程、教學策略的改革依據。

　　從評量的資料結果以及從學生、校友、顧問團體獲得的觀點,就可以對課程與教學提出改革的建議。

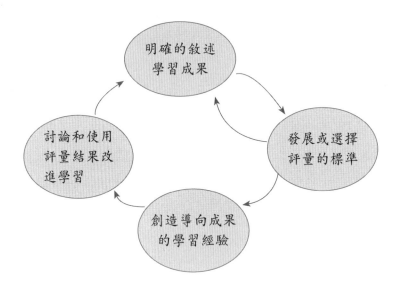

圖 11-2　評量過程

資料來源:譯自 *Learner-centered assessment on college campuses: Shifting the focus from teaching to learning,* by M. E. Huba & J. E. Freed (2000), p. 10.

　　運用評量以改進學習者的學習,評量就必須能體現學習者可以用來重新導引學習的回饋;換言之,評量必須能讓學習者瞭解他們的學習成果與標準之間的差距、運用目前的技巧和知識會得到的後果,以及如何改進的資訊。在設計任何評量的標準時,必須能回答下列的問題:(Huba & Freed, 2000, pp. 178-156)

1. 學生的作品中必須呈現的標準或是必要的元素是什麼？
2. 要向學生說明作品的表現成績是分成幾個等級？
3. 對於學生作品所涵蓋的每一項標準或是必要的元素，要如何描述每一個表現的等級？
4. 每一個不同等級的表現，最後將會獲得什麼樣的結果？
5. 對每一個等級的表現，給分的計畫是什麼？
6. 評量的使用，有哪些優點？有哪些需要改進？

　　為了回答上述的六個問題，Huba 與 Freed 認為只有規準式的評量才可以適用，於是乎創造出以 rubric（評量指標）和 levels of achievement（成就等級）兩個向度所組成的二維評分表格，國內譯為「規準評量」。

　　關於規準評量（rubric assessment）的名稱，常見的有「評量準則」、「評量規準」與「評量尺規」等。它是根據教師或評量人員所訂定的「規準」對學習者的成品或作品進行評量，因為它是評量的一種，故本書將其譯為「規準評量」。

　　Huba 與 Freed（2000）將評量指標（rubric）定義為「一種權威式的原則，……是一種解釋或是詮釋」，當它運用於評量的時候，是對學生解釋評量的「原則」（principles）（p. 155）。換句話說，它是教師向學生解釋他們的作品被評量的標準，更重要的是它成為一種公開評量的關鍵，讓學生在發展、修訂與評斷他們自己的作品時使用。規準評量最初是使用在大學裡，是用來評量大學學生與研究生報告或作品的一種方式。但是，後來也適用於國中、小學階段的評量。

　　規準評量類似於評分量表，評量時列出欲評量的項目，判斷學生表現的程度。兩者最大的不同之處，在於評分量表僅以分數代表學生表現的程度或層次，而規準評量則將這些程度或層次以「語意」的方式替代之。

　　規準評量是以學習者為中心的評量（learner-centered assessment），是以矩陣的方式（matrix）列出評量的原則（如表 11-

7）。這些項目代表教師認為在學生表現的能力中或是成品中必須具備的要素，它們是讓學生的表現或成品成為高品質的重要因素。這些項目要分成幾個層次，以及每個層次應該如何描述學生的表現，都呈現在評量表中。

學生的真實能力往往顯示在他的作品中，但是，從作品評量所給予的回饋通常是一種結果論，而非幫助學生找到改進學習與尋求進步的方式。透過規準評量，可以讓教師與學生對作品的表現進行「溝通」，學生將更瞭解自己的學習與進步的情形。

規準評量在實施之前，應該就評量規準告知學生，使其瞭解評鑑中的重點。規準評量的好處是學習者可以在教師評鑑的重點中，清楚而明顯的瞭解自己的優點與缺點，而且是公開的、公平的評鑑，而評鑑的結果就是一種非常有建設性的回饋。這種回饋就可以當作學生下一次改進學習表現的參考。一份評鑑，如果能夠讓學生瞭解自己的表現程度，以及缺失的原因，而使得下一次能針對不好的地方作改進而表現得更好，才是對學習者最有效的評鑑。因此，規準評量近年來被大量的應用於各級學校中，也包括小學，是評量的一大改革。

表 11-7 規準評量（作文表現）

評量規準 評量指標	表現等級		
	滿意4-5分	尚可2-3分	待改進 0-1分
字詞使用	完全正確的使用字詞	有 1-2 個字詞使用不當	有 3 個以上字詞使用不當
語句完整	語句全部完整	有 1-2 句不完整	有 3 句以上不完整
句型應用	使用 3 個以上句型	只使用 1-2 個句型	沒有使用句型
修辭應用	使用 3 個以上修辭	使用 1-2 個修辭	完全沒有使用修辭

表 11-7　規準評量（作文表現）（續）

評量規準 評量指標	表現等級		
	滿意4-5分	尚可2-3分	待改進 0-1分
標點符號應用	完全正確	有 1-2 個錯誤	有 3 個以上錯誤
分段	所有分段都適當	有少數段落分段不適當	多數段落分段不適當
段落聯繫	所有段落都有聯繫	有少數段落缺乏聯繫	多數段落無法聯繫
起頭結尾	前後呼應一致	結尾太弱	起頭、結尾缺乏呼應
內容創新	內容具有創意讓人驚喜	內容安排循序漸進	內容平鋪直述新意較少
得分			

六　檔案評量（portfolio assessments）

　　國家幼兒教育協會（National Association for the Education of Young Children, NAEYC）認為要為兒童提供適當的學習經驗計畫時，應該要蒐集的資料包含：1. 對個別兒童的瞭解；2. 對兒童發展的瞭解；3. 對兒童差異性的瞭解（Shores & Grace, 1998, pp. 18-20）。檔案評量提供給兒童與他們的家長一個結構性的事件紀錄，對於兒童在幼兒園、國小低年級的班級中的活動事件中，瞭解兒童是如何學習的、他們的特殊能力、興趣，以及需求等。這些資訊也可以讓教師增加對個別學生的瞭解，以便作出必要的教學計畫或是決策。

　　瞭解兒童的發展，包含他們的社會情緒、身體、學術等層面的成長，也包含對於家庭結構、文化差異、適應特殊的需求，以及學習型態等的瞭解，這些因素將有助於教師不斷精練和實驗不同的教學策略。檔案評量在此方面，則是提供了豐富的、真實的文件作為瞭解的基礎。

　　兒童的差異化，不僅表現在兒童的需求以及長處上，也擴及到文

化的差異上。特別是家庭的差異化是造成兒童差異化最主要的來源，如語言、家庭結構、種族、生活型態、家庭經濟、宗教信仰等。學習型態則是另一個造成差異化的原因，兒童的語言、認知型態、性別、氣質等，檔案評量中的紀錄就能幫助教師發現，要怎樣引起學生學習的動機、學生是如何學習的、如何有效的評量學生，才是有效的教學行為。

　　當日常的教師觀察活動、兒童的想法、作品的蒐集，都替兒童、家長和教師保存了他們在智能表現的證據，讓兒童不會因為語言或其他差異的影響，而無法表現他們在核心技能和概念的進步與精熟。檔案評量的過程中，家庭的參與與溝通是非常重要的。學生背景資訊的提供、新的學習活動、不同的教學策略等，都需要教師與家長的溝通，以滿足學生特殊的差異化需求。

　　E. F. Shores 與 C. Grace（1998）定義所謂的檔案評量是「對個別學生事物的蒐集，以顯示他們在一段時間內，不同層面的成長和發展。」（p. 39）Dick、Carey 與 Carey（2009）則將其定義為：「為了可觀察到的改變與發展，對蒐集的作品樣本進行後設評量的過程。」（p. 146）從前測到後測評量學生學習的改變和發展，追蹤作品和表現當中，比較學習者進步的證據。

　　Shores 和 Grace（1998）指出，好的檔案評量所具備的條件為：

1. 確認檔案評量的目的，例如：增進口語溝通能力或是增進寫作能力等。
2. 確認蒐集資料的形式。
3. 明確說明兒童、家長和老師，將會共同選出列入永久性檔案的資料。
4. 確認蒐集課表上每一種形式的資料。
5. 蒐集的資料必須涉及學習成果、學科標準。
6. 約定會舉辦教師、家長和學生三方的會議。
7. 確認對於隱私資訊的保護程序。

8. 確認釋放給家長與未來存留資料的程序。

實施檔案評量的十個步驟：

1.建立檔案評量的政策

先以小組的方式，邀請教師、行政人員和家長共同參與討論。然後，組成檔案評量委員會，發展出檔案評量的草案。宣傳該草案，並蒐集所有人的評論。繼而修正草案，訂出實施的日期，規劃試用期限，定期修正檔案評量政策與過程。

2.蒐集作品樣本

蒐集學生自發性的樣本，在選擇收入檔案的作品時，要獲得學生的同意，或是他選擇蒐集該作品的想法，讓學生也給予作品一些評論，如表 11-8。

▍表 11-8 學生對作品的評論

姓名：	日期：
作品名稱：	
我如何完成它的？	
我喜歡它的原因是：	
我想要修改的地方是：	
我會想要再試一次嗎？	

至於，教師的評論則是偏向將作品與課程或教學所設定的標準作連結，以符合成果與目標的一致性。另外，也針對學生作品的精緻程度進行衡量，因為，作品的評論有時候也必須轉換為評分的分數，作為學生的學習成果表現，如表 11-9。

▌表 11-9 教師對作品的評論

學生姓名：	日期：
作品名稱：	
□教師創始　　□學生創始	
應用的技能／概念：	
參照的標準：（能力指標／目標）	
□初級的	□發展中的
□精熟的	□延伸的
備註：	

　　將學生和教師的評論與作品同時收入檔案中，能增加作品的價值，同時也給予學生日後檢視自己成果的機會，有助於未來的改進。

3. 拍照

　　每週對於學生參與的重要活動，要進行拍照或錄影，以便保留資料。但是，切忌讓學生擺 pose 拍照。記得，事後要在照片上留下一些文字的註記，內容應該要能顯示學生在當下所進行的認知、社會情緒或是體能的發展等。

4. 使用學習日誌

　　學習日誌記載學生的學習過程，日誌是持續不斷的由學生和教師記錄下學習的發現與瞭解的證據。日誌的形式並沒有一定，如表 11-10 則是簡單的學習日誌紀錄表單。每週舉辦一次學習日誌的會議，互相分享學習的經驗。這些日誌可以在日後的檔案評量的三方會議中使用。

▌表 11-10 學習日誌

學生姓名：	教師姓名：
日期：	年級：
我學會的是：	
我想要學更多的是：	
我打算做的是：	
教師評語：	

5. 訪談學生

　　主要是針對學生學習的技能和概念，以問題的方式在訪談的時候進行評量。縱使訪談的結果不一定能獲得預期評量的結果，但是，學生仍然得到一個有意義的、一對一的關注。

6. 作系統化的記錄

　　在一些特定的情境下，對兒童的特殊行為做系統性的觀察記錄。這些記錄可以幫助教師評量自己教學策略，以及學生學習技能和概念的效率。做觀察記錄時應避免偏見，記錄時只記下你「真正看到的」，而不是你「想看到的」，也不記錄學生當下的動機或是感受。詳細的描述學生的行為，以及當下周遭「場景」的細節，按照時間記錄活動的順序等，都是記錄觀察學生的技巧。

7. 作記述（軼事）性記錄

　　記述性記錄是針對重要的事件進行簡要清楚的記載，特別是對事件的描述。每次只針對一個事件作事件的事實描述，並盡快完成記錄。記下對事件的評論，要有支持性的資料可以參考。不必替每個學生製作記述性記錄，只針對少數個別的學生進行觀察，然後對有意義的事件，用簡要語詞寫下記錄，如表 11-11。

表 11-11　記述（軼事）性記錄

學生：	日期：
事件：	
場景：	
行為描述：	
評語：	
記錄者：	

8. 準備語意性報告

　　語意性報告是總結學生在一段時間內，教師對個別學生成長與發

展的發現。撰寫語意性的報告時，教師會系統性的檢視檔案內容，把學生的活動和外在的課程教學目標或標準連結，可視為對學生整體學習的評量。語意性報告不必冗長，但是要完整，撰寫的焦點在於學生從上次的報告之後進步的情形，而不再重述學生的行為。

9.主持三方檔案評量會議

促使學生思考自己的發展，並且為自己設下目標是檔案評量很重要的功能。所以，盡可能找出時間讓家長、學生和教師能共同檢視檔案中的資料。在檔案評量會議中不僅是向家長展示學生的作品，也能夠誘發家長對他們小孩學習的想法，也是讓家長參與班級活動的機會。

10.準備移交檔案評量

移交的檔案資料應該是將學生的作品、語意性報告，以及其他相關文件，做減量處理、摘取重點，準備移交給未來的教師，作為瞭解學生的基礎。

總而言之，檔案評量是依據目標有系統的觀察與記錄個別學生的表現。根據目標，大量的蒐集學生的作品，例如：學生的美術作品、作文、寫字等，學習日誌、活動照片、記述性記錄、客觀式測驗結果，以及錄音、錄影的記錄，同時在每一項作品中都加注教師對它的評語，這就是檔案評量的特色。為了避免它成為堆積無用的文件檔案，在進行檔案評量之前，教師必須確認評量的目標，並以此目標為基礎，進行學生作品的蒐集。

對每一件蒐集到的作品或文件，按照時間排列，教師必須寫下敘事的評論。最後，教師再以「規準評量」（rubric assessment）的方式對其進步的情形進行評分。在評分的過程裡，可以邀請學生一同檢視檔案，並且共同評量。圖 11-3、圖 11-4 即為學生在畫圖說故事的作品，如果把目標放在學生寫故事的作文能力上，那麼，藉由這兩篇短文可以看出寫作的句型和標點符號都有進步。同時，注意到每一篇短文教師均以敘述的方式，寫下他對學生作品的正向評論。

圖 11-3 檔案評量之教師評語（一）

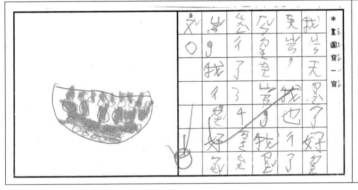

圖 11-4　檔案評量之教師評語（二）

　　檔案評量的實施並不適合人數眾多的班級，其原因乃在於時間的花費及成本太高。另外，在教學上也要將時間作延伸，以便讓學生能有機會去改進或精緻化他的技巧，同時也要產出所需要的成品以便作為再一次的評量。如此一來，才能有比較的效果，也才能看出學生是否能夠從前一次的評量中獲益，進而改進。

七▶ 問卷（questionnaire）

　　問卷有兩種形式，一種為封閉式問卷，另一種為開放式問卷。

封閉式問卷是有多個固定答案，常見的封閉式問卷中會提供選項或是號碼，然後由學生自行選擇。學習者從中選擇一個最能符合情況的答案，但是開放式問卷則是要學習者自己寫答案。至於要選擇哪一種問卷，或者是兩者混合式的問卷，則視將答案做成列表所需要的時間是否足夠。因為，要整理或摘要開放式問卷的答案是非常浪費時間的，而處理封閉式的問卷答案顯然就比較快速，但是有可能限制學習者提供有用資訊的機會。

表 11-12　封閉式之表現問卷（小組討論過程）

問　題	小組成員姓名
1.通常是誰給予最好的意見？	S1　S2　S3　S4
2.通常誰最能夠聆聽別人的意見？	S1　S2　S3　S4
3.誰對小組的工作最有貢獻？	S1　S2　S3　S4
4.誰最能夠在預定的時間內完成自己的工作？	S1　S2　S3　S4
5.通常誰最先開始工作的？	S1　S2　S3　S4
6.通常是由誰計畫小組的工作進行？	S1　S2　S3　S4
7.誰最喜歡幫助其他成員？	S1　S2　S3　S4

* S1　S2　S3　S4（學生代號）

表 11-13　開放式問卷（參與活動態度）

我在這個活動中，
1.我最喜歡的是 _____
2.我達到的目標是 _____
3.我最不喜歡的是 _____
4.我對 _____ 改變我原來的想法
5.我覺得遺憾的是 _____
6.我覺得可以改進的是 _____
7.我覺得對我學習最大的幫助是 _____

　　問卷的評量最能夠顯示學生在活動過程中的表現，幾乎所有的合作學習，除了學習的成果之外，對於過程也是需要評量的項目。

第四節　評量的階段及測驗類型

　　教學的過程中，在不同的時間點，會對學習者進行評量以瞭解其學習的程度及表現的能力，這樣的作法不僅對教學者，而且對學習者都具有其重要性。一般而言，在一個教學完整的歷程中，進行評量的階段分成三個階段：(1) 教學前；(2) 教學中，以及 (3) 教學後。在教學前的評量，則有 (1) 起點能力測驗（entry skill tests）及 (2) 前測（pretests）兩種。有四種測驗分別在教學前、教學中，以及教學後等三個階段實施，以下分別說明之。

一▶ 教學前實施的測驗

（一）起點能力測驗（entry skill tests）

　　起點能力測驗是在教學前實施的測驗，是用來測試學習者是否已經精熟先備能力的評量。在教學分析的圖中，位於虛線以下的能力就是屬於起點能力。如果教學分析的結果顯示學習目標，必須具備特定的起點能力才能夠學習教學的內容，那麼就需要針對這些起點能力發展出測驗，而這些測驗也應該在進行形成性評鑑時使用。當然，在許多情況下，起點能力並不是特別具有意義時，則起點能力測驗就不一定要實施。

（二）前測（pretests）

　　前測是在教學前實施的另一種測驗。前測的目的是評估學習者是否已精熟教學所包含的能力、能力的程度，或是錯誤的想法。前測的題目主要是針對教學分析中的重要能力而來，每一種能力大概出一題

或以上的題目就可以了。從前測的結果就可以判斷教學的內容是否太過簡單，如果測驗的結果發現學習者已經精熟，那麼重複的教學就顯得不必要；如果測驗結果顯示只有精熟部分的能力，那麼藉由前測把學習者不精熟的部分找出來，然後教學只針對這些尚未精熟的部分進行即可。對於已經精熟的部分，教師只要提供一些提醒、範例或是複習即可。這是讓教學成為最有效率的方法之一。在實際作法上，常將起點能力和前測併入同一項測驗對學生施測，可是卻不代表它們兩者是具有相同的意義。

　　是不是所有的教學都要進行前測呢？如果你知道要教的單元或是概念，對於學生是完全陌生或是全新的經驗時，就不建議實施它。只有當學生對教學的內涵具有部分的知識或概念時，實施前測才有其必要。

二 教學中實施的測驗

（一）練習測驗（practice tests）

　　這是在教學中實施的測驗。練習測驗的目的是讓學習者在教學的過程中有主動參與的機會。藉由練習測驗，可以讓學習者瞭解自己學習的程度和掌握的狀況，檢視自己應用新知識和概念的情況；而教師則可以透過它具體掌握教學的成效，以及控管教學的進度。

三 教學後實施的測驗

（一）後測（posttests）

　　這是在教學完成時所實施的測驗，通常把它和前測相比較，來瞭解教學的效率。所有在教學分析中的終點目標或是能力，都要在後測的題目中出現，一般而言，它的題目會較前測為多，而且不包括起點能力。雖然後測是學生獲得學習成就的結果（分數），但是對於教

師而言，它是讓教師瞭解教學當中的問題。如果學生在後測的成績不理想，後測應該可以指出學生從哪一個地方開始不瞭解，這就是為什麼所有在教學分析當中的每一項能力或是目標，都要編有測驗題的緣故。所以，把學生答對或答錯的題目對應回教學分析當中，就可以很清楚的掌握學生在哪一個階段裡發生問題。

以上四種測驗分別於教學前、教學中，以及教學後實施，但是，只要教學設計的過程中，應用形成性評鑑後調整教學的各種因素，就有可能省略起點能力測驗和前測。利用形成性評鑑修正後測，只針對終點目標進行評量，就可省下許多測驗的時間和精力。

第五節 編寫測驗題目的標準

不論測驗的種類或是測驗的學習領域為何，教師應該注重編寫測驗題目的技巧。那麼，在起草測驗題目時，應該考慮下列五種測驗題目的標準，能夠顯示在題目的構成上：

一 以目標為中心的標準

所謂以目標為中心的標準，是指測驗題目應該符合終點目標或是表現目標的要求。意即，測驗題目應該符合目標敘述當中的動作與概念／知識。特別注意目標敘述當中的動作，如果是學生能「指出」臺中市的地形，那麼就應該提供選項讓學生選擇，就不宜要學生解釋臺中市的地形特徵。換言之，測驗題目的性質應該與目標敘述中的動詞和概念一致，如果目標是要求學生表現「說出」、「指出」、「算出」或是「選擇」等，那麼與它們對應的測驗題目的題型就各自不同。因此，測驗題目中要有簡答題或問答題才可以讓學生「說出」；題目中要有選項的選擇題才能讓學生「指出」；題目中要有計算的數字才能讓學生「算出」。總而言之，測驗題目的題型要和目標中的動作一致。

二 以學習者為中心的標準

測驗題目必須符合學習者的字詞能力、語言水準、需求、認知的複雜性、動機、興趣的水平、經驗與背景，以及免於偏見的自由（例如：種族、文化和性別）。測驗題中或是測驗說明中所使用的語詞，必須符合學習者的語詞能力，特別是對於比較年幼的學習者。舉例來說，在一、二年級的數學題目中常見的語詞是「一共」或是「共有」，如果測驗題目中使用「總共」這個語詞，其結果可能導致全班小朋友錯誤的比率非常的高，事後發現是因為小朋友不認得「總共」的「總」字，因為不知道是什麼「共」，所以大部分的人都沒有答題，這是真實發生的案例，也是最佳的例證。

另一個考量是避免在測驗題目中，出現學習者感到非常陌生的題型。不論是問題的形式、寫答的方式（打√、或是ＯＸ），都應該是學習者熟悉的方式，避免讓學習者因為不熟悉題目的作答方式，而讓目標表現不成功。題目中所引用的範例也應該符合學習者的經驗，而為其所熟悉者。

最後，應該避免對特定的文化、種族或是性別的偏見發生在測驗題目中，尤其是避免使用不適當的稱呼用語。特別是過去舊有的用語，比如說，「山胞」、「番仔」、「福佬」，以及「客佬」等具有輕蔑的稱呼。另外，對性別的刻板印象也應該注意避免。

三 以脈絡為中心的標準

測驗題目應該和表現目標當中的情境一致，而這些情境盡可能接近於「真實的世界」。在編寫表現目標時，就要考慮未來實施測驗時，情境與脈絡的可行性。以「給予三張圖片，學生能指出平行葉脈的植物」為例，在編寫測驗題目時，就應該出示三張植物的圖片，讓學習者指認。或者，以「給予勾股定律的公式，學生能算出座標上斜線的長度」為例，那麼，測驗的題目就應該列出「勾股定律的公式」給學生，而不是要求學生從回憶中背出公式再計算。

四 以評量為中心的標準

學生在測驗時，都免不了緊張，因此字跡明顯，格式簡單易懂、印刷清楚整齊的試卷，可以稍稍減低應考的焦慮。如果，答題的說明很清楚，可以讓學習者回答問題前，獲得所有的訊息，不至於因誤解而表現不好。題目的寫法也要避免一些「陷阱」式的說法，例如：「針葉樹無法生存於不是高溫的氣候中」。這種雙重否定式的題目會讓學生感到疑惑，結果評量的重點是測驗了學生的語法分析能力，而不是植物的概念，這是編寫測驗題時，值得注意的原則。

五 精熟的標準

出測驗題時，最常擾人的問題之一是，每項能力或目標究竟要出幾題才適當？或者，學習者要答對幾題才能算是對目標或能力精熟？通常建議對語文資料的能力或目標，大概一題就可以了。而智識能力的目標，每一個目標或能力可以出到三題以上就足夠。至於動作技能的部分，則是要求學習者面對教師表現其動作技能就可以了。

編寫測驗的技巧是教師責無旁貸的任務，雖然今天教師可以運用的資源非常多，但是能夠讓評量和測驗符合自己的教學與學生的特性，唯有自編測驗才能做得到。因此，鼓勵教師依據自己的教學歷程和目標，產出合適的評量。在評量正式實施之前，必須先進行預試。預試時，從學習者的小組中抽樣 2-3 人，並且檢視：(1) 學習者清楚的瞭解測驗的過程；(2) 測驗工具的每個部分的效率，以及 (3) 每個學習者所需要的測驗時間。如果測驗評量的人員不只一人，那麼測驗的過程就要標準化，以便每一位評量人員的判斷可以一致，給分才能公平。

第六節 評量多元化與素養評量

　　評量多元化對於十二年國民基本教育而言，其實並不是創新的改革。在我國歷次的教育改革或是課程的變革中，其實都提到課量多元化的實施。以民國64年教育部公布正式的「國民小學課程標準」（取代民國57年的「國民小學暫行課程標準」）為例，在其「總綱」中即詳細的指出教學評鑑的內容「……除知識、技能、行為和習慣外，須兼顧態度、理想、情感和興趣等學習成果的考察……。」可見對於評量多元化的要求，政府早已明示於相關的課程文件中，具體作法也在其「總綱」中明確的指出「……有觀察、紀錄、評判、口試、筆試、量表、表演和作品評量等」形式，足見評量多元化的形式早已確立於民國64年的國小課綱中（教育部，1975，頁13）。

　　國內的學者、專家對於民國64年所公布的「國民小學課程標準」，紛紛提出評量多元化創新的觀念與作法，以回應當時的教育政策。例如：中國視聽教育學會（1978）引進「能力本位行為目標」之教學理念與評量作為回應。當時教學與評量受到最深的影響，莫過於 R. F. Mager 與 B. S. Bloom 等人的理論，其中 Mager 的理論主要著眼在確認目標的方法（Mager, 1972, 1997a）、目標分析方法（Mager, 1997b）、評量目標的方法（Mager, 1997c）等三個層面。而 Bloom 等人的理論則是提出教育目標的三項領域：認知、情意與技能，作為教學與評量的基礎（Bloom, 1956, 1984）。這些有關評量的目標或是成果的理論，開啟了日後學者和教師對評量多元化有更深一層的認識。

　　及至民國82年政府公布「國民小學課程標準」的「總綱」中，也有些許的著墨與改進。對於教學評量則雖然僅注明：「教學評量之內容，需涵蓋認知、技能及情意等方面。」而教學之評量則應「……隨時記錄，其結果除作為改進教材教法的參考外，並適時通知學生及家長。」相較於民國64年教育部對教學評量的觀點，此次的教學評

量規範似乎較為具體,摒棄對於抽象不可及的評量項目。教學評量的結果也不再是僅作為學生學習的成果評量,而是進一步作為教學的改良。這樣的改變讓原本的評量不僅作為學生學習的成果表現,更擴大將學生學習的成果作為教師教學的評量;換言之,學生的評量被視為教學的形成性評量,擴大了評量的功能與意義。

民國 87 年 9 月「九年一貫」之總綱公布,對於教學評量之規定則回歸至「國民小學及國民中學學生成績評量準則」,所有的評量均依照其規定辦理,其中規定:

一▶ 紙筆測驗及表單

依重要知識與概念性目標,以及學習興趣、動機與態度等情意目標,採用學習單、習作作業、紙筆測驗、問卷、檢核表、評定量表等方式。

二▶ 實作評量

依問題解決、技能、參與實踐及言行表現性目標,採書面報告、口頭報告、口語溝通、實際操作、作品製作、展演、行為觀察等方式。

三▶ 檔案評量

依學習目標,指導學生本於目的導向系統彙整或組織表單、測驗、表現評量等資料及相關紀錄,以製成檔案,展現其學習歷程及成果。

該準則中規範各學習領域是由授課教師評量,且須於每學期初向學生及家長說明評量計畫。其他日常生活之表現,由導師參據學校各項紀錄,並且依照各學習領域授課教師、學生同儕及家長意見反映等加以評定。換言之,成績的評量除了導師之外,還加入其他相關人

士的評量意見，此種「多人的評量」讓「評量多元化」的理念更上一層樓。另外，成績評量結果，應依評量方法之性質以「等第」、「數量」或「文字描述」記錄之。顯見，九年一貫的課程改革對於評量結果的報告，已經要求至少對紙筆測驗涵蓋「量化」的報告，以及對實作評量、檔案評量要有「文字語意性」的描述，此與目前十二年國教對評量結果的量化與質性報告的要求不謀而合。

民國 100 年行政院正式核定「十二年國民基本教育實施計畫」，並且於民國 103 年正式實施。其「總綱」對於學習評量之規範，也是回歸至「……依據各該主管機關訂定之學習評量準則及相關補充規定辦理。」因此，就十二年國教之學習評量而言，其所依據之準則仍然是「國民小學及國民中學學生成績評量準則」。不過在「總綱」中仍然有其重要的宣布：（節錄自教育部，2014，頁 33）

1. 學習評量方式應依學科及活動之性質，採用紙筆測驗、實作評量、檔案評量等多元形式，並應避免偏重紙筆測驗。
2. 學習評量報告應提供「量化數據」與「質性描述」，協助學生與家長瞭解學習情形。質性描述可包括學生學習目標的達成情形、學習的優勢、課內外活動的參與情形、學習動機與態度等。

相較於「總綱」的評量原則性的說明，教育部所頒布之「國民小學及國民中學學生成績評量準則」的內容，對於學生學習的評量顯然是具體、詳細許多。而另一項「總綱」中，對評量重要的明示是課綱的評量必須明定於學校的「課程計畫」中。此項的規定是從九年一貫課程改革就開始，而十二年國教改革亦是有同樣的要求。各學習領域實施之評量方法或策略必須記載於學校的「課程計畫」中，這是許多學校在編製「課程計畫」時會忽略的要點。然而，更值得注意的是在十二年國教的總綱中將評量的類型，如：檔案評量、實作評量等，明定於總綱中，同時也提出評量的報告需要有「量化數據」，針對學習目標、學習優勢、課內外參與更需有「質性的描述」，此項說明也呼

應了「國民小學及國民中學學生成績評量準則」的規定。

綜觀歷年的教育改革或是課程改革都不約而同的將評量多元化的理念，不論是評量方法或是評量者，都列入了評量多元化的範圍。換言之，評量多元化方式的設計必須普遍的落實於學校與教師日常的評量任務中，如此的要求非屬於任何特定的教改當中之特殊作法。

十二年國教的「學習表現」強調素養導向的表現，評量的目的就在於評估學生在素養教學實施的學習成果，因此，素養導向的評量應該要放在素養導向的教學脈絡中思考與設計。由於十二年國教非常強調素養導向的學習，學校與教師必須實施素養導向的教學。

國家教育研究院提出素養導向教學的設計與實施之四項基本原則：1. 關照知識、能力與態度的整合；2. 情境脈絡化的學習；3. 強調學習歷程、學習方法及策略（學會學習）；以及 4. 在生活及情境中整合活用、實踐力行。換言之，教學設計不僅僅以知識為基礎，還必須關照能力與態度的統整，學習方法、策略與學習歷程也是評量學習的焦點。學習的整合、活用與實踐力更是在教學評量中必須評量的，不論是基本的「學習重點」的教學設計，或是「素養教學」的設計，最終都需要評量學生學習的成效。不可諱言，「素養教學」的實施更重視的是基本學習領域／學科知識以外的表現，這些表現往往是過程的參與表現、應用知識和技能的效率表現、成品的表現等，必須採用非紙筆測驗的方式加以評定。

Gagnè（1988）將學習定義為：「能表現認知、情意、態度的能力，並成為社會中具有功能（capabilities）的成員」，其實就已經揭示了學校的教育目的即是學生能夠應用所學於社會的生活中。在他的理論中，學習的評量必須針對語文資料、智識能力、態度、動作技能，以及認知策略等五大類學習成果（learning outcomes）的表現（performance）而為。這些「表現」，是透過真實世界中的任務分析而得，因此，檢核表、評分量表、次數計算可作為評量動作技能的表現。而規準評量（rubric assessment）則用於智識能力的評斷，語文資料就可用測驗的評量形式。檔案評量（portfolio assessment）則

是以測驗的形式，或是以作品或是現場的表現，評斷學習者在過程中的進步（Dick, Carey, & Carey, 2015）。在學習上，評鑑學習者的「表現」都應該考慮學習成果的性質，採取適當的方式進行評量，可見多元化的評量早已見諸於許多教學理論當中。

再者，任宗浩（2018）雖然針對課室中「素養教學」的評量提出不同的形式，其中包括：1.學習成果評量（assessment of learning）；2.改善學習的評量（assessment for learning），以及3.評量即學習的一部分（assessment as learning）等三類，但總結其實踐的方式也不外乎紙筆測驗、學習檔案評量、實作評量、真實評量、作業評量，以及觀察評量等多元化的形式。不論評量的見解如何，評量的方式仍不脫以上所敘述的形式。

十二年國教的課綱是學者、專家們謹慎的思考後，所共識的決定。各學習領域的「學習重點」是經過「各領域／科目的理念與目標」結合「核心素養」後發展出的結果，其中「學習重點」則分為「學習表現」與「學習內容」兩項維度。因此，評量必須針對這兩者進行。

十二年國教雖然強調「素養教學」，但仍不脫以「學習重點」為基礎的教學，因此，教師在進行教學設計時，還是必須掌握「學習表現」與「學習內容」的關鍵。綜觀有關「學習內容」的綱要，都是各科目或學習領域的事實、概念、原理原則等的內涵，但是「學習表現」卻是以表現應用「學習內容」的能力或技巧為主，類似過去的「能力指標」。「學習內容」的學習大都可以用紙筆測驗評量的方式，評估其習得（learned）的情況，但是「學習表現」則是強調結合生活的情境學習，其評量方式較為複雜與多元。就評量的觀點，現今所謂「素養的學習」有一部分是以教學過程中「模擬」生活情境的「試題」作為「學習表現」的評估，這些自然還是以紙筆測驗為主的評量方式。但是，有些素養學習的「學習表現」是無法用紙筆測驗而獲得學習的結果，此時須思考以其他方式進行學習的評估。因此，並不是「素養表現」就一定要使用多元的評量方式，而是依照表現的特性取決於用何種方法評估學生的表現。

　　依照此論述，學校與教師可以就「學習內容」部分進行轉化，以獲得更具體的、基本的、適當的學科內容，作為教學與學習的基礎，也才能在這些學科的基礎上發展與設計「素養教學」。茲以下面之「學習重點」為例，說明如何轉化及形成具體的目標，以便作為評量的基礎：

1. 對應「學習表現」與「學習內容」。（如表 11-14）
2. 將「學習內容」轉化為學習領域的基本事實與概念。（如表 11-15）
3. 確立具體的學習目標。（如表 11-16）
4. 決定評量學習目標的方式。（如表 11-17）
5. 檢核「學習目標」與「學習表現」。（如表 11-18）

　　十二年國教課綱很罕見的以「學習表現」和「學習內容」兩個維度的方式來表示，因此，在設計新課綱教學時，必須同時注意兩者之間對應後，所產出的學習要求，而非僅僅注意到「學習內容」的要求。

　　以表 11-14 之國語領域為例，以學習內容為主，對應於學習表現，形成二維的向度，從兩者的交互關係擬出學習目標。

表 11-14　學習表現與學習內容之對應

學習表現	學習內容
5-I-6　利用圖像、故事結構等策略，協助文本的理解與內容重述。	Ba-I-1 順敘法。

　　教師依照學生特性和程度從學科專業的角度，轉化「學習內容」成為具體的、基本的學科內容，以便教學能夠有範圍或順序的授課，而「學習表現」仍然保持其非具體的性質，如表 11-15。

一旦「學習內容」轉化成有具體的範圍與順序時，就可以先行編製以「學習內容」為主的目標。接著，檢核「學習表現」所包含的意圖（intent），再決定「學習目標」要如何滿足這些意圖。

表 11-15　學習內容轉化

學習表現	學習內容
5-I-6　利用圖像、故事結構等策略，協助文本的理解與內容重述。	Ba-I-1 順敘法。 時間順序法 空間順序法 事理順序法

> 學習內容轉化

依據表 11-15 的轉化學科基本內容，編製基本的學習目標，如表 11-16。

表 11-16　學習目標的形成（以學習內容為主）

學習表現	學習內容	學習目標 （以學習內容為主）
5-I-6　利用圖像、故事結構等策略，協助文本的理解與內容重述。	Ba-I-1 順敘法。	
	時間順序法	學生能指出課文的事件發生的時間順序
	空間順序法	學生能指出課文內容描述的景物出現的順序
	事理順序法	學生能分析出課文事件中的因果關係

以學習內容所轉化的具體教學內容，建立其學習目標。換言之，即是先學習學科的基本知識和能力，以奠定後續的「素養」表現。

表 11-17 中的學習目標即以「學習表現」的意圖對應於「學習內

容」後，產出具體的學習目標。為了要能夠將該「學習表現」呈現於日常的閱讀習慣中，特別設計素養的活動──選定班級故事書，並繪製成圖像，上臺重述故事，分享給全班。就此活動而言，繪製圖像與上臺報告這兩件事，大概都無法用紙筆測驗給予評估，所以必須使用其他方式評分，例如：評分量表或規準評量表等，會是比較適當的作法了。

表 11-17 學習表現、學習內容、學習目標與素養活動評量

學習表現	學習內容	學習目標（以學習內容為主）
5-I-6 利用圖像、故事結構等策略，協助文本的理解與內容重述。	Ba-I-1 順敘法。	
	時間順序法	學生能按照時間先後畫出課文描述的事件 學生能用自己的畫作重述課文的內容
	空間順序法	學生能將課文描述的內容按照景物的結構排列順序 學生能按照景物排列的順序重述課文的內容
	事理順序法	學生能按照因果關係畫出課文所敘述事件的內容 學生能用自己的畫作重述課文中事件的因果關係
素養活動：利用選定的班級圖書，繪製出故事的結構，上臺分享故事內容。		

　　從素養的評量來看，基本學科內的知識和能力必須先建立好，然後，將它們應用到日常生活可能的情境中。

　　由於學習目標結合了「學習表現」與「學習內容」，而且以具體的行為目標呈現兩者的交互結果，此時評量的工作就容易多了。如果

學生在上述學習目標中表現得宜，學習表現的評量結果就可以描述成
（如表 11-18 所示）：

▌表 11-18　學習目標的質性評量報告

1. 學生可以利用圖像協助課文文本的理解。
2. 學生可以利用自繪的圖像重述課文的內容。
3. 素養評量：學生可以運用適當的策略，協助故事文本的理解與重述故事的內容。

　　如此一來，「學習重點」的實施就突破以學科內容知識為主的
窠臼，而是以「學習目標」作為評量之標的。再進一步檢核「學習目
標」和「學習表現」，若兩者具有彼此符應的關係，可算是關照了
「學習表現」的要求。再加上，最後的素養活動的評量，更可以描述
在生活情境中利用學校所學的知識，充分的應用於日常閱讀與分享的
能力。

　　前述的例子簡單的說明教師在十二年國教的政策下面對「學習重
點」時，評量課綱的方式。轉化學習內容並導引出基本的學習，同時
將學習表現融入，創造出適當的學習目標是必要的工作，也是教師在
備課時重要的任務。質性的評量結果則可描述學生完成學習目標的程
度，以及他們的表現是否符應「學習表現」的要求。

　　再以前述的示範為例，學生將課文中的事件依照時間的先後繪製
成圖像，以及藉由圖像重述課文內容的「學習目標」很難用紙筆測驗
的方式進行評量，而是要以其他評量的方式才能完成。因此，傳統的
紙表評量方式就必須改變，才能評量符合「學習表現」的意圖。

　　十二年國教的總綱中對於「多元評量」的規範有著非常具體的說
明，許多的教師紛紛將「多元評量」和「素養」的學習視為一體，認
為「素養教學」才是多元評量實施的對象。但是，從許多的教學理論
中，以 Gagné 的「教學事件」理論為例，其中教學的第九個事件即

是「學習遷移」，說明了教學理論中雖然重視課堂上所教的知識，但是到了教學的最後，必須能讓學生在「新的情境」中應用，整個教學的過程才算是結束。就此觀點來看，教學理論中強調的「學習遷移」與十二年國教所言「學習素養」就具有相同的概念。換言之，知識的學習，最終仍然要以生活情境的應用為宗旨。教學，因為要學生「應用知識」，教師就必須設計出「模擬的情境」讓學生表現，又因為要表現，所以有各種不同的方式實作表現，評量因此產生多元的方式。這就是為什麼「素養表現」通常會使用多元的評量方式。不過，在每一堂的教學中，教師都應該思考在什麼樣的情境下，學生可以應用所學，因為「學習遷移」才是真正教學的目的，評量只不過是因應「學習遷移」所做出的評量方式的選擇而已。

　　十二年國教課綱結合了「學習表現」與「學習內容」所發展出的「學習目標」，在生活情境的脈絡下，學習者的表現更顯得複雜與多樣化。固然，紙筆測驗的評量方式仍可在模擬的情境下以紙筆測驗來評量學生的素養，但是，更多的學習表現是要以其他的形式來評量學生的表現。而評量的結果不應是一次性的評量或唯一目的性的評量，必須是能夠成為讓學習者進步的依據，所以，評量多元化的方式必須在日常的學習中實踐。雖然目前評量多元化多與素養學習有關，但是對於一般教室中的學習，仍須關照學習成果的特性來決定評量的方式，才是真正落實評量多元化的理念。

第十二章

教學策略

當教學的分析已經完成，表現目標也編寫妥當，就要開始思考教學的策略。教學策略（instructional strategy）所描述的是教學歷程中，依照選定的教學理論所建議的各項活動，設計出它們進行的順序與內容，當然，其中也包含對教材使用的時機、傳播的媒體、教具的準備等作出使用的說明。傳統上，眾多的教學與學習的活動中，例如：小組討論、獨立閱讀、案例研究、講述、電腦模擬活動、學習單等，都是屬於完整教學策略設計的一部分而已，稱為「微觀策略」（micro-strategies）。然而，真正完整的教學策略必須包括：定義教學的目標、編寫教案、設計測驗、引發學生的動機、呈現教學內容等，在系統化教學理論中，即把這種教學策略定義為鉅觀策略（macro-strategies）。換言之，完整的教學策略包含有選擇傳播系統、安排教學內容的順序、組織教學內容的叢集、安排學習要素、學生分組等（Dick, Carey & Carey, 2009, pp. 165-166）。

第一節　確認教學的順序與內容群集

教學策略的第一個步驟是決定教學的順序（sequences），以及安排教學內容的群集大小（content clusters）。教學順序是指要用何種順序將教學的內容呈現給學習者？由簡單到複雜、由分辨、概念到解決問題、由容易到困難等，這些組合方式都是教學上考慮的順序。然而，Dick、Carey 和 Carey（2009）指出，最佳的方式是依照教學分析的結果所決定。

以圖 12-1 的教學分析為例，教學的順序由下而上，且由左至右

的方式進行。換句話說，下屬能力 1.2 和 1.3 要先教，然後才教步驟 1；接著，教下屬能力 2.1，再教步驟 2，然後步驟 3。等所有的步驟都教完之後，還要進行統整所有步驟的教學。這樣做的目的，是讓學生有一個機會，將所有的步驟統整在一起，練習所學到的能力。

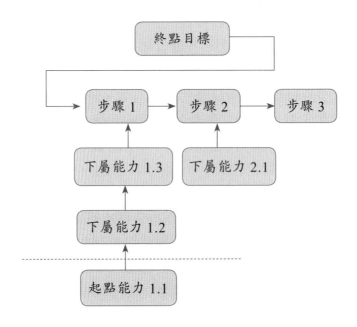

圖 12-1 教學分析

安排教學內容的群集大小（content clusters），有時也稱為教學區塊（chunks），是指教學中呈現教材的「量」。意即，將某個目標的教學分成幾「節」或幾個段落／活動來完成。由於現行國小的制度，每日的課表安排大都是國語一節，一星期有五節。那麼就要規劃，在每節課當中要完成幾個表現目標？或是每一個表現目標要分成幾節課（區塊）來完成。如果從編序教學的觀點來看，教材會細分成為非常小的「單位」進行教學，但是如果用傳統的教科書教學來看，要呈現的教材可能就是其中的一個段落。

教學歷程中，也許有的時候會按照目標的順序呈現教材，然後會穿插一些活動；或者一次呈現所有的教材，然後才進行其他的活動。

因此，要採取哪一種方式，端視學生年齡、教材難易度、學習型態、活動變化的需求，以及教學時間等，作最適當的決定。

要不要精準的預估教學的群集大小，事實上，它也受傳播系統的影響。如果，教材是以網路或是 e 化教學系統的形式呈現，那麼比較不受到時間的約束，學習者可以隨意、隨時的使用教材；但是，如果是教師主導的教學、小組討論、或是使用電視頻道節目的教學，就要精準的預估教學所需要的時間。要預估教學的時間其實是很困難的，建議教師先試教一部分段落，找出需要的時間，然後去推估整節課會教多大的群集。

以圖 12-1 的教學分析為例，依照學生的年齡（級）、教材的難易度，把內容的群集規劃如表 12-1，代表該表現目標的教學會以二個群集的方式教完。意即，群集 1 只教步驟 1 及下屬能力 1.2 和 1.3，群集 2 則教了步驟 2、3，以及下屬能力 2.1。依照這樣的規劃，每一個群集將以一節課為限，每節課預定是 40 分鐘的方式教完。但是，要注意的是，除了呈現教材的部分，也要包括所有學習要素的活動。

表 12-1　階層分析教學的順序與區塊

群集1	步驟 1
	下屬能力 1.2
	下屬能力 1.3
群集2	步驟 2
	下屬能力 2.1
	步驟 3

以圖 12-2 語文資料的叢集分析為例，主題之下雖然分成四項的知識內容，但是實際教學時可能分成二個群集進行（表 12-2）。教師可能考慮知識內容 1 至 3 比較容易，可以在一節課中完成，但是，群集 2 只包含知識內容 4 一項，可能對學生而言比較困難，必須花費

一節課才能完成。所以,教學群集的大小端視教師對學生,還有教材的瞭解才能決定。

　　另外,對於教學的順序,雖然叢集分析大都是以知識內容為主,不強調非常嚴謹的邏輯順序,但是一般的習慣仍然會按照分析的順序,也就是圖 12-2 中標示知識內容 1、2、3、4 等順序執行教學。

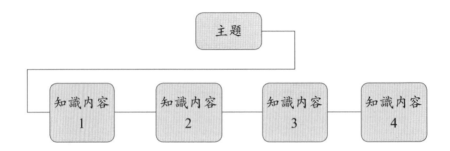

圖 12-2　叢集分析

表 12-2　叢集分析的教學順序與群集

	知識內容 1
群集1	知識內容 2
	知識內容 3
群集2	知識內容 4

　　至於態度分析,因為態度分析是結合了語文資料或是智識能力,教學群集就按照前述的叢集分析或是階層分析的方式進行劃分,其教學順序也是一樣。唯一不同的是,態度分析必須額外加上「統整活動」的教學群集才算完整,如表 12-3。其主要原因是「態度」必須藉由某種「行為的傾向」才能判定,必須從活動中觀察。比如說,要評斷學生是否欣賞古典文學,那麼除了教導古典文學的知識外,可能需要設計讓學生到圖書館中流覽書籍的活動,藉以觀察學生是否借閱了古典文學作品的書籍,才能判斷其欣賞態度。

表 12-3 態度分析的教學順序與內容群集

群集1	知識內容 1
	知識內容 2
	知識內容 3
群集2	知識內容 4
群集3	統整活動

　　過程分析的教學是結合動作技能與語文資料或是智識能力的部分，教學群集也是按照動作技能的難易度分成不同的群集進行教學。

　　總而言之，不論哪一種教學的分析，教學的順序都是依照分析的結果，由左而右、由下而上進行。至於教學群集的大小，則有賴教師對於學生的年齡、能力，以及教材內容的瞭解與經驗，做出最恰當的規劃。每一個群集則是以一節課為原則進行規劃，但是也可能以更多節課的方式完成。

第二節　組織學習要素

　　組織學習要素（learning components）是指將影響學習的因素排列其順序，形成學習歷程中的重要活動。有關學習要素在不同的理論中，或許有一些差異，但是，其中最能完整包含學習要素理論者，是植基於 Gagné 的學習歷程（learning process）與教學事件（instructional events）的論述。

　　Gagné（1988）的訊息處理模式（information-processing model）說明學習者學習如何從外在的刺激，轉換為內在的學習過程，如圖 12-3 所示。根據 Gagné，學習者在環境中接收刺激後，會啟動感覺器官（receptors），將刺激轉換為神經的訊息（neural information），進入感應記錄器（sensory register），並且做短暫的停留。在感應記錄器中所記錄的整個「圖像」（picture）並不持續存

留,而是透過選擇性知覺(selective perception)轉換為刺激的形式(patterns of stimulation)。選擇性知覺於是根據學習者的能力,注意到感應記錄器內容的某些特徵,只有具備這些特徵的知覺,可以輸入短期記憶中,其餘的知覺則會被個體所忽略(pp. 9-11)。

　　這些具有特徵的知覺留存在短期記憶中的時間,大約只有 20 秒,短期記憶大概可以儲存 7 個(或 ±2 個)的訊息。但是,如果個體能夠利用複習的訓練,就可以增加它們在短期記憶儲存的時間與數量。而透過編碼的技巧,訊息就能進一步儲存於長期記憶中。這些長期記憶中,經過編碼的訊息是可以經由線索(cues)進行搜尋,再次進入工作記憶(working memory)或是意識記憶(conscious

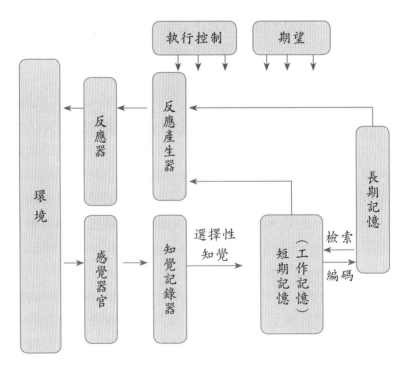

圖 12-3　Gagné 的訊息處理模式

資料來源:*Principles of instructional design* (3rd ed.), by R. M. Gagné, L. J. Briggs, W. W. Wager (1988), p. 10.

memory）中，繼續執行其他的工作。這時，長期記憶的編碼訊息可以透過檢索進入工作記憶時，Gagné（1985）就稱此情形為習得（learned），表示學習者真的懂了！（p. 73）

藉由這個訊息處理模式的流程，Gagné（1985）將學習歷程編為八個階段（phases），並將其對應於外在的九項教學事件，如表 12-4 所示（p. 304）。值得注意的是，Gagné 的教學策略是少數將學習遷移（transfer）納入教學活動的理論之一。然而，面對九年一貫或十二年國教所強調的「能力」或「素養」的表現，運用 Gagné 的教學事件作為教學策略是符合需求的選擇。

表 12-4　Gagné 學習歷程與教學事件之對應關係

學習歷程（learning process）	教學事件（instructional event）
1.注意（attention）	1.獲得注意（gaining attention）
2.期望（expectancy）	2.告知學習者目標：引起動機（informing learner of the objective: activating motivation）
3.檢索工作記憶（retrieval to working memory）	3.刺激回憶先備知識（stimulating recall of prior knowledge）
4.選擇性知覺（selective perception）	4.呈現刺激教材（presenting the stimulus material）
5.編碼（encoding: entry to LTM storage）	5.提供學習指引（providing learning guidance）
6.回應（responding）	6.引發表現（eliciting performance）
7.增強（reinforcement）	7.提供回饋（providing feedback） 8.評量表現（assessing performance）
8.線索搜尋（cueing retrieval）	9.增強保留與遷移（enhancing retention and transfer）

　　表 12-4 的右欄中所列之教學事件，不但說明外在教學活動所引發學習者內在的心理反應，也指出他們在訊息處理的流程中教學事件的先後順序。

一　獲得注意

（一）引起動機

　　利用 J. Keller（1987）的 ARCS 模式，進行引起學習者的動機。ARCS 指注意力（attention）、相關性（relevance）、信心（confidence）和滿足（satisfaction），茲說明如下：

1.引起注意力（attention）

　　(1) 刺激學生的知覺，則可提供與內容具體相關的、真實生活中運用的範例；運用少量的幽默維持學生的興趣（太多的幽默反而是干擾！）；提出與學生舊經驗不一致、衝突的觀點。(2) 引發學生主動的探究，則可提供動手實作或角色扮演的活動，讓學生主動參與；提問，讓學生作腦力激盪、批判的思考。(3) 運用改變，變化教學的方法和使用不同的媒體，或是協同學習等不同的方法進行教學。

2.切身相關性（relevance）

　　利用引起動機以吸引學生的注意力，通常維持得並不久，然而在學習的過程中，長時間維持注意力才是最重要的。(1) 定位目標，向學生說明教學內容為什麼對他們當下有所幫助，以及對未來的學習、升學、就業有何幫助？(2) 配合動機，透過評量瞭解學生學習需求的原因是基於成就感、權力感、或是隸屬感。容許學生選擇個別的教學方法及策略。(3) 建立熟悉度，連結先前的學習經驗和新學習的資訊，給予學生一種連貫性的感覺。親身示範使用教學的內容，可以改善的標的。

3.建立信心（confidence）

　　(1) 說明學習的要求，向學生說明目標以及先備條件，同時提供學習的標準（standards），以及評量的標準（criteria），讓學生建立

正向的期望，進而達到成功。(2) 給予表現成功的機會，提供多重的選擇與不同的經驗，讓學生有機會成功，不論是進步或是缺點都給予回饋，讓學生可以調整自己的表現。(3) 鼓勵自我的控制，讓學生對自己的學習有控制權，而不依賴外在的因素。

4. 感到滿足（satisfaction）

(1) 鼓勵內在增強，鼓勵學生對學習經驗產生內在的愉悅，而不期望外在的獎賞。(2) 提供外在的讚美或獎賞，透過正向的回饋、獎賞和不定期的增強。(3) 維持一貫的公平，運用規準評量（rubrics assessment）與學生共同評量學習成果。

　　要能提出滿足上述 ARCS 動機模式的教學，就必須在前面的歷程中透過「學習者分析」的部分，瞭解學習者的特性，例如：需求、興趣、先備能力等，去推論他們對教學內容和活動的想法。

　　另外，值得注意的是教學和學習者的期望是否一致，可能是維持學習注意力的重要因素之一。因此，如果教學的內容、列舉的範例、練習的活動，以及測驗的題目之間的關係不一致，就有可能讓學習者喪失注意力。

二 告知學習者目標

　　根據 Gagné 的理論，告知學習者有關教學或學習的目標是讓學習者對學習有所期望。有了目標，學習者就能將學習固定於目標上，進而調整其學習計畫與方式，也容易準備其評量。

三 回憶先備能力

　　刺激學生回憶相關的先備能力，讓學習者察覺新的教學內容和他們已經學過的知識之間有所關聯時，就會比較容易將新的知識融入原有的認知架構，那麼學習者就很容易統整新舊的知識，成為新的架構。提供新舊知識的組織架構、詢問學生問題，以及簡單的「起點測驗」或是「前測」，都是可以瞭解學生先備能力的方法。

四 呈現刺激教材

　　內容呈現的方式有兩種：演繹法與歸納法。演繹法是以概念或原理作為開始，然後導引至事實，接著進行觀察、應用與問題解決。而歸納法則是由事實或細節開始觀察，然後導引至概念或原理的建立，接著進行應用及問題解決（Kemp, 1985, p. 65）。雖然呈現內容的方式有演繹和歸納兩種方法，看似完全相反的觀點，但是在實際的教學中，教師可以兩者並行運用，並不會有所衝突。

　　以「演繹法」呈現內容的部分，可以依照教師個人選擇不同的教學法，而讓呈現的內容具有多元化的樣式。例如：使用講述法時，將教材內容用綱要的方式呈現，再一一說明與解釋。如果用問題的形式呈現，則可以用單元教學法的形式，呈現探究的問題，並以小組討論的方式進行整個教學的歷程。甚至，可以用直接教學法的方式，由教師將教材做示範、說明，然後讓學生進行模仿練習、督導練習，以及獨立練習等歷程。因此，由於不同的教學法，其呈現的教學內容形式自然有所差異（任慶儀，2022）。

　　如果要運用「歸納法」系列的教學法，首推 Gagné、Bruner 所主張的「概念獲得法」教學，以及 H. Taba 所創的「歸納思考法」（任慶儀，2022）。「概念獲得法」是利用學生對「正例」（examples）和「反例」（nonexamples 或 exemplars）的比較、對照，以假設、驗證的思考方式，讓學生自己建構概念（任慶儀，2022，頁 153-168）。「歸納思考法」則是透過提供的範例，以假設的方式進行分類，根據分類的特徵逐步建構概念，然後自行解釋概念的定義。最後，觀察生活情境中的運用，並加以驗證。此種讓學生藉由不斷的比較、分類，讓學生參與學習的機會增加，都要仰賴教師在教學過程中以特定的問題引導學生，此時，教學內容的呈現就會以問題的形式出現（Joyce & Weil, 2008）。

　　因此，由於教學法的不同，其所強調的學習性質自然有所差異，這是教師在呈現教學內容的活動中，可以靈活運用各種教學法，

藉以呈現不同的內容樣貌，引起學生的注意。此外，在內容呈現的階段中，還要包括提供學習者有關教材的架構，以及架構彼此之間關係的指引。因為在教學中，會將內容分得很細，為了能獲得教學整體的瞭解，在說明每一個段落的教材時，都要將它們彼此之間的關係提示給學生。常用的方式有：大綱、表格、圖解、流程圖、時序排列、重點列表等。

五 提供學習指引

利用刺激教材的內容讓學習者學完概念、原理原則或是解決問題之後，還需要學習者能夠馬上回憶學習的重點，並且能自行舉例說明，以表示真正的瞭解。教師必須以提問的方式，要求學生回憶並說明或解釋其意，甚至舉例說明習得（learned）的狀態。如果問題是語文資料，教師就可以直接回應學生的答案是「正確、或不正確」；如果問題是屬於智識能力的話，教師就要求學生說明概念、原理原則、解決問題的策略，並且提出範例說明。如果學習者無法正確的回應時，就要利用間接式的問題引導，直到學生可以完整的回應。

六 引發表現

從提供學習的指引中，學習者更明白自己的學習，也會更有信心表現所學的新知識與能力，此時，教師須提供一些範例，讓學習者試作，以增加信心。除了基本的範例之外，也可以增加一些少許的變化，讓概念與原理原則等可以應用到新的範例中。

七 提供回饋

提供回饋的方式沒有一定的形式，教師的點頭示意、一抹微笑、或是口頭的幾個字，都是可行的。提供回饋的重要性在於它的功能，而不在於內容，回饋是對學習者正確的表現提供肯定、正向的訊息，讓學習者知道自己的表現是正確的。

八 評量表現

在前項引發表現的階段中，學習者的表現一旦符合教學的目標時，有沒有可能是一種運氣使然？或者是學習者胡亂的猜測？這些問題都是學習成果評量所要回答的。因此，要求學習者用三個以上的例子（題目）來表現教學的目標，可能就排除了運氣和亂猜的機率，此時，教師就必須接受學習者已經達成目標的結果。

九 增強保留和遷移

要求學習者回憶所學過的資訊或知識的時候，教材的內容對於資訊的恢復是很重要的。深留在腦海中的新教材和舊經驗連結後所產生的關聯，是資訊回憶重要的線索。因此，教學上要不斷的「練習」這些資訊的回憶、概念、原理原則等，才能留住在記憶裡。課堂上要安排一些時間有系統的複習，強化知識與技能的保留。

為了要保證學習的遷移，最好的方式就是設計新的學習任務有一些變化，意即，除了在原本的情況下，應用基本的學習之外，另外需要在不同情況下也能夠應用所學。至於「學習遷移」則是指更大規模的情境改變，必須結合所學和其他的學習去完成任務。教師必須運用創造力設計出可以讓學習者應用的新情境，以保證學習可以遷移。

多變化和新奇的解決問題任務與持續發展學習者的認知策略有關，而學習者解決問題的策略，必須要有解決問題的機會，才能發展。因此，在作學習遷移的情境中，要向學生說明預期的解決辦法是什麼，因為「實際的」解決辦法可能和「原本」的辦法是不一樣的。

學習遷移（learning transfer）是近年來備受討論的一個話題。隨著基本能力、關鍵能力的改革呼籲，從課堂上學習的知識和技能能否遷移到「真實世界」的能力，成為學校和教師最大的挑戰。學習是否遷移的問題，則要檢視表現目標的脈絡和學習脈絡的差異有多大。當學習脈絡和表現脈絡接近的時候，發生學習遷移的可能性就很高。相反的，如果兩者存在的差異很大，就必須另外提供「模擬的」、「擬

真的」情境，讓學生有機會將終點能力應用於這些情境當中。同時，教師也可以要求學習者列出可能運用新知識或能力的時機或場所，以及可能遇到的問題及建議，這些都是有助於他們的學習遷移的發生。將「學習遷移」納入教學活動中是現在，也是未來教學的趨勢。

　　許多的同儕和學生最常問到的學習遷移的問題是：「學習遷移」的活動要在何時啟動？要寫在教案的哪裡？因為大家的想法不同，也引起一些爭辯。大多數認知心理學的教學理論都未將「學習遷移」納入教學的步驟當中，所以，產生這樣的疑慮是不足為奇的事。但是，只要熟悉 Gagné 的教學事件理論，就可以非常清楚的瞭解，「學習遷移」是包含在教學事件當中，其中第九個事件即是啟動的機制。

第三節　選擇傳播系統

　　當教學設計的歷程在發展完成學生的學習評量之後，就要開始設計教學策略。其中，另一個要面對的問題，就是選擇傳播系統。大部分成功的教學與學習活動，經常需要倚賴教學的資源。也許，一份簡報的影片對於演講者是很重要的輔助，影音的錄影記錄對於小組討論是很重要的資料。選擇有效率的傳播系統是教學策略的一項工作，其對教學的功能為：(1) 掌握學習者的注意力，並且刺激他們對主題的興趣，可以達到激勵學習者的目的；(2) 將學習者置於替代，但是有意義的學習經驗當中；(3) 有益於學習者態度的形成，以及鑑賞力的發展；(4) 以圖例的方式說明、解釋主題內容和示範表現的能力，以及 (5) 提供學習者自我分析個人表現及行為的機會。

　　傳播系統除了媒體之外，它也混合了一些教學法在內。可以說，傳播系統是整個教學策略的一部分。常見的傳播系統如下：

1. **講述**：這是最古老的傳播系統，通常由一位教師透過講解，將資訊傳達給一群學生。
2. 大班級講述與小組提問及提供回饋。

3. **電化教學**：透過廣播、錄影或是互動式的視訊教學。

4. **電腦輔助教學**：適用於自學與教師主導的教學，包含簡單的課文練習與複雜的互動式多媒體。

5. **網際／網內網路教學**：適用於自學與教師主導的教學，包含簡單的課文練習與複雜的互動式多媒體，或者包含線上 e 化系統中的大綱、內容、評量、互動。

6. **個別化教學**：包含教師、家教，或者印刷式資料，或媒體化資料組成的學習。

7. 工作場域的實習與指導。

8. 綜合性媒體及客製化、獨特的系統。

　　由於電腦科技的發達，上述許多的傳播系統漸漸朝向電腦化，因此許多傳統的傳播方式也逐漸被電腦媒體所取代。如何選擇傳播系統呢？理想中的選擇考量是依據：(1) 教學分析的結果和表現目標；(2) 教學事件中學習因素的特性；(3) 學生分組的方式；(4) 符合經濟效益、耐用、方便的媒體；(5) 最能配合現有媒體的傳播系統。但是基於教學通常是在學校或機構中進行的，學習情境的設備、系統與設施都會受到限制，因此一般而言，實際選擇傳播系統的考量是：(1) 根據現有的資源（學校購置電子白板設備，所以我必須使用它）；(2) 根據教師最熟悉或是最慣用的媒體（我最習慣使用線上 e 化教學系統），以及 (3) 根據最普遍使用的媒體（無遠弗屆的網際網路）。

　　除了上述的考量外，傳播系統也必須考慮使用的傳播系統是否會造成學習者的疲乏？例如：目前的學校大都有電腦放映的系統作為教學之用，上課時，學生的注意力只有在螢幕上的文字和圖片上，這種情形下，少了師生眼神的交流，不免失去人際的互動。此時，不妨使用一些傳統的傳播方式，例如：小組討論和印刷資料，可能會得到不錯的效果。

第四節 學生分組

學生分組和選擇媒體在教學策略中是一起考量的，兩者皆對教學的效率有重要的影響。學生的分組型態依據社會互動的需求，而有個別的、配對、小組與大班級等不同的組合方式。要不要分組是根據學習與表現脈絡、目標的敘述、教學策略的計畫中，是否需要有社會互動（social interaction）而定。適當的分組可以帶來學習活動的變化，讓學生感到有趣，也會引起動機。同時，分組也具有教育上的意義，合作學習就是其中一例。

在分組時，應該要決定分組的形式，是要用成就區分的異質性分組，還是由學生自由的分組。分組學習時，小組的分數計算應該要包含團體的成就。換句話說，進行小組學習，就要以小組的成就作為學習的評量結果，而不是任由個人在小組工作中，只獲得自己的分數，應該參考合作學習法之計分方式，促使小組成員彼此協助，獲得整組的表現，才是分組的真正意義。

此外，學生分組的型態也會影響媒體使用的時機。媒體的屬性是否適用於團體教學，還是自調式的個別化學習或小組的學習。例如：簡報系統（PowerPoint）只有綱要的內容，因此就不適用於自調式的個別化學習。然而，印刷式的媒體，如課本或講義，就比較適用於自調式的學習。大部分現今的媒體都可配合團體或個別使用的時機，加以設計和使用。

第五節 媒體的選擇

在教學中使用媒體，可以溯源至十六世紀的康米紐斯（J. A. Comenius, 1592-1670），他是第一個將圖畫正式插入教科書的教育家。自此，教育人員開始重視除了文字以外的經驗學習。印刷式的圖片、放映性的圖片、影片、有聲影片等，近代科技媒體的發展，可以

說是從美國參與第二次世界大戰開始的。為了盡速、有效的訓練從軍的青年成為軍人，因此，專家們發展許多的教學影片來輔助其訓練。戰後，使用媒體於訓練課程的想法，開始蓬勃發展，學校也逐漸重視它的影響。而媒體也從收音機、電視、幻燈片、投影片等，一路隨著科技的進步發展為現代的媒體，如：超媒體、電腦模擬、電子資料庫、YouTube 影片、學習平臺、虛擬實境等。雖然科技的發展讓媒體得以更多樣化，但是，許多研究的結果也顯示它們對於學習成就的影響並不一致。值得注意的是，這些研究結果也同時顯示，媒體對於學習者的學習態度，都產生正向的影響（Jen, 1990）。

選擇媒體不僅考慮教學的需求，更應該考慮提供學生學習回饋時的需求。對於語文資料的教學而言，教材必須呈現的方式可能以靜態的文字與畫面就足夠了。對於學生而言，他們所需要的回饋僅止於答案是否正確，因此也不需要像電視、平板電腦、手機等具有聲光的效果，反而，印刷式的資料或是教科書可能更符合其需求。

對於智識能力的教學，往往強調解決問題的能力。解決問題的辦法可能不只一項，所以就需要有互動式的回饋。此時，教師、助教和互動式的電腦模擬程式，就比其他的媒體更能夠隨時提供有效的回饋。

動作技能的教學，除了有一部分是屬於智識能力的學習外，大部分還是強調學習者的執行力。此時，電腦模擬或是在真實的環境中，用真正的設備來教學，恐怕是最能符合學習者的需求了。固然，錄影的媒體或是電腦的模擬可以提供一些回饋，然而，教師更可以藉由錄影的媒體，對學生所表現的動作技能提出回饋。

態度的教學基本上是可透過觀察與模仿而習得，因此錄影媒體與電視是最常使用的媒體。態度的教學也如同動作技能一樣，有一部分的教學是屬於語文資料或是智識能力，然而大部分還是得靠戲劇的表演，透過劇中人物的對話與行為，促使觀賞的人投以認同或反射的情緒，獲得個人觀念或價值的澄清，因此媒體的選擇就會更多樣化。

選擇媒體時，要考慮學習者的特性，特別是一些特殊的學習

者。如果，學習者為視障、聽障或是閱障者，在選擇媒體時，要考慮其特殊的需求。不過有一種情形是例外，那就是，如果目標是要達成某一種感官的敏感度，那麼就要考慮用綜合性的媒體來測試學習者。例如：要學生能在吵雜的環境中聽辨出說話者的聲音，那麼就不能只用聽覺的媒體，反而要用錄影媒體，才能呈現類似現場的音效。

現代的媒體大都脫離不了電腦，換句話說，使用這些電腦軟體的教師或是學生都必須學會操作電腦。那麼，選擇這些電腦作為傳播系統中的媒體時，也要考慮是否有行政人員可以隨時提供技術上的協助？教師是否有能力自行發展使用於電腦上的教學資料？這些考量在選擇媒體時，是很重要的因素。

最後，媒體的選擇必須符合經濟效益、彈性、耐操性、方便性、環境需求等因素。相關的媒體理論通常建議先選擇媒體，再選擇傳播系統，但是，實際上，教師大都先選傳播系統，再選媒體。原因是，同樣的傳播系統可以選擇另類的媒體作為輔助。因此，只要在學習者分析和脈絡分析做非常仔細的研析，媒體與傳播系統的結合通常可以提升教學效果。

第六節　教學實例

以下的表 12-5【範例一】是以數學教學中常用的練習教學法，作為 Gagné 教學策略的實施說明，以顯示「學習遷移」的活動如何在教學過程中進行，也示範這樣的教案要如何撰寫。

首先，先確定終點目標，根據目標的意涵將其歸類為智識能力的目標進行階層分析。因為，本案例牽涉到學生必須從題意中，作出選擇判斷的決策。換句話說，學生必須從題目中所給予的資訊（時間單位），以及答案所要求的資訊（時間單位）之間，判斷是否要作複名數方法的計算，也就是說學生必須根據這兩項資訊，決定解題的方式。此種「判斷、選擇」的能力，意在教導學生解題前必須具備的獨

立思考。在分析圖中此項決策的分析，係以◇菱形的圖示作為表示。如果解題需要先化聚單位則進行 y 的路徑，繼續作化聚與乘法的計算。如果解題時不需要先化聚單位，則進行 n 的路徑，作複名數的乘法計算。這樣做的目的是讓學生在解題時，必須要學會判斷題目，而不是埋頭苦作，浪費解題時間。完成終點目標之分析和下屬能力分析之後，就可以編寫下屬目標。

在【範例一】的「壹、獲得注意」中，教師以問題提問學生，試圖以舊經驗為出發點，挑戰新的數學學習，讓學生產生注意、好奇、猜測。然後，告知學生學習要完成的目標與他們切身有關，預告課堂最後的挑戰，讓學生知道會有表現的機會，預先明示挑戰成功的獎賞，讓學生感到公平與獲得滿足，以上的動作與 ARCS 的策略中所建議元素，均能在此案例中顯現。

在「貳、呈現刺激教材」的活動中，清楚的看出該教案是以「練習法」教學為策略，教師示範之前，先講解練習重點和示範說明，讓學生準備模仿。在模仿的過程中，教師不斷的提醒注意事項，也就是對學生的學習給予重要的指引，並且試作解題。為了要確認學生的學習是穩固的，在教師督導下，多列出練習的題目，以引發學生的表現。對於學生的表現，給予肯定、讚美的回饋。完成課堂練習之後，也要求學生獨立練習更多的題目。這些模仿、督導、獨立的練習，都是實施學生參與學習的機會。在教學過程中強調學生參與學習的機會，也是「練習法」教學的特色。

至於，「保留與遷移」的活動，將課堂上的重點以提問的方式詢問學生，其目的是讓學生記住上課的重點而不會忘記。在進行記憶保留的時候，教師必須注意保留的記憶內容要和目標一致，兩者不可各說各話。最後，以「挑戰題」的方式作為學習遷移的練習。題目的內容結合其他數學的學習，例如：時間的乘法、植樹問題、數線等技巧，而題目內容也貼近於學生日常生活的情境，可以說終點目標與教學目標的情境接近，學習的遷移是可期待的。

表 12-5 範例一、Gagné 教學策略（練習教學法）

設計者：	學習領域：數學五下（康軒）	
單元6名稱：時間	活動（一）時間的乘法問題	節數：2
教學資源：學習單		

終點目標	學習目標
學生能做時間複名數的乘法計算	1. 學生能選擇用時間複名數乘法做計算 2. 學生能做時間複名數乘法 3. 學生能做跨日計算

5-n-15 能做時間的乘除

做時間的乘法 1 → 做時間除法 2 → 做跨日時間的計算 3

要先化聚嗎？1.1 —y→ 化聚時間單位 1.2 → 做乘法 1.3

n

確認時間複名數單位 1.4 → 做時間複名數直式乘法 1.5 → 化聚時間做進位 1.6

時間複名數加減

教學說明：

1. 本單元教學分析採用 Dick 和 Carey 之階層分析法。

2. 本單元之教學順序為分析圖中，由下往上進行。亦即進行方塊 1.1 至 1.6，再進行方塊 1，其餘類推。圖中虛線部分另立教案。

3. 本單元之教學方式採用練習教學法進行。

學習目標	學習內容與活動	備註（資源）
學生能注意聽講	**壹、獲得注意** **一、引起動機** 1. 還記得怎麼換算時間嗎？（起點能力測驗）（回憶舊經驗） 2. 四上我們做過時間複名數進位加、減計算，那時間複名數的乘、除怎麼做呢？ 3. 今天課堂的目標如 ppt 所示。（告知目標） 4. 今天還有挑戰題要完成，答對的加 20 分。（告知目標）	學習單（題目 1-2） 目標 ppt
學生能注意聽講	**貳、呈現刺激教材** **一、解說重點（時間乘法）** 計算時間乘法之方法： 1. 將時間化聚成單一的時間量計算，再化聚。 2. 利用時間複名數方式計算，並化聚。	
學生能注意教師的說明	**二、教師示範與說明** （一）說明時間乘法計算的步驟 1. 確認要用複名數乘法計算。 2. 列出單位。 3. 確認進位的註記標示。	板書

學生能注意教師的示範與重點說明	（二）教師說明與示範時間乘法的計算	
	①家寧要用「Beauty up my life」這首歌曲編舞，歌曲長 3 分 38 秒，她連續播放 5 遍，共花了幾分幾秒？	課本 96 頁①
	1.Q：我們先判斷題目。題目給的單位是分和秒，結果問的也是分和秒，所以可以決定用複名數方法做。	
	2.列出時間單位、乘法直式算式。	
	3.依單位分別做乘法。	
	4.從低階單位檢查乘積，決定單位化聚。	
	5.將進位註記於高階單位，做進位加總。	
	參、學習指引：學生模仿練習時間乘法計算	
學生能注意教師的提示	③月球繞地球一周的時間約 27 日 7 時，繞 4 周需要幾日幾時？	課本 96 頁③
	Q1：這一題給的時間單位是什麼？要計算的時間單位是什麼？跟前面①有什麼不一樣？	
學生能按照步驟進行時間複名數乘法計算	Q2：題目給的時間單位是什麼？答案問的單位是什麼？所以用哪一種方法比較好？	
學生能化聚時間	Q3：小朋友開始列出乘法複名數算式。	
	Q4：從低階單位的乘積，決定要不要單位化聚呢？	
	Q5：將進位註記在哪裡？	
	Q6：算出來的答案是多少？	
	Q7：小朋友有沒有都答對呢？	

學生能做時間複名數的乘法計算	**肆、引發表現：督導練習** 2 一場電影播放的時間長 2 時 35 分，麗晶戲院今天播放了 6 場，一共播放了幾時幾分？ Q1：這一題題目給的單位是什麼？要計算的時間單位是什麼？跟上題有沒有一樣？ Q2：列出時間單位、乘法直式算式。 Q3：計算乘法。 Q4：從低階單位的乘積，決定單位化聚。 Q5：將進位註記於高階單位，並計算。 **伍、提供答案回饋，確認學生的學習**	課本 96 頁 2
學生能做對時間複名數的乘法計算	**陸、評量表現：學生反覆練習（獨立練習）** 做做看： 1. 哥哥手錶每過一天會慢 3 分 5 秒，一星期總共會慢幾分幾秒？ 2. 玉文學開車，每次上課練習 1 時 40 分，這個月上了 8 次課，一共練習了幾時幾分？ 3. 祥和社區在 7 月分共要停水 5 次，每次停水為 6 小時 40 分，整個 7 月共停水幾日幾時？ 4. 愛玲折一隻紙鶴要 35 秒，她要折 12 隻紙鶴送給好朋友，下午 1 時 30 分開始折，在什麼時候可以折好？ **柒、提供答案回饋，確認學生的學習** **捌、保留與遷移（延伸活動）**	課本 97 頁（做做看） （補充） 板書公布答案

學生能記住時間單位的換算 學生能分辨出有效的解決策略	1. 時、分、秒的換算單位是什麼？ 2. 日、時的換算單位是什麼？ 3. 什麼時候可以用複名數的方法計算？有哪些條件時呢？	保留記憶
學生能解決日常的時間問題	挑戰題： （連結：跨日時間計算、植樹問題、數線） 哲男發燒生病了。他每隔 6 小時要吃一次藥，他一共吃了 4 次藥，最後一次吃藥是第二天早上 8 點半，請問他是從前一天的什麼時候開始吃藥的？	學習遷移 學習單（題目3）

　　綜觀上述的教案活動的安排，大家可能發現它其實與「練習法」的設計幾乎一模一樣，但是仔細觀察教學活動多了「學習指引」和「保留與遷移」；換句話說，許多教學理論都只關注自己的活動元素，卻忽略了「學習指引」和「遷移活動」的安排，殊為可惜。「學習指引」是讓課堂的練習有個提點的作用，可以讓學生對今天的學習重點，再加以注意。然而，最後的活動「保留與遷移」，與近幾年特別受到國內注意的「素養」這件事有關，紛紛強調學習最後必須能在「真實的生活」中運用，不能只在象牙塔中堆疊知識，這樣的共識，可說是當前教學最重要課題。

　　因此，在表 12-6 中的【範例二】是以國語為例，結合十二年國教所強調的「學習重點」與「學習內容」，以 Gagné 的教學事件所發展出的教學策略。不同於上述【範例一】之處，在於本教案的格式為目前最為普遍的形式，且將核心素養、學習表現、學習內容均陳列於教案當中。惟須注意的是「學習內容」所轉化的具體內容，必須一併顯示出來，並與「學習表現」結合，產出本課的「學習目標」。

表12-6　範例二 Gagné 教學策略（講述法）

領域／科目	國語		設計者	趙湘濡（設計）、任慶儀（修改）	
實施年級	三年級			總節數	共 1 節，40 分鐘
單元名稱	第十課笨鵝阿皮				
設計依據					
學習重點	學習表現	6-II -6 運用改寫、縮寫、擴寫等技巧寫作。		核心素養	國 -E-B3 運用多重感官感受文藝之美，體驗生活中的美感事物，並發展藝文創作與欣賞的基本素養。
	學習內容	Ad-II-3 故事、童詩、現代散文等。 故事 - 類別 - 故事結構			
議題融入	學習主題	（略）			
	實質內涵	（略）			
與其他領域／科目的連結		（略）			
教材來源		翰林版三下第十課笨鵝阿皮			
教學設備／資源		電腦、ppt 檔案			
學習目標					

1.學生能認出故事的類別。
2.學生能分析故事的結構。
3.學生能運用擴寫創作故事。

學習目標	教學活動內容及實施方式	時間	備註
學生能理解故事內容，並回答問題	**一、獲得注意** • 複習舊經驗 　教師提問：上次我們一起看完了第十課的課文，相信大家對於故事內容都有一定的瞭解，那現在老師就來考考大家還	5	

	記得多少？		ppt 檔案
	1.故事中出現了哪些角色？主角是誰？配角有誰？		1：問題
			1-6
	2.故事發生的場景在哪裡？		
	3.故事是怎麼開始的？		
	4.故事的經過是什麼？（發生什麼事件）		
	5.故事最後的結局是什麼？		
	6.這個故事傳達了什麼意義？		
	二、告知目標		
	以口頭告知學生本節課之目標：	5	ppt 檔案
	1.學生能認出故事的類別。		2：目標
	2.學生能分析故事的結構。		
	3.學生能共同創作故事。		
	三、呈現刺激教材		
	Q1：本課中的故事是不是真實的？	5	ppt 檔案
	Q2：本課中的主角是不是真實的人？		3：問題
	Q3：課文中發生的事，現實生活有沒有可能發生？		
	Q4：本課的故事，是說鵝的故事，還是說人生的道理？		
	Q5：故事的種類有很多種，有的是真實的故事、有的是童話、有的是寓言和神話，用鵝和其他的動物來說一個故事，是屬於哪一類的故事？		
	四、提供學習指引		
	Q6：剛剛老師在複習的時候，問妳們的問題，其實就包含了故事的結構；一個故事具備了：故事角色、故事時空、故事開始、故事經過、故事結果、故事寓意。		
學生能瞭解並分析故事的結構	**五、引發表現**	25	
	• 發下故事結構分析表，完成本課的故事結構分析。		小組合作

				練習單：故事結構分析
	故事角色	主角		
		配角		
	故事場景			
	故事時空			
	故事開始			
	故事經過			
	故事結果			
	故事寓意			

Q7：本課是屬於哪一種類別的故事？
Q8：故事的結構應該包含哪些項目？

六、提供回饋

確認學生答對課文故事的結構，並給予鼓勵。

七、學習遷移

ppt 檔案4：分析表

• 故事接寫

學生能完成故事的接寫創作

教師：「故事的結尾進行到『阿皮的神氣，也全被嚇飛了』，故事就打住了，同學們會不會覺得故事好像還沒有講完，讓人意猶未盡呢？現在要請各組一起發揮想像力，將本課的故事接寫下去，讓故事內容變得更完整。」

1.請小組共同討論，你覺得「阿皮還有可能會鬧出什麼其他的笑話呢？」或是「阿皮的態度有了轉變呢？」

2.從以上兩種情境中選擇一種，完成後續的故事接寫，並將剛剛的故事結尾填寫到故事的開始，然後依據選擇的情境完成其他的部分。

故事角色	主角	
	配角	
故事場景		
故事時空		
故事開始	阿皮的神氣，也全被嚇飛了	
故事經過		
故事結果		
故事寓意		

3. 選擇第一種「阿皮還有可能會鬧出什麼其他的笑話？」可以描述阿皮接下來還會遇到什麼事件，事件最後的結果是什麼？以及你們最後想傳達故事的意義是什麼？

4. 選擇第二種「阿皮的態度有了轉變」，可以試著描述之後「阿皮應該怎麼做，才能不再是隻笨鵝」，事件最後的結果會出現什麼樣的翻轉？以及你們最後想傳達故事的意義是什麼？

5. 最後當你們改寫完故事後，你們覺得「笨鵝阿皮」這個課名適合嗎？為什麼？如果不適合的話，請你重新想一個更適合的標題。

6. 小組發表故事接寫成果。

試教成果：（非必要項目）

（略）

參考資料：（若有請列出）

翰林版國語教師手冊，頁 107-108 故事結構

附錄：（略）

　　表 12-6 的教案設計是以國語為例，說明運用 Gagné 教學事件的設計。教案中，將課綱的「學習內容」轉化成為具體內容後，結合「學習表現」，將產出的學習目標作為整個教學的設計基礎。從教案的活動中，可以明顯的看出課文中的語文知識是基本的學習，完成之後才能談到學習遷移。所以，從學校的學科中學習到故事結構的知識，也能夠運用到自己創作故事的寫作中，這樣的結果稱之為「素養」也不為過了！

　　以上兩個範例說明了使用不同的教學方法，應該有不同的步驟。但是，考慮到教學的完整性，Gagné 的九項教學事件提供了更完整的過程，將過去的教學法毫無違和的融入，特別是「保留記憶」和「學習遷移」這兩個事件，更符合當今在教學上的要求。

第十三章

教材對應與自編教材

在教學歷程中，完成決定教學策略中的傳播系統，安排學習的要素、選擇媒體，將學生分組、排列教學的叢集和順序之後，就要根據目標選擇適當的教材，以進行教學內容的呈現與講解。選擇教材意味著尋找適當的教科書與單元內容，以及是否需要自編教材內容等任務的開始。教材的使用，在教師教學的過程中扮演的角色有以下三種層面：

（一）完全教材

指教學的過程中（除了前測和後測）不需要教師的教學，學生可以依據自己的速度，透過教材自我學習，教師扮演的角色，是監控他們的進度或者提供一些指引給需要的學生。有些教材甚至提供前測與後測的測驗，當學生完成測驗後，才交給教師。整個學習過程中，教師是非常的被動，而學生則是完全依賴教材學習。

（二）修訂教材

指教學的過程中，教師選擇並且修訂、補充教材以符合教學策略的發展，教師在傳播教學上的角色顯然加重許多。另外，教師在修訂教材的過程，還增加了教材管理者的角色。教師依據教學策略所發展的結果，針對教材的部分進行修刪與保留。

（三）不使用教材

指教師完全以自行發展的教學策略為基礎，進行教學。教師利用教學策略的結果，創造演講大綱、小組討論和練習活動。

以上三種使用教材的層面，其依賴教材的程度各有不同，雖然各有利弊，但是，這些對教材的角色和教學者之間的關係，必須在選擇教材之前釐清。

第一節　教材的發展與選擇

一般而言，教材取得的方式大致可以分成三種，分別為：(1) 自行研發教材；(2) 使用現有的教材；(3) 修改、補充現有的教材。不過，長期以來，我國的教師都是以教科書作為教材主要的來源，而且通常為唯一的來源。

一 自行研發教材

以我國目前公立國中小學校而言，傳播系統還是以教師主導的講解為主。因此，教師和教材是目前中小學教學傳播系統的主要形式。我國中小學甚少由學校或教師發展自己的教材。所謂的「教材」和「教科書」，兩者基本上是同義。

我國過去是由政府單位「國立編譯館」進行教材的研發與印製，現在則是由教科書出版商發展與出售，甚少由學校或教師個人研發教材。唯一例外的情形是，個別學校中的教師團隊為「彈性課程」或是「特色課程」發展獨一無二的自編教材。通常這些教材也大都以簡易的方式列印而成，很少是正式出版，其性質比較像「講義」。對於學校或教師自行研發的教材，教育部在九年一貫「概要內涵」的「實施要點」有相關的說明與規定：（頁 13）

> 「除……審定之教科圖書外，學校得因應地區特性、學生特質與需求，選擇或自行編輯合適之教材。但全年級或全校且全學期使用之自編自選教材應送『課程發展委員會』審查。」

　　所以，依上述的規定，如果教材是提供給全年級或全校使用，就必須送交各校之「課程發展委員會」審核通過後，方能使用。

　　對於自行研發的教材，其步驟分別為：

1. 檢視每一個指標或教學目標所發展的教學分析。
2. 檢視相關的文獻資料，或者徵詢學科專家有哪些現成的資料。
3. 考慮如何用這些現成的資料，編製或修改成教材使用。
4. 考慮呈現教材的最佳媒體。
5. 根據教學分析中目標的安排與叢集順序的安排，開始撰寫教材的草稿。
6. 根據教材的草稿，擬定教材的附帶資料，如：手冊、學生活動與評量。
7. 進行教材的形成性評鑑。
8. 修訂教材。
9. 審查通過後，正式使用自編教材。

　　九年一貫課程改革，不但開啟了民間出版商出版商用的教材，更帶動了學校、教師出版自編教材。「總綱」中的實施要點與規定，更給予自編教材法源依據，使得自編教材在各校開花結果。使用自編教材的最大好處是，它可以完全符合教師在教學實務現場的教學策略。教材的內容、順序與理念的鋪陳，可以依照教學者的意圖而實施。但是，其所花費的人力、物力、時間與精力卻是相當的龐大。如果，設計出的教材只能用於少數的學生或是班級，那麼它的經濟效益就顯然不足，除非有其他的單位提供經費補助，否則應該仔細考慮。

　　延續九年一貫自編教材的政策，十二年國教「總綱」內有關教材的研發，進一步由教育部和縣市的教育機關作為主導單位，以合作、共享資源的精神進行。在實施要點之四：「教學資源」中有更詳細的的說明如下：（教育部，2014，頁33-34）

1. 教材研發包括教科用書、各類圖書、數位教材、補救教材與診斷工具及各種學習資源等，需衡量不同學習階段間的縱向銜接及領域／群科／學程／科目及課程類型之間的橫向統整。

2. 配合課程綱要實施，教育部應建立資源研發之合作機制，促進研究機構、大學院校、中小學、社區、民間組織、產業等參與教材、教學與評量資源的研發；直轄市、縣（市）主管機關得開發具地方特色之資源，或鼓勵學校自編校本特色教材與學習資源。

3. 各該主管機關與學校可整合校內外人力資源，協力合作以精進課程、研發補救教材與診斷工具等，提升學生學習成效。

4. 中央主管機關應整合建置課程與教學資源平臺，以單一入口、分眾管理、品質篩選、共創共享與尊重智慧財產權等原則，連結各種研發的教學資源，提供學生、教師、家長等參考運用。

　　有別於九年一貫總綱的政策，十二年國教總綱中，對於「自編教材」的部分，教育部與地方教育主管機關傾向於扮演更積極的角色，特別是在建置課程與教學資源平臺上，可以看到官方的介入。教育部以鼓勵之姿，邀集研究機構、大學院校、中小學、社區、民間組織、產業等參與教材、教學與評量資源的研發。此舉是以教育機關作為主導，尋求學校或研究機關合作，共同發展。至於，校本特色教材與學習資源則強調由學校所在之直轄市、縣（市）主管機關，開發具地方特色之資源、補救教材，或鼓勵學校自編教材。在教育主管機關主導下，發展教材固然可以因此共享資源，但是，也會限制教師的自編空間，降低自編教材的自由度。由於自編教材主要都是考量學生的特性、學校的環境，以及各縣市的差距等因素，導致這些特質無法全盤複製到其他的縣市學校，而使用自編教材的時機與方式也會隨之不同，因此，自編教材要能夠共享，實際上是有它的困難度。所以，自編教材通常都會有「在地化」與「校本化」的趨勢。而學校之間合作發展教材更難實現，由各縣市教育主管機關主導也必須視其經費、專

業等條件而為,所謂「市(縣)本課程」的產出,似乎也需要更多的努力。其中,臺中市發展出「資訊教育市本課程」,即是聯合國立臺中教育大學、國立彰化師範大學、國立中興大學、國立清華大學、國立雲林科技大學等大學院校以及臺中市國民小學等共同發展資訊教育之課程,其發展的成果中包含有課程、教學(教案)、教材、師培與評量等。目前,陸續收錄於教育部因材網,可說是十二年國教中自編教材的實例之一。此項成果的展示,充分實踐了十二年國教中對於自編教材的政策,由縣市教育主管機關主導,並由中央主管機關設置平臺,統一管理研發的教材,作為分享、共用。

二▶ 使用現有的教材

使用現有教材,對於教師而言是最單純且最符合經濟效益的選擇。再者,自從 2001 年實施新課程改革後,雖然強調教學要以能力指標為目的,但是直到 2019 年學者陳淑娟的調查發現,仍然有近 90% 的國小教師是以教科書的單元內容為教學的目的。從教科書(教材)改由民間自行發展與設計以後,提供給教師的是更多樣化的選擇。然而,面對多本的教科書,如何選擇其符合教學策略的結果,則必須考慮下列諸點:

(一)教材內容與表現目標的一致性

教師從教學分析所產出的終點目標,以及表現目標是否和教材內容有一致性?抑或,教材內容是否能達成教學策略所產出的結果?如果一昧的使用教科書的單元作為教學之主要依據,將可能導致教科書內容無法充分的提供教師依據課綱所發展出的教學分析與表現目標所要求之內涵。以表 13-1 為例,社會領域能力指標 2-1-2 經過教學分析後,轉換為終點目標和表現目標 1 和 2。但是,在目前各版本的教科書內,大都沒有相關的主題或內容,僅有其中一個版本教科書的內容摘要,如表 13-2。

表 13-1　教學分析

能力指標	2-1-2 描述家庭定居與遷徙的經過。
表現目標	1. 提供不同種類的地圖，學生可以在地圖上標示家庭遷徙的路線。 　1.1 給予不同種類的地圖，學生能根據地圖標題指出地圖的種類。 　1.2 給予不同種類的地圖，學生能說出地圖的功能。 2. 利用遷徙路線圖，學生能說出家庭定居的原因。

表 13-2　教科書單元之內容摘要

你曾經搬過家嗎？ 住在不同的地方，會有什麼不一樣的生活呢？

　　比較表 13-1 和表 13-2，你會發現內容好像有點關係，但卻無法真正和表現目標接軌；換句話說，教科書的內容和目標會產生不一致的現象。而這種差異的現象均出現於各版本中，所以在許多的場合中，學者專家一再的提到教科書在教學中，應該只作為教學的素材之一。教師應該具備獨立思考、判斷的專業能力，而非將教科書作為教學的「聖經」，照本宣科的結果就是遺漏了重要的課綱要求。課綱的教學還是要按照本書前面章節中提及的作法，將其分析設計後，掌握教學之重點。所以，只使用現有的教科書單元作為教學主體是不足的。

（二）教材內容應以學科知識為基礎

　　教材是用來教學的，舉凡它的內容應該以學科知識為基礎進行編撰，而非以「教條式」的說明作為內容。在國小教科書內常常發現出版商往往以「類知識」的內容取代學科基本的知識，這是教材中非常危險的地方。

　　表 13-3 和表 13-4 就是以社會領域的「學習內容」作為範例，說明教科書的內容對應於課綱教學分析的結果。以表 13-3 的社會領域

課綱為例，透過教學分析（語文資料之叢集分析）獲得表 13-4（左欄）的結果，其中包含有學習權、隱私權、生命權，以及身體自主權等四種權利。這些權利的相關內容，應該以「公民」學科領域的知識作為學習重點，找出有關的教材，以便完成該「學習內容」。

　　如果，以「學習權」為例，依照課綱所分析的「學習內容」，應該要涵蓋聯合國教科文組織所發表之「學習權」，以及我國相關法律定義或概念。但是，查閱目前 K 版教科書中三年級和四年級的內容，有關「學習權」僅出現於三上單元中，而其中有關「學習的權利」的內涵，則摘要如表 13-4 右欄位中。表 13-4 的教科書內容，看似提供有關「學習權」的內涵，但是教材中卻輕輕的模糊帶過，沒有提供真正有關聯合國教科文組織所發表之「學習權」的內涵，也沒有提出它在我國律法上的規定，教材內容顯然不符合「公民」學科的知識要求。換句話說，使用現成教科書將無法達成真正的教學內涵，教師們必須重視教學分析及學科的基本知識，小心使用教科書。

　　相較於「學習權」，「隱私權」、「身體自主權」在教科書的內容似乎也如出一轍，僅出現名詞之意，對於它們的法源依據及詳細內容，特別是法律上的行為準則與規範，則無涉獵。這些名詞在教科書中只是約略的提到，其主要的內容則看似學校、老師對學生的「老生常談」、或是「道德教條」而已，並未讓學生真正瞭解它們的律法本質，這是非常可惜之處。這些公民權利的教學，是教導學生對法律的尊重和社會道德的守約，也是培養學生法治觀念的重要關鍵，但是，在教科書中卻缺乏可對應的內容，殊為可惜。

表 13-3　學習內容

Ac-II-1 兒童在生活中擁有許多權利（例如：學習權、隱私權、生命權及身體自主權等）與責任（例如：遵守規範、尊重他人、維護公共利益等）。

　　以表 13-3 的學習內容為例，依照學校本位、學科本位的需求，將課綱的「學習內容」轉化成為教學的具體、重要、詳細的內容後，

即可與教科書的內容對照，檢視其是否完整的呈現。

表 13-4 學習內容分析結果（語文資料叢集分析）

兒童權利與責任	教科書內容摘要

一、權利
1.學習權
  • 學習權定義
    由來
    法源
    內涵
  • 學習權保護行為
	單元名稱：四、學習與成長（三上）
	第一課　學習的方法
	  • 學習的重要
	  • 有效的學習方法
	  • 尊重他人學習的權利
	  • 妥善安排學習時間
	第二課　多元的學習
	  • 豐富的學習活動
	  • 主動爭取學習機會
	  • 踴躍參與學習活動

2.隱私權
  • 隱私權定義
    由來
    法源
    內涵
  • 侵害行為
  • 保護管道
	單元名稱：五、和諧的相處
	第一課　班級裡的人際關係
	第二課　平等與尊重
	  • 性別平等
	  • 尊重他人（隱私、身體自主）

3.生命權
  • 生命權定義
    由來
    內涵
    爭議
	無

4.身體自主權
  • 身體自主權定義
    發起
    內涵
  • 侵害行為
  • 保護管道
	單元名稱：五、和諧的相處
	1.班級裡的人際關係
	2.平等與尊重
	  • 性別平等
	  • 尊重他人（隱私、身體自主）

二、責任 （省略）	

　　以上的例子主要是說明使用教科書作為教學重要的教材時，教師必須以課綱為主，評估教材內容是否能完整或適當的呈現學科知識，是一件非常需要教師具備專門、專業的知識和判斷力的工作。

（三）教材內容的完整性

　　對於每一課的內容是否能完整而充分的包含表現目標，是選擇教科書的另一個重要考量。教材內容資訊，是否包含足夠的教學資訊、教師手冊、練習題目、回饋、評量等。所謂「足夠」的資訊是指，教材的內容是否有：1. 介紹引言的部分（introduction）；2. 動機的說明（motivation）；3. 和先備能力的連結（linking）、目標說明，以及主題資訊的部分。然而，伴隨教材的教師手冊、評量、回饋、活動說明等，也是評鑑教材完整性的標準。

　　教材內容是否完整，以前述表 13-4 為例，課綱的教學分析與教科書單元的對應，說明了教科書的單元看似與課綱的學習重點有關，並不代表它就具有完整的資訊。

　　我國目前教科書為了讓單元內容看起來簡單、容易、具有精美的圖片，紛紛將內容圖像化，導致教材內容過分簡化、資訊不夠完整，特別是單元中常將描述主題的緒論、學習動機、與先備經驗或能力連結的資訊予以省略。這些過於精簡或言不及義的內容，會讓單元的主題或重要的知識失去焦點，讓教師很難掌握學科重要的知識與概念。使用現有教材，雖然對於教師可以免去發展自編教材之苦，但是，教材往往無法滿足教學上所需要的資訊，卻也是不爭的事實，補充與修改教材就成為必要的工作。

三 修改、補充現有的教材

　　這是以表現目標或教學分析結果作為教學的主體時，將教科書的單元予以對應，檢視單元中不足的部分予以補充或修改，以配合課綱分析的結果。換句話說，教學是以課綱的教學分析結果為主體，將教

科書視為教學的素材，加以利用。對於無法對應的單元，則另外尋找適當的教學素材，將現有之內容予以修改進行教學。

在使用教科書現有的教材，其內容往往無法與目標一致，抑或無法滿足來自教學分析的整體目標，因此，選擇修改或補充現有教材是最可行的方式。然而，補充或修改現有教材必須以教學分析或教學策略中的目標為基礎，以教師的專業知識及其他來源的教材資源作為補充。此舉也是傾向於大多數教師所主張「一綱一本」的理念，但是必須具有「一本不足」的認知。

如果，缺乏教學分析與教學策略的規劃，那麼「補充教材」的作法多淪為「補充其他教材沒有的內容」的方式，這樣的補充就傾向於「一綱多本」的教學，是不適當且沒有必要的作法。由於，既定的目標已經建立，達成目標方法或內容可以非常多樣化。換句話說，使用不同的教材可以達成同樣的目標，以國語為例，要辨認出「記敘文」，教師可以用「小紅鞋」的課文，也可以用「阿婆的愛心傘」的課文進行，雖然內容不同，但目標卻是一樣。此時，若要以「內容」作為補充的方式，那麼教師就要「教多本」，這是錯誤的認知。

總而言之，使用現有的教材，應該以課綱所轉化的終點目標及表現目標為基本，檢核教科書或教材中能否有效的提供足夠而適切的資訊。因此，在「課程綱要」的時代中，教師要能夠依照轉化後的教學目標分析其教科書內容，將教科書視為「素材」之一，當素材不恰當時，就要更換、補充或修改。

第二節　單元與教學分析之對應

教育部在九年一貫總綱中之「概要內涵」的「實施要點」中，明確指出「……對應能力指標之單元」是課程計畫中必須包含的內容。許多教師常常誤解，以為是把能力指標去對應單元，這種邏輯的錯誤，造成所有的單元中都出現同樣的能力指標，而且不斷的重複，最後的結果，仍然是以教科書內容為基礎，把能力指標套用進來而已。

錯誤的作法仍然延續到十二年國教的「學習重點」。此種作法就像是過去的教學，以單元內容為基礎，產出其可能達成之目標作法一樣。如此一來，無法得知哪一項能力指標或是學習重點重複多少次，而哪些指標和重點根本未能於學年或學期教學中完成。再者，這種作法還是主張以單元為主的教學，並未針對課綱進行教學，課綱因而形同虛設一般。

所以，正確的作法應該是以課綱為主，透過教學分析之後，將單元作為對應的單位，如此一來，才能說以課綱為教學之始。

「一綱多本」的意義，在教學上代表教師可以有多元的選擇，而「一綱一本」，是指教學中只要使用一本教科書，然後，再補充不足的教材。這種作法成為「一綱」時代中，教學設計勢在必行的作法。但是，此種補充的方式，並不是針對與其他版本教科書彼此內容的差異而進行，而是針對未能滿足教學分析的內容或資訊，進行補充。透過教學分析所獲得的結果作為檢視教科書內容的基準，可以利用表13-5 將兩者對應之，並從教材中判斷出「有」或「無」適當之內容。而準備教學之前，就要針對「無」的部分，進行自編教材或是修改、補充教材。如果該補充之教材為全年級使用，就必須送交「課程發展委員會」審核通過後，方得使用。

表 13-5　目標之教學分析結果與教科書內容之對應

目標教學分析結果		對應單元
1-n-04 學生能做加法並寫成橫式與直式的算式		第 7 課加減應用
1 學生能對給定的題目用合成的方式做加法		
1.1 學生能從數合成活動中，正確的說出加法的意義		自編
1.2 學生能從給定的題目中，正確的認出合成的題目		自編
1.3 學生能從給定的題目中，用合成的方式作法	✓	
2 學生能從合成的圖示中，正確的寫出橫式的加法算式	✓	
2.1 & 2.2 學生能從回憶中，正確的說出「+」號和「=」號的意義		自編
2.3 從回憶中，學生能正確的說出橫式之加法算式格式		自編

　　只要稍有經驗的教師，在檢視表 13-5，就可以發現雖然欄位中註有「自編」字樣，但是，仔細觀察就會發現，在實際教學中只要出一、兩題符合目標的算術題目就可以進行這個所謂「自編」的教學。所以，「自編」的工作其實不是那麼難，也沒有那麼複雜。

　　值得注意的是表 13-5 的呈現方式，可以說和目前許多學校的作法是大相逕庭。相較於各校以單元為主，將課綱對應於單元的作法，表 13-5 中的對應才是正確的作法。

　　另以，以十二年國教之學習重點為例，在左欄位中呈現課綱的學習重點，中間欄位以課綱的教學分析為主，接著將單元對應之，這才能看出教科書如何符應課綱教學的需求。此種由左至右的欄位排列出課綱、教學分析結果、對應單元的順序，才能讓課綱的學習重點發揮其應有之引導作用。

　　因為有了詳實的教學分析工作及具體的表現目標，那麼檢視教科書或是教材就有了依據的準則。如此一來，很容易評斷教科書的內容是否可以滿足達成表現目標所需要的資訊。對於教科書缺乏的資訊或內容，教師就可以衡量是要補充，還是發展全新的教材。用表現目標評量教科書的內容才是合宜與正確的方式，也才是打破過去以教科書為教學目標的作法，符合現代能力教學的精神。

　　教學設計的工作是非常的繁複，其歷程中有許多的「選擇」必須決定。如果，以教師個人進行所有的工作，工作負荷是相當的沉重，因此，進行教學設計宜以群體的方式為之，以協同的方式合作完成。

　　同樣的，如果每一位教師把教科書的單元內容，一一對應到課綱的教學分析和表現目標，那麼教師勢必要花費非常多的時間與精力，才能執行這樣的任務。因此，為了減輕這樣的工作負荷，此項工作應該要由整體的教師通力合作才能事半功倍，特別是學年組織中的教師或是同一個學習階段學習領域的教師，更應該負起這樣的責任。

　　如果教材可以提供足以表現目標的內容與資訊，那麼將其單元名稱或課別名稱列在「對應單元」之欄位就可以了。但是，如果在備註欄有「自編」字樣之目標，是表示教科書之單元沒有適當的內容可

用，需要進行自編補充。有時，雖然教科書沒有適當的單元對應，但仍然將單元名稱寫上，是表示該目標的教學會融入該單元中進行自編教材或補充的部分。

表 13-6 中即列出「備註」欄位有「自編」字樣者，即指現有教材沒有適當的或充分的內容可供教學或學習之用，而對應之單元名稱則指該項「自編」的教材將用於該單元之教學當中。自編之後的教材須送交「課程發展委員會」通過審核後，才能提供給全年級使用。

表 13-6　數學課綱、教學分析與單元對應

學習重點	教學分析結果	對應單元	節數	評量	備註
n-I-1 理解一千以內數的位值結構，據以做為四則運算之基礎。	1.用數表示量 　1.1 按照數字卡唸出 100 以內的數 　1.2 按照數序寫出 100 以內的數 　1.3 從給定的數排出數序	1. 數到 50 1. 數到 50 5. 數到 100	2	紙筆口頭 紙筆 紙筆	 自編
N-1-1 一百以內的數：含操作活動。用數表示多少與順序。結合數數、位值表徵、位值表。位值單位「個」和「十」。位值單位換算。認識 0 的位值意義。	2.用位值表示數 　1.1 位值的定義 　1.2「個位」位名 　1.3「十位」位名	5. 數到 100	2	紙筆	
	3.位值單位換算 　3.1 十位和個位位值換算 　3.2 用不同之位值單位表示同一數值 　3.3 從位值單位算出數值	5. 數到 100 5. 數到 100			自編 自編

　　對於每一條課綱，都需要進行教學分析，產出之結果，不但引導教學的方向，也指引了教學的範圍。表 13-7 則是以社會領域為例，所進行的單元對應之表徵。如同數學領域一般，表格中以學習重點列於左欄中，分別為「學習表現 2c-II-1」與「學習內容 Ac-II-1」。將學習內容作「叢集分析」，轉化為具體內容後，將其結果置於中央（教學分析），然後才是對應的單元、節數、評量與備註。

表 13-7　社會課綱、教學分析與單元對應

學習重點	教學分析	單元對應	節數	評量	備註
2c-II-1 省思個人的生活習慣與在群體中的角色扮演，尊重人我差異，避免對他人產生偏見。（學習表現）	兒童權利與責任 一、權利 1.學習權 • 學習權定義 　由來 　法源 　內涵 • 學習權保護行為	四、學習與成長 第一課 尊重他人學習的權利	2	紙筆	自編
Ac-II-1 兒童在生活中擁有許多權利（例如：學習權、隱私權、生命權及身體自主權等）與責任（例如：遵守規範、尊重他人、維護公共利益等）（學習內容）	2.隱私權 • 隱私權定義 　由來 　法源 　內涵 • 侵害行為 • 保護管道	五、和諧的相處 第二課 平等與尊重 • 尊重他人（隱私、身體自主）	2	紙筆	自編
	3.生命權 • 生命權定義 　由來 　內涵 　爭議	無	1	紙筆	自編

表 13-7 社會課綱、教學分析與單元對應（續）

學習重點	教學分析	單元對應	節數	評量	備註
	4.身體自主權 • 身體自主權定義 　發起 　內涵 • 侵害行為 • 保護管道	五、和諧的相處 第二課 平等與尊重 • 尊重他人（隱私、身體自主）	2	紙筆	自編

　　社會領域的單元對應，也如同數學領域一樣，每一個教學分析的項目，都要在教科書單元內對照，才能夠發現教科書的內容不足之處。

　　相較於數學領域和社會領域的課綱，國語領域的課綱就顯得非常的特殊。國語領域的課綱，並不是來自課文或文本的內容，而是來自「語言學」的內涵。綜觀國語領域的課綱，大都集中於文體、結構、段落、語句、生字語詞等的學習，因此教學分析也大都以前述的項目作為主體，加以分析。換言之，每一課都以前述之項目作為學習的重點，在單元對應時就會有許多重複的單元可以對應。例如：生字語詞的學習就會在每一課重複出現，如表 13-8。

　　國語科的教學計畫不同於數學與社會學習領域之作法，其原因在於國語科的能力指標無法以教材單元中的內容逐自一一對應。其主要原因為國語科的主學習是語文的能力，副學習才是課文內容的知識和概念。就語文能力而言，在課綱分析之後，必須加以「歸納或綜合」，亦即在同一課之國語單元內，其教學是要同步進行許多的「語文能力」學習，例如：「Ab-II-1 1,800 個常用字的字形、字音和字義」、「Ab-II-2 1,200 個常用字的使用」，以及「Ab-II-5 3,000 個常用語詞的認念」等，這些學習內容都是在每一課當中都要學習的。

因此，在表 13-8 中，如同數學與社會領域之作法，將單元名稱（如果單元太多或可只列其課別之編號，例如：1-14 課）對應，儘管不同的學習內容所轉化出的結果，對應其教材單元會重複，此種現象是國語科所特有的。

表 13-8 中將表格的順序依照課綱（學習表現）、學習內容與教學分析、對應的單元名稱、議題、節數、評量等，由左至右排列。這樣的對應，也是以課綱為主，單元對應的方式，仍然維持其與數學、社會等領域在進行教材對應時，表徵出同樣的順序。

表 13-8　國語課綱、教學分析、單元對應

學習表現	學習內容與教學分析	單元對應	議題	節數	評量	備註
4-II-1 認識常用國字至少1,800字，使用1,200字。	Ab-II-2　1,200個常用字的使用 • 本義 　造詞 　詞性 • 延伸義 　造詞 　詞性	1-14 課 1-14 課 1-14 課 1-14 課 1-14 課			紙筆測驗	
4-II-2 利用共同部件，擴充識字量。	Ab-II-3 常用字部首及部件的表音及表義功能 • 形旁的功能 　表義 • 音旁的功能 　讀音 • 義旁的功能 　表義	1-14 課 1-14 課 1-14 課 1-14 課			口頭測驗	

表 13-8 國語課綱、教學分析、單元對應（續）

學習表現	學習內容與教學分析	單元對應	議題	節數	評量	備註
6-II-5 仿寫童詩。	Ad-II-3 故事、童詩、現代散文等 • 故事 　類別	2.神奇鐘錶店 3.明天再寫 5.不賣馬的人			實作評量	
	故事結構	2.神奇鐘錶店 3.明天再寫 5.不賣馬的人				
	• 童詩 　擬物	1.時間是什麼 8.世界上的海洋			口頭測驗	
5-II-5 認識記敘、抒情、說明及應用文本的特徵。	Ba-II-2 順敘與倒敘法 • 順敘原則 時間順序 事件順序	3.明天再寫 2.神奇鐘錶店 5.不賣馬的人 6.老榕樹 13.秋千上的婚禮			紙筆測驗	

表 13-8 國語課綱、教學分析、單元對應（續）

學習表現	學習內容與教學分析	單元對應	議題	節數	評量	備註
	空間順序	10. 月世界 11. 看海豚跳舞 14. 小鎮風情				

　　表 13-8 所顯示的單元對應，有的學習內容有全部課文對應，如：1-14 課，即是表示每一課都要進行該學習內容的學習。但是，有部分的學習內容僅有數課（列有課名者），即是表示該「學習內容」（包含具體內容）只進行於該課中。因此，就會有好幾課同時對應於同一個學習內容中，這是國語領域特有的現象。

　　國語科的作法是比較特殊的方式。對其他領域而言，一項課綱可以單獨成為教學的「一課」的單位，但是在國語領域就必須結合許多的學習內容在同一課當中進行教學。

　　使用教科書是一件非常重要的事，但是，考量到它們是民間出版商的商品，對於課綱本身的研究，其專業程度自有其不完美之處。教師應該秉持客觀與專業的態度，以自身對學科的鑽研，謹慎小心的使用教科書。雖然教科書的出版須經教育部相關部門的審核，但是，審核的焦點大都是在內容的正確性，並無法針對課綱一一的檢核其完整性，這是使用教科書必須抱持警戒之處。

　　為了要完成課綱所列的範圍、目標，教師應該從課綱的教學分析中，將補充、刪除或是修調教科書單元的作為視為必要。惟以教學目標或是課綱為首的教學設計歷程，才是現代教學設計的新觀念。

第三節 教材評鑑的要素

考量我國目前的情況，教師自編教材，並不是一件普遍而容易的事。因此，大都使用現有教材，也就是不同版本的教科書。所以，在選擇教科書時，除了教科書內容要能夠滿足學習目標所需要的資訊以外，還有哪些選擇的考量？一般而言，對於目標的學習，教材的選擇權威性、正確性、新穎性及客觀性，都是考量教材重要的標準。對於學習者而言，語言的層次、字詞的使用、學生的認知發展階段、動機與興趣，以及免於性別、族群和文化的偏見等是重要的考量。對於學習本身而言，教材選擇的考量包含教學前的教材，例如：表現目標、動機的資訊、或是活動，以及起點能力的說明等。至於，教科書中有無提供練習的教材、回饋、教材的傳播系統是否適當，以及學習指引的提供等，也是選擇的重要考量。對於學習的脈絡則必須考量教材中所依據的脈絡是否適宜？以及教材中的圖片、照片、耐用性及提供的影音資料或媒體的品質，也是選擇教科書的重要考慮。

針對上述的考量，教育部（2003）在其《教科書評鑑指標》一書中，列出評鑑教科書的一般性指標供學校與教師參考：（pp. 4-6）

一 出版特性

指教科書之物理特性，如教科書的版面設計、圖文搭配、文句組織、紙張品質、字體大小、色彩視覺和堅固程度，其下又分為五個具體指標：1. 文字流暢易懂；2. 圖畫文字搭配合適；3. 紙質良好；4. 印刷精美，以及 5. 堅固耐用。

二 課程目標

指教科書及其相關附屬材料所呈現，用以實踐國民中小學九年一貫課程目標的程度或特性，其下又分為：1. 能實踐課程綱要能力指標；2. 目標來源具備合理性；3. 具體、明確；4. 兼顧認知、情意和

技能等層面，以及 5. 目標合乎學習者身心發展層次。

三 學習內容

指教科書及其相關附屬材料所選擇供學生學習，用以實踐國民中小學九年一貫課程各學習領域課程目標的題材、事實、概念、原理原則、技能和價值，其下又分為：1. 能有效達成目標；2. 含重要之事實、概念、原理原則、技能和價值；3. 內容正確；4. 合時宜；5. 生活化；6. 分量適中，以及 7. 難易適切。

四 內容組織

指教科書及其相關附屬材料所呈現，將各種學習內容進行水平和垂直組織的方式和特性，其下分為：1. 章節結構良好；2. 學習內容前後順序合乎學習原理；3. 重要學習內容能適度延續出現並具擴展性；4. 內容各部分和各要素銜接整合良好。

五 教學實施

指教科書及其相關附屬材料所呈現，進行教與學之各種活動設計及實施方式，其下又分為：1. 提供學生參與探索之機會；2. 配合內容提供合適的教學策略；3. 評量建議或安排能反映課程目標；4. 激發學生學習動機、興趣；5. 學生有機會表達和應用習得的知識；6. 激勵學生主動解決問題、創造思考和更進一步的學習動力；7. 提供適應個別差異的活動和機會。

六 輔助措施

指教科書出版者所建議或提供，用以增進和發揮教科書功能的輔助性措施或材料，其下又分為：1. 建議增進教科書功能的輔助性材料；2. 持續研究並即時更新內容；3. 提供學生及教師使用的諮詢和其他協助的資源。

除了教育部所提出的選擇教科書之標準外，對於使用其評鑑指標的人員（教師或行政人員）在評鑑時，應該：

1. 精研各學習領導課程綱要。
2. 研閱各領域教科書評鑑指標的使用說明。
3. 視需要調整各項目配分權重及補充細目指標。
4. 依評鑑目的呈現評鑑結果。
5. 深入而完整的瞭解教科書及其輔助教材。

除了教科書評鑑的一般性指標與其下之細目指標，以及對使用者的建議之外，教育部對各領域教科書的各項特性之比例，也提出建議如下：（見表 13-9）

表 13-9 評鑑教科書六項指標之比重

1. 出版特性	10%
2. 課程目標	20%
3. 學習內容	25%
4. 內容組織	20%
5. 教學實施	20%
6. 輔助措施	5%
總分	

對於各領域之教科書，因其屬性不同，因此，教育部列有各領域教科書評鑑表格，作為各校在選擇教科書時的參考。表 13-10 為國語文教科書評鑑之表格。

表 13-10　國語文教科書評鑑要素

項目	評鑑指標	評鑑結果與說明				
		5	4	3	2	1	特殊優、缺點及具體意見
一、出版特性	1-1 文字長短適宜，配合學生的語文能力及閱讀理解，文字敘述流暢優美。						
	1-2 插圖、照片、圖表與文字內容搭配適宜。						
	1-3 版面設計美觀而具親和性，紙質優良而不反光，便於書寫與閱讀。						
	1-4 印刷清晰，字體大小適中、色彩濃淡合宜。						
	1-5 其他。						
二、課程目標	2-1 能實踐語文學習領域課程綱要之課程目標及分段能力指標，並能使分段能力指標於各年級（學期）中逐步完整達成。						
	2-2 兼顧語文學習之認知、情意和技能等層面及注音、聽、說、讀、寫（作）、思維等類能力之綜合達成。						
	2-3 各課或各單元教學目標應合乎學習者之語文學習領域階段能力及心智發展。						
	2-4 各課或各單元教學目標具體而明確，且能契合其相應欲達成之能力指標。						
	2-5 其他。						

表 13-10 國語文教科書評鑑要素（續）

項目	評鑑指標	評鑑結果與說明					
		5	4	3	2	1	特殊優、缺點及具體意見
三、學習內容	3-1 內容選材能掌握語文學習領域課程綱要的基本理念、課程目標和分段能力指標。						
	3-2 教材內容正確且兼顧注音（含標音系統）、聽、說、讀、寫（作）及思維等能力指標之面向之習得。						
	3-3 教材內容能反應文化精髓之傳承與發揚，並兼顧時代背景及社會發展需求。						
	3-4 選材能兼顧在地文化、中華文化和各國文化的價值，並反應中肯、平衡和多元的價值觀。						
	3-5 學習內容具體實用，並且能融入日常生活情境。						
	3-6 內容分量適中，相稱於教學時間，且其難易程度能適合學生的語文發展需求。						
	3-7 教材內容能適時融入資訊、兩性、環境、人權、家政和生涯發展等重大議題。						
	3-8 其他。						
四、內容組織	4-1 文體及內容多樣，單元結構清晰易懂。						
	4-2 生字、新詞、新句型和各種文體等之學習進程安排，循序漸進，由易而難，由簡至繁，合乎學習原理，具語文學習之縱向銜接。						

表 13-10　國語文教科書評鑑要素（續）

項目	評鑑指標	評鑑結果與說明					
		5	4	3	2	1	特殊優、缺點及具體意見
	4-3 語文學習內容能顧及橫向聯繫，且兼具擴展性。						
	4-4 語文學習內容之各部分和各要素能完整銜接。						
	4-5 其他。						
五、教學實施	5-1 能引起學生學習語文之興趣與動機，並提供主動參與探索之機會。						
	5-2 能提供適應個別差異的語文教學活動和學習機會。						
	5-3 配合注音、聽、說、讀、寫（作）等面向能力指標之性質，提供合適的教學策略，發展語文能力。						
	5-4 能適切設計反映課程目標的多元化語文學習成就評量活動。						
	5-5 激勵學生運用語文從事創造思考，並形成自學能力，進而解決問題。						
	5-6 學生有機會運用習得的語文技能表現自我並與他人溝通。						
	5-7 其他。						

表 13-10 國語文教科書評鑑要素（續）

項目	評鑑指標	評鑑結果與說明					
		5	4	3	2	1	特殊優、缺點及具體意見
六、輔助措施	6-1 編輯團隊能針對語文學習領域課程與教學從事持續研究，並定期更新教材內容。						
	6-2 能提供學生、教師及家長雙向溝通的諮詢管道。						
	6-3 能建議增進語文教學和教科書功能的輔助教材、教學媒體或資訊網路資源。						
	6-4 其他。						

　　表 13-11 列出數學領域的教科書評鑑指標，以六個面向作為評鑑之原則。此六項原則和國語教科書之評鑑指標有異曲同工之處，雖然都是六項評鑑指標，但是對於不同領域之特性仍然有所著墨。

表 13-11 數學領域教科書評鑑指標

項目	評鑑指標	評鑑結果與說明					
		1	2	3	4	5	特殊優、缺點與具體意見
一、出版特性	1-1 版面編排合宜。						
	1-2 文句流暢易懂，沒有錯漏字。						
	1-3 紙質優良，不反光，美觀實用。						
	1-4 插圖能呼應教學活動的重點。						
	1-5 實測或比例圖表，其尺寸、比例正確。						
	1-6 其他。						

表 13-11 數學領域教科書評鑑指標（續）

項目	評鑑指標	評鑑結果與說明					
		1	2	3	4	5	特殊優、缺點與具體意見
二、課程目標	2-1 掌握數學領域課程目標及分段能力指標。						
	2-2 兼顧認知、情意和技能等層面目標的達成。						
	2-3 單元教學目標能達成各該階段能力指標，且能力指標能於該階段中不同年級（學期）逐步完成。						
	2-4 單元教學目標合乎學習者發展層次。						
	2-5 單元教學目標具體可行。						
	2-6 其他。						
三、學習內容	3-1 學習內容含該學習階段數學領域五大主題軸的主要概念、原理、原則和技能。						
	3-2 教材內容選擇顧及學生認知發展和數學之邏輯結構。						
	3-3 學習內容的安排能夠由淺入深，由簡而繁，合乎學習原理。						
	3-4 例題取材符合學生的生活經驗，且布題具備合理性。						
	3-5 重大議題適當融入教材中（資訊、環境、兩性、人權、家政和生涯發展教育等重大教育議題）。						
	3-6 其他。						

表 13-11 數學領域教科書評鑑指標（續）

項目	評鑑指標	評鑑結果與說明					
		1	2	3	4	5	特殊優、缺點與具體意見
四、內容組織	4-1 教材內容組織架構呈現數學概念的整體性與連貫性。						
	4-2 教材組織著重數與量、圖形與空間、統計與機率、代數等主要學習內容之內部連結。						
	4-3 教材組織顧及其與生活經驗及其他學習領域之外部連結。						
	4-4 重要學習內容能於不同學習階段間作適度的銜接、延續與連貫。						
	4-5 課本、習作與教學指引銜接整合良好。						
	4-6 其他。						
五、教學實施	5-1 依據能力指標將數學概念轉化成適當的數學教學活動，單元教學時間足以達成教學目標及完成教學活動。						
	5-2 教學設計能引起學生主動學習的興趣，並重視培養察覺、轉化、解題、溝通和評析等數學連結能力之教學活動。						
	5-3 以問題解決為導向，富挑戰性及批判思考。						
	5-4 教學活動設計能提供學生反思、討論、辯證、歸納的機會。						

表 13-11　數學領域教科書評鑑指標（續）

項目	評鑑指標	評鑑結果與說明					特殊優、缺點與具體意見
		1	2	3	4	5	
	5-5 教學活動設計能顧及學生的個別差異。						
	5-6 以學生的經驗為基礎逐步引導，形成數學新概念。						
	5-7 評量的重點與方法能反應教學目標，且評量方法多元化。						
	5-8 其他。						
六、輔助措施	6-1 提供諮詢服務及建議增強教科書功能的輔助性材料。						
	6-2 教學指引能清楚說明課程架構、教材組織、能力指標與教學活動之關係，以及學生心智發展狀態和先前經驗等。						
	6-3 習作配合教材內容，分量適當、難易適中。						
	6-4 其他。						

　　表 13-12 為社會領域教科書之評鑑指標，亦按照六個面向作為評比的標準。對於社會領域的特殊性，也有所指示。例如：「教材內容易轉化以兼顧區域的殊異性」就顯示出社會領域不同於數學或國語，注重其內容的區域性，這是九年一貫社會領域能力指標特殊之處。

表 13-12　社會領域教科書評鑑指標

項目	評鑑指標	評鑑結果與說明					
		1	2	3	4	5	特殊優、缺點與具體意見
一、出版特性	1-1 文字、用語、句子結構符合學習者的身心發展。						
	1-2 紙質良好，並利於書寫。						
	1-3 字體大小、行字間距適當，圖文搭配適宜，版面設計適於閱讀。						
	1-4 裝訂安全實用，裁切良好。						
	1-5 其他。						
二、課程目標	2-1 能有效達成社會學習領域的分段能力指標。						
	2-2 各主題軸分段能力指標能在各年級（學期）中逐步完整達成。						
	2-3 能均衡反應社會學習領域的性質、社會需要與學生發展需要。						
	2-4 能兼顧認知、情意、技能和社會參與等各層面目標之達成。						
	2-5 能切合學習者心智發展層次。						
	2-6 其他。						
三、學習內容	3-1 選用的事例、題材、方案、活動能有效達成課程目標。						
	3-2 兼顧時代潮流及社會發展需求。						

表 13-12　社會領域教科書評鑑指標（續）

項目	評鑑指標	評鑑結果與說明					
		1	2	3	4	5	特殊優、缺點與具體意見
	3-3 切合學生生活經驗和未來生活實踐。						
	3-4 難易度配合學生程度與身心發展。						
	3-5 分量適中並能考慮教學節數與教師選擇的彈性。						
	3-6 教材內容易轉化以兼顧區域的殊異性。						
	3-7 內容取材能反應平衡、中肯和多元的價值觀。						
	3-8 適度融入資訊、環境、兩性、人權、生涯發展和家政等重大教育議題之內容。						
	3-9 其他。						
四、內容組織	4-1 有整體架構的思考，各冊、各單元間和單元內容具有良好的結構。						
	4-2 學習內容由淺入深，由近而遠，具有適當的順序性。						
	4-3 課本、習作與教師手冊銜接整合良好。						
	4-4 社會學習領域內各主題軸的各項知識、概念和價值兼具有縱向和橫向的銜接與統整。						
	4-5 其他。						

表 13-12　社會領域教科書評鑑指標（續）

項目	評鑑指標	評鑑結果與說明					特殊優、缺點與具體意見
		1	2	3	4	5	
五、教學實施	5-1 依單元目標和學習內容特質，安排活潑多元的教學策略與活動，並能考慮學生的個別差異現象。						
	5-2 能提供學生主動參與、探索與解決問題的機會。						
	5-3 能提供學生社會參與或應用實踐的機會。						
	5-4 教學評量方法適切、多元，能反映課程目標，並兼重形成與總結性評量。						
	5-5 其他。						
六、輔助措施	6-1 能因應教材單元的需要，充實教師使用手冊，適時建議足夠的教學參考補充資料。						
	6-2 提供教師、學生及家長使用的諮詢與協助。						
	6-3 其他。						

　　以上，略舉國語、數學與社會領域教科書的評鑑指標，其餘的領域請參考教育部編印的《教科書評鑑指標》一書，即可獲得所有的資料。

　　雖然，教育部所提的《教科書評鑑指標》仍然稍嫌抽象，但不失其完整性。所以，除了教材能提供達成目標所需要的資訊外，尚有其他的評選標準，在各校發展學校本位的教科書標準的同時，為避免各校花費大量的人力與時間，應該可以就教育部的《教科書評鑑指標》進行具體轉化或分析，即可形成實用的評鑑工具。

第十四章

教學形成性評鑑

　　形成性評鑑是指教學設計的人員或是教師，透過不同的評鑑方式，蒐集可以改進教學的相關資料，使教學更有效。在發展教學及預試教學的過程中，進行這樣的評鑑就稱為「形成性評鑑」。形成性評鑑對於教學者及教學設計人員的重要性，就有如自我評量之對於學生。

　　在教學設計的過程中，設計完每一個因素，就要進行形成性評鑑。其目的是希望在還沒有學習者參與的情況下，設計者或是教師，可以透過其他的專家先行自我評鑑。換句話說，教學設計可以在自訂的標準下，先就每一個因素進行評鑑，不需要等全部的因素都設計完成後才進行。

　　等到教材對應與補充完成和教學策略設計完成後，進行試教時，再進行另一次的形成性評鑑。其主要原因是因為教材與教學策略，是最後集所有因素之大成的結果。此時，針對教材與教學策略進行形成性評鑑，其目的是希望在大規模正式推廣教學之前，先利用少數的學習者，找出教學的弱點予以修正。所以，測驗的分數、學生的反映、學生學習的觀察、同儕的建議，都能提供有關教學的順序、教學的過程，以及教材中的缺點，作為改進教學的依據。

　　有時候，形成性評鑑因為缺乏時間或經費無法進行，教師也應該在第一次使用新的教學時，進行深度的觀察，找出教學的問題。

　　教學的形成性評鑑固然要在整體教學設計完成後的第一次試用中進行，但在設計的階段中，應該先就每一個設計的因素進行評鑑。換句話說，形成性評鑑應該在設計的歷程就開始進行，不必等到所有的因素都設計完成後才開始。在設計的歷程中，進行教學個別因素的形

成性評鑑，是透過內容學科專家、學習專家、教學專家等蒐集資訊，先提供修訂教學的意見，由於其尚未牽涉到學習者，所以不會對學習者產生其他的效應。

總而言之，在教學設計歷程中，應就下列教學設計的因素進行形成性評鑑：(1) 釐清後的能力指標；(2) 教學分析；(3) 下屬能力分析；(4) 學習者分析；(5) 目標；(6) 評量；(7) 教學策略；(8) 教材，以及 (9) 形成性評鑑。

在教學設計完成後，其所進行的形成性評鑑則是以教材和教學策略為中心。對於教材，其評鑑的重點為：(1) 教材的清晰性；(2) 教學的影響性，以及 (3) 教學的可行性。至於，教學策略的形成性評鑑，其評鑑的重點則為：(1) 教學前的活動；(2) 教材的呈現；(3) 參與，以及 (4) 測驗。

教學的形成性評鑑可以在教學設計的過程中進行，也可以在教學設計完成後的試教時進行。前者注重個別教學因素的設計，後者以教材和教學策略為主，兩者之目的皆為蒐集修訂教學的相關資料，以便對教學進行修正。

第一節　形成性評鑑的階段

一般而言，形成性評鑑的目的是透過蒐集相關的資料，對教學的缺點進行改進。其蒐集資料的過程，可以分成三個階段：(1) 一對一的評鑑；(2) 小組的評鑑，以及 (3) 實地評鑑（Gagné, 1988, pp. 323-324）。以下分別說明之：

一　一對一評鑑

是指對個別的學習者及對內容專家進行蒐集資料，作為評鑑教學的方式。進行學習者一對一評鑑時，不宜用隨機取樣的方式選取調查的對象，其原因在於任何的教材與教學，對不同學習能力的學生，會有不同的結果。因此，應該選擇代表不同學習程度（低於一般能力、

一般能力，以及高於一般能力）的學習者各一名，以一對一的方式進行訪談，蒐集其意見以改進教學（Gagné, 1988, p. 283）。進行一對一評鑑，主要的焦點在於找出教材中明顯的錯誤，以及獲得學習者對教材內容的反映和初期的表現徵兆。對教材內容一對一的訪談中，應該針對表 14-1 中所列的三大類問題——教材的清晰性、學習者的影響、教材的可行性，進行訪談，以便獲得對教材的資訊，進行教學的修正。

表 14-1 一對一評鑑訪談之主要題目

教材的清晰性
1.教材使用的生字、句型、內容結構是否夠清晰？
2.教材的資訊與其所呈現的內容脈絡、舉例、推論、圖示與示範，是否為學習者量身定作？
3.教學的順序、段落、段落間的轉換，以及教學演示的速度、變化性等特徵是否適合學習者？
學習者的影響
1.學習者是否察覺教學對他個人具有關聯性？
2.學習者是否認為合理的努力，就足夠達成教學的要求？
3.學習者對於學習的經驗是否有興趣而且滿意？
教學的可行性
1.學習者的成熟度、獨立性、動機對教學時間的影響程度為何？
2.學習者是否需要操作一些特定的設備？
3.學習者在教學環境中是否自在？
4.教學在充裕的時間下所耗費的經費是否合理？

　　教材的清晰性問題，主要是針對教材內的語言表達、內容的連結特性，以及教學的過程等，讓教材中明顯的錯誤或教學的不當提出修正。學習者的影響主要是獲得學習者對教學，以及對達到教學目標

的態度。教學的可行性問題中,教師可以檢視學習者的能力、教學媒體、教學環境等,獲得有關教學管理層面的資訊。這些問題都是在一對一的訪談中,對於修正教學的重要資訊來源。

二 小組評鑑

此階段為形成性評鑑的第二個階段。由教師或設計者和一組的學習者(大約為 8-20 位)進行對教學的評鑑。所謂的小組評鑑對象,是指施測的人數,並不是指施測的時候是以小組的方式進行。小組評鑑的目的是判斷,在一對一的評鑑後其所修改的教學是否有效,以及是否還有其他的問題或是錯誤。在選擇評鑑的對象時,除了不同的能力外,還要考慮學習者是否熟悉特定的教學過程,例如:要包含熟悉及不熟悉網頁教學的學習者,以及成熟與不成熟的學習者。唯有如此,這些選擇對象才能真正符合未來學習者族群的特性,也才能針對教學的長處與短處,提供有用的建議。

小組評鑑的歷程為:先實施對學生之前測,然後進行教學,再實施後測。在進行評鑑時,除了對教學的評量外,也可以和學生討論前測與後測的問題。不同於一對一的評鑑,小組評鑑另外增加學習者對教學的態度評量。將前測與後測的結果進行比較時,通常會以一般統計圖表(折線圖或長條圖)的方式呈現,或者利用教學分析圖的方式,記錄學習者的前後測,如圖 14-1(方塊上方為前測答對之人數,下方為後測答對人數)進行比較。其優點是可以針對教學中的每一群集的目標,進行成績的比較,以便找出學習的發生以及學習的量等問題。利用教學分析圖記錄的好處,還包括可以看到在哪些步驟及下屬能力中,其學習的成效結果。

另外,小組評鑑尚須進行態度評量,以便瞭解:(1) 教學的吸引力;(2) 學習的內容;(3) 教材與學習目標之一致性;(4) 教材提供練習的量;(5) 教材提供的回饋;(6) 練習與學習目標的一致性;(7) 測驗與目標的一致性;(8) 學習者的信心。表 14-1 根據上述之態度重點,列出小組評鑑的問卷範例,作為參考:

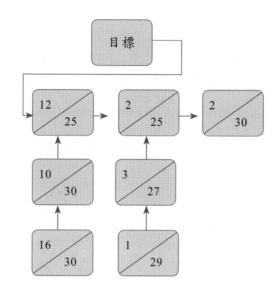

圖 14-1 利用教學分析圖顯示前測、後測結果

表 14-2 小組評鑑之教學態度評量（範例）說明

（非常不同意 1 2 3 4 5 非常同意）

1. 教學對你具有吸引力	1	2	3	4	5
2. 教學可以維持你的注意力	1	2	3	4	5
3. 教材與目標具有一致性	1	2	3	4	5
4. 教學包括充足的練習	1	2	3	4	5
5. 教學提供的練習與目標具一致性	1	2	3	4	5
6. 教學提供足夠的回饋	1	2	3	4	5
7. 測驗對知識與能力具有評量力	1	2	3	4	5
8. 對測驗具有信心	1	2	3	4	5
9. 教學的活動符合目標	1	2	3	4	5
10. 對教學設備滿意	1	2	3	4	5
11. 對教師滿意	1	2	3	4	5
12. 對教學速度滿意	1	2	3	4	5
13. 對教學滿意	1	2	3	4	5

　　小組評鑑蒐集的資料包括來自前後測、教學需求等量化資料，以及從態度問卷中，深入與小組成員進行訪談、評量人員在教學過程中觀察所得的記錄等質性資料。

三 實地評鑑

　　教學經過一對一評鑑及小組評鑑後修訂教學，就可以進行形成性評鑑的最後階段——實地評鑑（Gagné, 1988, p. 324）。以較多的樣本學生在類似於未來教學的環境中，進行評鑑。依據小組評鑑之資料修正教學後，並進行教學。在實地評鑑階段中，教師於接近未來實際的教學脈絡中試用教材進行教學。除了學習者的前、後測以外，在教學過程中觀察學習者與教材呈現的情形，教師與學生均接受教學態度的問卷調查。此外，也要蒐集有關教師使用教材的表現資訊，特別是教材的品質與適當性。實地評鑑的目的是為了瞭解小組評鑑之後，所修訂的教學是否有效，以及在接近於真實的學習環境中，進行的教學是否可行。它和小組評鑑非常類似，都是在找出教學可能產生的問題，並且排除這些問題。調查對象至少應該有 30 人以上，針對學習者對教學的態度、學習成就、教學過程，以及資源，例如：時間、空間、速度等進行蒐集資料。利用問卷調查（可使用小組評鑑的問卷），找出對教學有重要影響的環境因素。成就測驗在此階段也簡化，只針對重要的能力進行前測與後測，並且分析前、後測之成績，試圖找出教學的問題。實地試驗的結果是獲得有效的教學，以及符合期望的學習成果與學習態度（王文科，1994，頁 394-395）。

　　從一對一、小組，以及實地評鑑的歷程中，蒐集各階段所得的觀察記錄、問卷、測驗等資料，經過分析所獲得的結論是決定教學是否要保持原來的設計，還是需要修訂、重新組織或是放棄。教師或學生在評量中顯示有困難的經驗，對教材的可行性具有指標的作用。至於教材的效率則依賴評鑑報告當中，從觀察教材是否按照原先的設計進行，或是教師是否按照教學的順序進行教學，甚至是教材對學生產生

意外的觀感等可以得到答案。然而,更重要的是從測驗中獲得學生表現的程度,也是教材效率的最佳證明。

總而言之,教學與目標符合的程度、教學要補充的內容、額外的教學效果,不論是好的還是壞的,都影響教學的修訂或精緻化的決定。蒐集資料、分析資料,是形成性評鑑歷程中最重要的任務。

第二節 教學設計因素的形成性評鑑

在形成性評鑑過程中,雖然蒐集資料的主要對象是學習者,但是應該包含其他外部的專家,例如:學科專家或是對學習者有相當程度瞭解的人員。當教師設計完成教學時,通常會犯「見樹不見林」的問題。因此,邀請大學的學科專家,就教學內容的正確性和新穎性提供意見,是很重要的。雖然這些學科專家所提供的意見,有時候會和已經設計完成的教學策略有衝突,應該要多加考量後,以謹慎的態度處理之。

另外,熟悉學習類型的專家也是很重要的評鑑者。他們可以就特定的學習類型所設計的教學策略提供意見,評估教學的設計是否真的可以對某一類的學習具有增強的作用。此外,熟悉教學的對象學生也是一位可以提供意見的評鑑者。學習對象之前的教師,透過他們對學生的經驗,其所提供的意見也是很重要的。雖然,這些專家的評鑑意見都可以等到獲得學習者的評鑑後,再行採納。但是,在尚未對學習者試教前,能夠針對教學可能存在的潛在問題先進行教學修訂,是比較有效的作法。

在教學設計的歷程中,針對九項重要因素進行教學的分析與設計,因此,設計每一個因素時,在不包含學習者的狀態下,即應該進行形成性評鑑,以便確保教學設計的有效性。意即,在尚未提供給學習者試教前,就可以對每一個因素設計的結果,先進行評鑑。而此種觀點與快速成形之設計模式的作法相同,教學的設計並不需要等全部

的因素設計完成後才進行形成性評鑑。下列就九項教學因素評鑑在設計時應進行之形成性評鑑之重點，分別說明之：

一　釐清的課程目標

　　對於參考教育部課程綱要之說明、詮釋與補充，而將課綱釐清後進行的教學設計，應該要考慮這些釐清的課綱（或稱為學校本位課程目標）是否能為學校內大部分教師所接受？它是否清楚而具體的陳述了學生要表現的能力？這些目標是否會因為時間、人員的更迭而容易改變？在釐清的過程中，是否包含了教育目標有關的專家、教學設計的專家、充足的設計時間、有用的資源？

　　對學習者而言，這些釐清的課綱目標，是否能夠讓學習者瞭解他們要「做什麼」？目標的內容是否夠清楚？目標是否清楚的指出了表現的情境？目標是否指出表現評量時，需要使用的工具或是輔助呢？

二　教學分析

（一）在表現目標所敘述的主要步驟中，是否包含明顯的動詞？而成果的敘述是可以看見的嗎？主要步驟可以將學習的表現表達出來嗎？主要步驟的描述是針對學習者而不是教師嗎？主要步驟的分解適合學習嗎？主要目標是否都是很重要的？步驟與步驟之間的關係具有連接性嗎？

（二）教學分析的圖示是否將主要步驟從左至右排列在方塊中？有關做決定的步驟是否用菱形的圖形呈現，並且用「yes」或是「no」指示不同的路徑？步驟之間有用「箭頭」的線條做指示嗎？每個步驟是否都用數字編號？

三　下屬能力分析

（一）對於智識能力和動作技能，其分析是否針對主要的步驟呈現其重要的原則和概念？對主要步驟的能力階層，是否從原理原則往概念、分辨的層次而往下進行分析？在下層能力階層是否用

往上的「箭頭」的線條連接？每一項下屬能力都有用適當的數字編碼嗎（例如：編號 2.1，是代表步驟 2，以及其下屬能力1）？對於過程的下屬能力是否用方塊圖形將其呈現？對於每一項下屬能力所必須之語文資料是否有適切的連結？

（二）對於語文資料的分析，是否使用適當的標題呈現？它們呈現的順序是否依照空間的關係、時間的先後、熟悉與陌生的程度？是否精簡不重要的資訊？是否使用適當的方式表現其形式（例如：用大綱的方式、叢集的方式、矩陣的方式）？是否將語文資料和其他的態度或能力作結合？

（三）對於態度的分析，其表現的行為能夠反映態度嗎？語文資料能夠支持態度嗎？動作技能必須以特定的方式執行嗎？智識能力需要合理的安排嗎？（例如：做什麼、獎賞、成果）態度和能力之間是否用 Ⓐ 符號作連結？

四▶ 學習者分析

（一）對於學習者成就和能力分析，是否能詳細描述學習者的年齡、年級、成就水準和能力水準？

（二）對於學習者的經驗分析，是否能摘要的描述學習者的先備經驗、起點行為，以及先備知識？

（三）對於態度的分析，是否能夠描述學習者對學習內容的態度、對於傳播系統的態度、學業上的動機、教學的期待、學習的偏好、對學校的態度，以及班級的特性？

（四）對於表現的脈絡而言，學習者分析是否能夠描述能力指標是符合學習者的需求？脈絡中的環境、社會性對學習者而言是正面或負面的因素？

（五）對於學習的脈絡而言，學習者分析是否能指出它和教學要求是一致的？學習脈絡是否能和傳播系統相配合？

五 目標編寫

（一）目標的敘述是否描述了最主要的情境與脈絡？這些情境是否真實或是實在的？

（二）終極目標與學習環境的情境和脈絡是否一致？指標和目標的行為是否一致？指標的標準和目標的標準是否一致？

（三）表現目標的情境是否說明提供給學生的線索和刺激？表現目標的情境是否說明其所需要的資源或工具？表現目標的情境是否依照學習者的需求控制任務的複雜性？表現目標的情境是否有助於轉化至表現的脈絡？

（四）表現目標的行為是否和環繞在教學目標分析中的行為一致？表現目標所描述的行為是否為真實的反應，而不是學生會如何反應的描述？表現目標的行為是否清楚、看得見，而不是含糊的？

（五）表現目標的內容是否和教學分析中包含的步驟一致？

（六）表現目標的標準是否只有當複雜的任務需要評量的時候才包含在其中？表現目標的標準是否包含物理或形式的特徵？表現目標的標準是否包含目的／功能的特徵？表現目標的標準是否包含美的特徵？

（七）整體的表現目標很清楚嗎？對於表現和學習脈絡可以看得見嗎？指標和教學的目的之間具有意義的關聯嗎？

六 學習評量

（一）所有的評量形式是否和目標的情境、行為、內容，以及標準一致？

（二）所有的評量其題目、說明是否和學習者的語彙、語言能力、發展階段、背景、經驗、環境相符？所有的評量其題目、說明是否和學習者的測驗經驗、設備、動機、文化、性別（免於歧視）需求一致？

（三）題目的情境、說明中所提到的設備或工具，是否和測驗時所使用的一致？是否提供足夠的時間進行測驗、評分，以及分析？是否有足夠的人員協助施測？

（四）測驗的說明是否提供足夠的訊息？測驗的說明是否清楚而簡要？測驗的題目形式是否適當？從測驗的品質是否可以看出來其所花費的時間、人力和經費的價值？測驗的設計是否具有專業的水準？

（五）測驗的說明是否說明如何答題、如何符合題目的要求，以及可以使用的資源、工具、設備？測驗的說明對於答題的形式和時間是否有限制？測驗的說明是否可以充分的指引學習者，以及符合學習者的需要？

（六）評分的要素或特徵是否全部都重要？這些要素或特徵是否是可以看得見的？這些要素和特徵是否需要再解釋？它們是否需要安排評分的順序？對於這些評分要素或特徵的敘述，是否很中立或是很正面？

（七）對於作品或品質的評分是否和測驗的說明一致？對於作品或品質的評分是否同時使用類別和語意？類別是否很少？（很少超過三、四個類別），如果其中一個評分要素完全沒有情況時，是否會給予 0 的分數？評分是否能不受評分人員、時間的影響，而具有其信度？

七 教學策略

（一）內容的順序是否適合該類別的學習？是否具有邏輯的順序？（例如：時間的順序、簡單到複雜的順序、概念到原理原則的順序）內容的順序是否依照主要的步驟？在進入下一個步驟前，內容是否充分的包含所有的能力和資訊？

（二）內容區塊的大小是否適合能力的複雜性、學生的年齡和能力的發展、學習的類型、內容的和諧性、時間的需求、傳播系統的特性？

（三）教學前的活動是否適合學習者的特性、動機，是否告知學習者目標、引發其回憶舊經驗、說明學習的先備知識？

（四）呈現的教學內容是否適合學習的型態？是否提供適合學習者經驗的正例與反例？教學內容是否備有適當的解釋與說明、圖示、圖表、範例、表現的示範？是否提供學習者學習的指引？是否提供新舊能力之間的連結？內容的安排是否循序漸進？組織是否符合認知的架構？

（五）學習者參與活動設計是否符合學習的型態？是否和目標具有一致性？是否符合學習者的特性？是否和教學內容一致？是否可以引起學習者的動機？在教學的歷程中，其安排的時間是否適當？

（六）教師的回饋是否適合學習的型態？和目標具有一致性？是否適合於學習者的特性？回饋是知性的、支持性的、正確性的？是否足以建立學習者的信心和滿足感？

（七）評量的計畫是適合作為測量學習者的準備度／前測嗎？還是後測？適合學習的型態嗎？評量的計畫適合學習者的年齡、特性、注意力，以及能力嗎？評量的計畫是否可以產生對學習者的現況、態度的有效資訊？

（八）收尾的活動是否可以增強學習者的記憶保留？是否對學習的遷移更有幫助？

（九）學生的分組是否適合學習的需求（學習型態、互動、目標）？是否適合學習的脈絡（設備、資源、媒體、傳播系統）？

（十）媒體與傳播系統是否適合教學的策略、評量、教學現場的限制（人員配備、資源、學習者、教材）？媒體和傳播系統是否現有的？教材是否耐用、方便攜帶，以及便利？

八 單元對應與自編教材

（一）教材是否和終點目標，以及表現目標具有一致性？教材包含的內容是否適當及充分？教材是否具有權威性、正確性、新穎

性，以及客觀性？

（二）教材的語言、複雜性是否符合學習者的背景、經驗，以及其所處的環境？教材的評量形式是否符合學習者對測驗的經驗，以及其使用的設備？教材對學習者而言是否有趣和刺激？教材是否滿足對於學習者的文化、種族、性別的需求？

（三）教材是否包含教學前的教材內容？教材的順序是否適當？教材的呈現是否完整、新穎，而且適當的剪裁？教材的練習題目是否符合目標？教材是否提供足夠的回饋？教材是否提供適當的評量測驗？教材的段落是否適當？

（四）教材的內容是否具有真實性？它是否能夠呈現學習的情境或表現的情境？教材中是否需要有額外的設備或工具配合？在學習的情境中，教材是否符合現代科技的品質？

（五）呈現教材的技術是否適合目標所需要的傳播系統與媒體？教材的套裝、圖案設計、照片、耐用性、合法性、視聽品質、周邊設計、瀏覽和功能性是否適當？

九 形成性評鑑

（一）所有的形成性評鑑都依據教學策略（教學前活動、呈現教材、參與活動、學習評量、學習遷移）而為嗎？蒐集資料的方式是否多元？評鑑人員是否對教學的長處與短處註記意見？評鑑的資料是否可以對教材和教學過程提供調整、或精緻的功能？

（二）形成性評鑑是否包含學習類型專家的意見？是否包含學科專家對教材的正確性與新穎性的意見？學科專家是否對教學的複雜性提供意見？內容專家是否對學習遷移的可行性提出意見？學習者是否對教學的清晰性與有效性提供意見？

（三）形成性評鑑中的受試者是否具有代表性？

　　教學設計的過程中，每一個因素在完成設計後，即可依照上述之問題，設計成檢核表或評分量表，以蒐集學科專家、評量專家、教學

者的資料，在不包含學習者的狀況下，共同進行對教學設計因素的形成性評鑑。

第三節　教學的形成性評鑑

在教學設計完成後，所進行的形成性評鑑，則需要選定學習者，進行試教以獲得形成性評鑑。一對一評鑑的階段，是以教材為主要的評鑑對象。其評鑑時的重點如下：

1. 教材的清晰性：指教材呈現的訊息或是教學的資訊是清楚的。
2. 教學的影響性：指教學對學習者的態度及學習成就的影響。
3. 教學的可行性：所給予的教學時間、資源是否足夠。

在實施教材的形成性評鑑時，必須能夠回答下列之問題：

一 清晰性

教材的清晰性由文字表徵、圖文連結，以及教學過程等組成。教材呈現訊息的詞彙、句子長短，以及訊息的組織方式是否讓學習者可以很容易的閱讀與檢視？教材的內容是如何剪裁的？教材訊息所連結的圖片、表格、範例、摘要，是否有助於學習者對教材的瞭解？教學的過程中，教學的順序、教學區塊的大小，以及教學段落的轉換、速度、變化等是否適切？為了回答上述之問題，可以由學習者在教材上標示無法瞭解的生詞、段落，以及相關的圖片或表格等。同時，觀察學習者在教學過程中是否表現無聊、焦慮、疲勞等。

二 教學影響性

指教學對學習者的態度及對其學習成就的影響。教學是否對學習者個人具有相關性？學習者是否必須要有相當的努力才能完成學習？學習的經驗是否讓學習者感到有趣及滿意？從這些答案可以瞭解學習者對教學的態度。教學後的測驗成績，則作為學習成就的結果。

三 教學可行性

這是有關教學的管理部分。學習者的特性,如成熟度、獨立性、動機等,是否影響教學的時間?學習者是否很容易學會?學習者在教學環境中是否自在?如果時間充裕,教學的傳播是否符合經濟效益?

表 14-2 即是針對上述之問題,所擬的評鑑表格,提供作為參考。

表 14-3　一對一評鑑之問卷調查表(範例)

非常不同意 1 2 3 4 5 非常同意

	(一)訊息文字	
	1. 教材內容的語詞適當	1　2　3　4　5
	2. 句子的長度適當	1　2　3　4　5
	3. 訊息容易閱讀	1　2　3　4　5
	4. 段落大小適當	1　2　3　4　5
	(二)圖文連結	
	1. 範例適當	1　2　3　4　5
清晰性	2. 圖片有助瞭解內容	1　2　3　4　5
	3. 表格有助瞭解內容	1　2　3　4　5
	4. 摘要清楚	1　2　3　4　5
	(三)教學過程	
	1. 教學順序適當	1　2　3　4　5
	2. 教學的區塊大小適當	1　2　3　4　5
	3. 活動的轉換順暢	1　2　3　4　5
	4. 教學速度適當	1　2　3　4　5
	5. 教學有變化	1　2　3　4　5

表 14-3　一對一評鑑之問卷調查表（範例）（續）

	（一）態度	
影響性	1. 教學的相關性	1　2　3　4　5
	2. 學習難易度適當	1　2　3　4　5
	3. 學習的滿意	1　2　3　4　5
	（二）學習成就	
	1. 測驗的說明清楚	1　2　3　4　5
	2. 測驗出知識與能力	1　2　3　4　5
可行性	（一）學習者	
	1. 具有成熟度	1　2　3　4　5
	2. 具有獨立性	1　2　3　4　5
	3. 具有動機	1　2　3　4　5
	（二）資源	
	1. 教學時間足夠	1　2　3　4　5
	2. 設備足夠	1　2　3　4　5
	3. 環境適當	1　2　3　4　5

　　為了讓教學設計更有效率與效能，利用形成性評鑑所獲得的資料與意見，修正教學是必要的手段。形成性評鑑的三個過程中，每一個階段對教學的品質都有不同的評鑑焦點。一對一的評鑑重點為教材中細微的錯誤，這些錯誤通常存在於語詞的清晰性、上下文、教材內使用的範例、動機或價值所造成不完美的地方。內容專家或是熟悉學習者的人員，是這一階段評鑑中重要的資料來源。

　　在試教階段進行評鑑，通常先施予學習者前測，教學後再由教師或是設計者和學習者進行訪談，然後進行後測。訪談的焦點在於教材的難易度與適切性。要求調查對象指出教材中的錯字、難字，或是困惑的句子與解釋。對教材中圖片、表格、統計圖等適切性提出意見。另外，對教學的注意力、吸引力、順序、教學區塊的大小等意見，也

是此階段中需要蒐集的資料。如果第一個學習者指出來的教材或是教學錯誤是很明顯的，就先行訂正，然後再找第二個學習者進行訪談，把焦點放在是否有其他的錯誤上。如果錯誤不是很明顯，那麼找第二個學習者，證實是否有必要改正其錯誤。

在此階段中，學科專家也要參與評鑑，其目的主要是針對目標的效度（validity）與教材、測驗的正確性與清晰性進行釐清（Gagné, 1988, p. 323）。因此，有關目標的敘述、教學的分析、內容的正確性與新穎性、合宜的教學內容（語彙、趣味性、順序、區塊、學習者參與等）、適當的學習評鑑的題目與形式、與之前和後續教學的連結等，都是其評鑑的具體事項。基於這些目的，評鑑時應該提供給學科專家的資料包括：

1. 教學分析資料。
2. 表現目標。
3. 教學。
4. 測驗及評量工具。

有了這些資料，專家們才能檢視教學的資料，提供修改的意見。至於，要找幾個學科專家進行對教學的評鑑，有時候一個專家就足夠，但是在教學情況比較複雜時，可能三、四個專家也不嫌多。總之，學科專家之一對一評鑑最重要的結果是找出：1. 錯誤或不適當的教學分析；2. 判斷錯誤的學習者起點行為；3. 不適當的期望目標及成果；4. 不清晰的教材資訊；5. 不適當的教學順序和區塊；以及 6. 不適當的測驗問題與形式。在此評鑑中，學科專家的描述性評鑑結果比量化的結果，更能夠給予整個教學系統真實的修正建議。

針對一對一的評鑑結果，完成教材修訂後，進行小組評鑑。它的評鑑重點在於教材中是否還有其他的錯誤，以及教學管理過程中的缺點。從教學策略中找出教學的問題，並且以它為中心，設計此階段形成性評鑑的工具及過程。

　　小組的形成性評鑑，則是慎選參與評鑑的學習者來蒐集資料。這些學習者必須具有未來教學對象的代表性。足夠的時間、高度的動機、不同能力的學習者，是實施小組評鑑的重要考量。小組評鑑的歷程包含實施前測、教學、後測，最後施予態度問卷。在態度問卷中，應該就以下範例問題作提問：

1. 在教學中是否能維持你的注意力？
2. 你覺得教學內容太長或太短？
3. 你覺得教學內容太難或太簡單？
4. 你對教學的哪一個部分覺得有問題？
5. 你覺得教材中的卡通圖片或圖解，是適當的，還是會讓人分心的？
6. 你覺得教材中的色彩很吸引人，還是會讓人分心？
7. 教學過程中最喜歡什麼？
8. 教學過程中最不喜歡的是什麼？
9. 如果可以的話，最想改變教學的哪一個部分？
10. 測驗是否測量了教學時呈現的教材？
11. 你會更喜歡別種媒體嗎？

　　對於教學策略，則以下列的重點，形成小組評鑑的基礎：

1. 教學前活動：包括引起動機的方式、目標、起點行為。
2. 教材的呈現：教學的順序、教材區塊大小、教學內容、提供的範例。
3. 參與：充分的練習、滿意的回饋。
4. 測驗：前測、後測、表現脈絡。

　　教學策略的形成性評鑑，是教學形成性評鑑最主要的形式，其主要原因是教學策略是將所有教學的設計統整後，對學習者實施的實際

方案，也是教學設計最終的成果。教學策略對學習者具有最重要的影響。因此，進行教學策略的評鑑時，評鑑中所蒐集到的資料必須能夠回答下列有關的問題：

（一）教學前的活動

1. 引起動機的教材是否包含在教材當中？是否有趣？是否很清楚的引起動機？
2. 教學的目標是否明確？目標對學習者是否具有相關性？
3. 學習者是否擁有目標描述中的能力？

（二）內容的呈現

1. 文字教材的內容，是否有不熟悉的語彙？
2. 影片中的內容，是否有不清楚的語詞？
3. 教材中所提供的範例，是否有助於對學習的瞭解？

（三）學習者的參與

1. 教學中的練習是否有趣？
2. 教學中的練習是否能幫助能力的學習？
3. 練習是否有助於記住能力的學習？
4. 教學活動是否有趣？
5. 教學活動是否有助於學習？

（四）測驗（包含前、後測）

1. 測驗的說明是否清楚？
2. 測驗所使用的語言是否適當？
3. 測驗的題目是否很清楚？
4. 測驗是否提供適當的脈絡？

　　小組評鑑除了上述四項策略進行問卷或訪談，還要進行學習者的前測。前測的題目是依照目標而設計，分析時依照每個題目答對的比率，以及分析個別學習者答對的題目。同時，要求學習者將題意不清楚的題目圈選出來。

　　學習者必須完成所有教學的活動，以及教材內的練習。最後，後測也如同前測一樣，要求學習者將題意不清或語詞混淆的題目圈選出來，同時，也要記錄其完成測驗的時間。後測的結果必須分析每一題目答對的人數，以及個別學習者答對的題目。

　　形成性評鑑必須經過三個循環的評鑑，其中一對一的評鑑是第一個循環。依據一對一的評鑑找出教材的問題，進行第一次教學修改。緊接著，小組評鑑找出教學中其他的錯誤及歷程。小組評鑑以教學策略為主要之評鑑對象，蒐集小組成員的表現和態度資料，包含質性資料及量化資料。將小組的評鑑結果，作為第二次修改教學的依據。

　　實地評鑑是在小組評鑑結果更進一步修正教學之後進行的。評鑑的主要焦點仍然在教學策略的部分。實地評鑑需要有足夠的人數，一般而言大約 30 人是適合的人數，但是必須能夠代表未來教學對象中不同的能力與成就。參與評鑑的學習者的成就與態度是主要蒐集的資料。其中，對於教學管理的計畫，特別是完成教材所需的時間，以及教學管理計畫的可行性資料也是很重要的。進行實地評鑑時，可針對下列之問題蒐集資料：

1. 蒐集前測中有關起點能力的成績。
2. 蒐集前測與後測中有關能力學習的成績。
3. 蒐集學生完成前、後測的時間資料。
4. 蒐集學生需要教學的時間資料。
5. 蒐集學生與教師的態度資料。

　　雖然形成性評鑑分成三個階段進行，但是每一階段的評鑑其主要的焦點略有不同。形成性評鑑適用於使用新發展的教材教學，也適用

於使用現有教材的教學，只要它們都是以教學策略為依據的教學都可以使用。無論如何，形成性評鑑設計的目的是產出有關教學缺點的資料，對教學進行修訂，讓教學更有效。

特別注意的是，經過三個階段的評鑑，其結果可能顯示教學的設計無法達成你所想像的效果時，雖然難免失望，但是必須接受。來自學生的正面回饋，並不能提供你教學中要修訂或改變的地方。因此，在實施形成性評鑑時，隱瞞自己的設計身分，假裝是別的教師所設計的，而自己僅僅是進行形成性評鑑的人，可能更可以聽到真正的聲音。雖然這是一種隱瞞，但是，為了獲得他人真正的想法，這也是一種有必要的作法。

來自其他專家和學習者的回饋，必須統整成客觀的評量報告，檢視其與教學目標符合的情況。雖然最理想的狀況是在正式教學前，能夠進行形成性評鑑，但是往往因為時間、學生等問題無法進行，此時，教師仍然盡可能的蒐集有關的資料以便能對教學做修正。因此，最常使用的評鑑就是實地評鑑。直接將問卷及評鑑的資料、對學習者的觀察和討論合併，其所獲得的資料可以對教學進行直接的改變，這也是一種可行的方式。換句話說，形成性評鑑是必須的，問題只在於什麼時候進行而已，所獲得的資料只要是能對教學本身提供適當的修正意見就可以了。

最後的實地評鑑則是在小組評鑑之後，修訂完教學中的問題時，即可以進行。和小組評鑑一樣，實地評鑑仍然以教學策略為設計評鑑工具的對象。對學習者的表現成就和他們對教學的態度，是實地評鑑的焦點。此外，教學管理的問題，例如：教學需要的時間，也是此階段評鑑中重要的議題。對學習者的訪談，可以加深對所蒐集到學習者資料的內涵。在每一個階段的形成性評鑑中，教師也應該就未來學習者可運用的所學，是否能在學校以外的其他地方表現脈絡資料進行判斷。其目的為找出學習者學習的能力是否已經在其他環境中使用，其效果如何。這樣的資訊可能對教材的修訂更有用處。形成性評鑑提供客觀的、科學的評鑑資訊，對於教學的修訂是非常重要的工

作。

　　實地評鑑也會再次詢問學習者有關教材的錯誤或混淆之處，實施教學策略的問卷及前測、後測。唯獨實地評鑑還要額外蒐集，包括學習者將教學所學到的能力回到脈絡中使用時的資料。這些資料對改進教學具有極重要的意義。因為，學習者將所學的能力應用於真實的生活脈絡中，才是教學最終的目標。

　　不論是一對一、小組、實地評鑑的資料，或是前測、後測、問卷、訪談、觀察的資料都必須統整，並且針對教材與教學策略的評鑑問題寫下評鑑的總結，才能作為改進教學的依據。

第十五章

教學總結性評鑑

　　Dick、Carey 與 Carey（2009）將總結性評鑑定義為：「是一種評量的設計以及資料的蒐集，研究與證實教學對於特定學習者的效率」（p. 340）。總結性評鑑通常不會針對教學單元或是課堂進行評鑑，相反的，它針對整個教學系統或是整個課程進行評鑑，因此，稱為「總結性評鑑」（Gagné, 1988, p. 325）。其評鑑的結果作為維持現行使用的教材，或是決定採用其他具有滿足教學需求的潛力教材的決策。

　　雖然，總結性評鑑並不是教學設計過程中要設計的因素，但其評鑑的結果，將決定所設計出來的教學是否能持續進行，或是改採其他的教學方案。由於其影響教學甚鉅，因此仍然將其納入教學設計中，必須討論的因素。教學的形成性評鑑是藉由蒐集資料的過程改進教學，讓教學更有效率；而總結性評鑑則是藉由蒐集資料的過程，決定採用或是持續使用教學。如果教學是為了解決學校問題的辦法，那麼，總結性評鑑要問的是：「它解決學校的問題了嗎？」Kemp（1985）指出總結性評鑑是檢視：(1) 學習者學習的效率；(2) 學習者學習的效能；(3) 與效率和效能有關的發展費用；(4) 學習者、教職員對於教學的態度和反映，以及 (5) 教學的長期效益（p. 228）。Gagné、Briggs 與 Wager（1988）指出總結性評鑑的實施通常會出現在教學的第一次實地評鑑時，但是也會延遲至五年後才進行（王文科，1994，頁 395）。

　　總結性評鑑的工作，包括：(1) 計畫的階段：設計總結性之評鑑；(2) 準備階段：取得總結性評鑑與內容；(3) 實施階段：實施總結性評鑑及蒐集資料；(4) 分析評鑑所蒐集的資料，並且摘要資料的結果；

(5) 報告總結性評鑑結果。總結性評鑑的人員，通常是由「外部人員」進行評鑑。所謂「外部人員」是指未參與教學發展與設計的人員。不論何時進行總結性評鑑，其進行的方式分為兩個評鑑階段：(1) 專家評鑑階段：決定目前（或是即將）使用的教材、教學是否滿足學校教學的需求，以及 (2) 實地評鑑階段：以文件證明教學的有效性（Dick, Carey, & Carey, 2009, p. 341）。

一 專家評鑑階段

為了要評斷教材是否滿足學校的需求，評鑑專家要進行的分析項目分別說明如下：

（一）一致性分析

指教學的內容是否和學校的需求與目標一致？在此分析中，應該就學校的教學目標、學習者的起點行為、學習者特性、學校現有資源，以及設備與設施進行具體的分析。

教學與學校需求、教學資源與學校設備和設施、學生特質和教材適用對象的特質都是一致性分析的焦點。任何的教學設計，需要符合學校教育的需要及學生的特質。教材所涵蓋的目標便成為此項分析的重要基礎。仔細閱讀教材的說明，特別是伴隨教材的教師手冊或是教師備課用書，就可以大致評估教材與學科或是教學需求的關係。測驗是否和教材一致，也是重要的評量項目。

學校現有的資源及預備購置的設備是否能支持教學的進行，也是一致性分析中的任務。此外，學生的特質與起點行為和教材所適用的對象特質與起點能力是否一致，都是衡量教學是否應該持續維持或是改用其他適切的教材的考量。

表 15-1 教材一致性分析檢核表

學校特性	教材一	教材二	教材三
學校教學需求（目的、主要目標）	教材中有敘述目的與目標	（略）	（略）
學校學生的起點能力	教材中有說明學生之起點能力	（略）	（略）
學校學生的特性	教材中有說明學習者和教材脈絡特性	（略）	（略）
表現脈絡的特性		（略）	（略）
學校實施教學的資源	教材購買的費用	（略）	（略）
學校的設施與設備	教材需要的設施（學習中心與設備）	（略）	（略）

資料來源：譯自 *The systematic design of instruction* (7th ed.), by W. Dick, L. Carey & J. Carey (2009), p. 330.

　　用檢核表的方式將教材與學校的需求和目標做一致性的評斷，最左邊的欄位描述學校的教學需求、起點能力、學生特性、學校資源等項目，其餘的欄位則是記錄與教材有關的資訊。將所有候選的教材一一評鑑，最後的結果就可以讓選擇教材的決策變得容易許多（如表15-1）。

（二）內容分析

　　指教材是否完整、正確，以及新穎？教材內容的正確性與完整性是此項分析的重要工作。學科專家最適合進行此項評鑑，如果，教師對此有疑慮，可以考慮邀請學科專家協助評估教材。利用教學分析圖（如圖 15-1）的資料，進行教材及測驗的檢核（如表 15-2）。

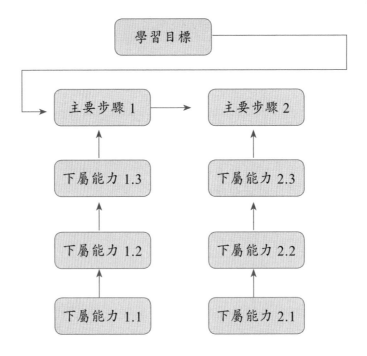

圖 15-1　教學分析圖

表 15-2　內容分析（前測、後測）檢核表

學習能力敘述	教材1			教材2			教材3		
	教材	前測	後測	教材	前測	後測	教材	前測	後測
主要步驟 1	✓	✓	✓	✓	✓	✓	✓		✓
下屬能力 1.3	✓	✓	✓	✓			✓		
下屬能力 1.1	✓		✓						
下屬能力 1.2	✓		✓	✓		✓	✓		
主要步驟 2	✓								
下屬能力 2.1	✓								
下屬能力 2.2							✓		
下屬能力 2.3	✓		✓						

資料來源：修改自 *The systematic design of instruction* (7th ed.), by W. Dick, L. Carey & J. Carey (2009), p. 331.

　　依據圖 15-1 教學分析的內容，一一核對教材內的資訊，同時也檢視教材內是否針對教學分析的內容提供前測與後測的測驗，利用檢核表的方式，呈現教材的表現。利用符號，快速的檢核教材與教學分析圖，以提供教材正確性與完整性的資料。

（三）設計分析

　　指教學、學習和動機的原則，是否在教材中明確的顯示出來？評量教學策略中的每一個學習元素，仔細分析教材內容是否包含了學習的元素，或者有其他的元素出現。利用 J. Keller 的 ARCS 模式，評量教材是否可以保持學習者的注意力、教材是否與學習者相關，以及他們是如何被告知的、學習者是否有信心可以完成學習（亦即他們是否擁有部分目標裡所描述的能力）、學習者是否滿意教材所提供的經驗（Keller, 1987, pp. 1-8）。

　　如表 15-3，用檢核表以 ARCS 動機模式中的四種層面為基礎，檢核教學中是否具有引發學習者學習之動機，以及學習者在學習知識和能力的過程中，對學習的興趣。有效的教學應該是會引發學習者的注意，幫助學習者聚焦在學習與其自身的關聯性，學習者能夠輕易的將學習儲存在記憶裡，並且在後續的學習中，成功的搜尋學過的知識和技能。

表 15-3　以 ARCS 動機模式檢核教學

ARCS模式	評鑑問題	教學1		教學2		教學3	
注意力	使用哪些策略以引發和維持學生的學習注意力？（使用提問、挑戰、真實案例等策略）	Y	N	Y	N	Y	N
關聯性	教學和學生有關聯嗎？如何說服學生教學與他們的關聯性？（是因為新的畢業要求、證照取得、求職需求、職務升遷、自我實現）	Y	N	Y	N	Y	N

表 15-3　以 ARCS 動機模式檢核教學（續）

ARCS模式	評鑑問題	教學1		教學2		教學3	
信心	學生是從頭到尾都有信心嗎？有告知目標及先備能力嗎？教學的進行是從生疏到熟悉嗎？具體到抽象嗎？語言、內容、範圍適當嗎？挑戰是可行的嗎？	Y	N	Y	N	Y	N
滿意度	學生對學習經驗滿意嗎？有外在獎賞嗎？有鼓勵內在獎賞嗎？	Y	N	Y	N	Y	N

備註：Y → yes（有），N → no（無）

資料來源：譯自 *The systematic design of instruction* (7th ed.), by W. Dick, L. Carey & J. Carey (2009), p. 333.

　　針對不同的學習類型——語文資料（表 15-4）、智識能力（表 15-5）、態度（表 15-6）、動作技能（表 15-7），列出它們的學習原則，並且依此檢視教材和教學的原則是否相符。

表 15-4　語文資料的教學原則檢核表

檢核問題	教學1 Y N		教學2 Y N		教學3 Y N	
1.教材的內文中，有涵蓋新的資訊嗎？						
2.教學時，有使用策略連結學習者新、舊的資訊嗎？						
3.教學時，有說明資訊群集之間的關係嗎？						
4.教學時，有使用表單、大綱、表格、或其他的架構提供資訊的組織和摘要嗎？						

表 15-4　語文資料的教學原則檢核表（續）

檢核問題	教學1 Y N		教學2 Y N		教學3 Y N	
5.對於無法連結記憶中的資訊時，有提供記憶的方法嗎？						
6.教學時的練習有助於強化教學的說明和搜尋回憶的線索嗎？						
7.教學的回饋中，有包含給予正確的回應，以及給予回應錯誤的原因嗎？						

備註：Y → yes（有）　N → no（無）

資料來源：譯自 *The systematic design of instruction* (7th ed.), by W. Dick, L. Carey & J. Carey (2009), p. 335.

表 15-5　智識能力的教學原則檢核表

檢核問題	教學1 Y N		教學2 Y N		教學3 Y N	
1.有提醒學生先備的知識嗎？						
2.有提供先備能力和新能力的連結嗎？						
3.有提供組織新能力的方法，讓學生很容易回憶嗎？						
4.概念的外在特徵、角色，以及概念彼此間的關係，有清楚的描述和舉例說明嗎？						
5.有清楚的說明應用過程中的原則和規則嗎？						
6.對於學生的答案、作品和表現結果的審查，有提供評審的標準嗎？						
7.對於明顯的卻與外表、關係、品質無關的特徵，以及初學者會犯的共同錯誤，有給予直接的說明和舉例嗎？						

表 15-5 智識能力的教學原則檢核表（續）

檢核問題	教學1		教學2		教學3	
	Y	N	Y	N	Y	N
8.提供的正例和反例是否清楚的代表了概念和程序的實例？						
9.用來介紹概念和程序的範例與脈絡，是否為學生所熟悉？						
10.使用的範例、脈絡和應用的進行，是否由簡單到複雜、不熟悉到熟悉、或是具體到抽象？						
11.練習和複習的活動有反映智識能力的運用嗎？還是僅僅回憶表現能力的資訊而已？						
12.對學生的回饋有包含答對的資訊嗎？還是僅僅提供對的答案而已？						
13.收尾的活動，例如：進階、矯正、充實的活動，是否有出現？合理嗎？						

備註：Y → yes（有）　N → no（無）

資料來源：譯自 *The systematic design of instruction* (7th ed.), by W. Dick, L. Carey & J. Carey (2009), p. 334.

表 15-6 態度的教學原則檢核表

檢核問題	教學1		教學2		教學3	
	Y	N	Y	N	Y	N
1.對於期望的感受有清楚的描述或暗示嗎？						
2.對於期望的行為有清楚的描述或暗示嗎？						
3.對於期望的感受和行為的關係，以及它們和後來正向結果的關係，有清楚的說明嗎？						

表 15-6　態度的教學原則檢核表（續）

檢核問題	教學1 Y　N		教學2 Y　N		教學3 Y　N	
4.對於非期望的感受和行為的關係，以及它們和後來負面結果的關係，有清楚的說明嗎？						
5.從學生的觀點，這些正向與負面的結果是真的、可信的嗎？						
6.正向與負面的結果，對於學生而言是很重要的嗎？						
7.在觀察學習中，學生是否對人物和情境容易釋放出他們的情緒，包含欽佩、藐視、同理心、憐憫等？						
8.如果有觀察學習，所呈現的脈絡或是情境是否為學生所熟悉、或是相關的？						
9.學生是直接或間接的體驗產生正向與負面結果的行為？						

備註：Y → yes（有）　N → no（無）

資料來源：譯自 *The systematic design of instruction* (7th ed.), by W. Dick, L. Carey & J. Carey (2009), p. 335.

表 15-7　動作技能的教學原則檢核表

檢核問題	教學1 Y　N		教學2 Y　N		教學3 Y　N	
1.教學強調的動作技能是否類似學生已經會做的動作？						
2.動作技能的教學是否使用視覺的媒體或演示，說明它們的順序和時機？						
3.教學時，對於複雜的動作技能是否有按照學習者的分析、實驗和排練，作動作的分解？						

表 15-7　動作技能的教學原則檢核表（續）

檢核問題	教學1 Y　N		教學2 Y　N		教學3 Y　N	
4.教學時，有整合分解的動作，以完整的表現動作技能嗎？						
5.對於學生要避免共同的錯誤和策略，有直接的說明嗎？						
6.教學時，有提供連續性的練習，讓學生對動作技能能夠流暢化及自動化嗎？						
7.立即性的回饋能幫助學生避免排練不正確的動作技能嗎？						

備註：Y → yes（有）　　N → no（無）

資料來源：譯自 *The systematic design of instruction* (7th ed.), by W. Dick, L. Carey & J. Carey (2009), p. 335.

　　以不同型態的學習成果檢視教學的原則，並以檢核表的方式進行對教學的評鑑，所獲得的結果將作為總結性的決策考量。

　　至於，教學策略則是以教材內所包含的元素進行檢核，這些原素包括：教學前、呈現教學內容、學習者參與、收尾活動等。

　　教材內涵蓋的教學策略的特性，是否能兼顧教學前、教學中和教學後的各種元素，以及學生的參與等事項都是影響教學的成效，必須給予審慎的考量。藉由表 15-8 的檢核表，可以具體的檢核教材中建議的教學策略，作為總結性評量決策的依據。

表 15-8 教學策略檢核表

檢核問題	教學1 出現 察覺		教學2 出現 察覺		教學3 出現 察覺	
1.教學前						
引起動機						
目標						
起點行為						
說明						
舉例條列						
2.呈現教學內容						
組織架構						
標題						
表格和圖示						
解說						
類比						
同義詞						
提示						
正例與反例						
摘要／複習						
3.學習者參與						
相關練習						
回饋						
答案						
示範解題						
共同錯誤						
4.收尾活動						
記憶輔助						

表 15-8　教學策略檢核表（續）

檢核問題	教學1 出現 察覺		教學2 出現 察覺		教學3 出現 察覺	
遷移策略						
總分						

備註：「出現」指教學時呈現該策略；「察覺」指學習者注意到該項策略。

資料來源：譯自 *The systematic design of instruction* (7th ed.), by W. Dick, L. Carey & J. Carey (2009), p. 336.

（四）效用與可行性分析

　　指教材是否耐用、方便、符合經濟效益，以及學習者滿意嗎？教材中是否包含教師手冊、教學綱要、學習指引等。在實施教材時，教師的技能、教學設備、或是環境是否有特殊的要求，才能進行教材的教學。學習教材是否需要依照團體的速度，還是可以依照個人的學習速度進行，是效率分析的任務。

　　表 15-9 將使用與教材有關的元素列於左側欄位中，而專家對教材所需的設備則列於右側欄位中，雖然評鑑是使用檢核表的形式，但是從表中檢核的問題所獲得的資料，則是傾向對於這些問題的描述性比較。這些問題的答案都是基於對學校的需求與資源作出的反映，凸顯教材的適用性。

表 15-9　教學設備與設施檢核表

檢核問題	教材1 教材　使用者				教材2 教材　使用者				教材3 教材　使用者			
	Y	N	Y	N	Y	N	Y	N	Y	N	Y	N
教材含有：												
學生指南												
教師手冊												
測驗卷／測驗資料庫												

表 15-9　教學設備與設施檢核表（續）

檢核問題	教材1 教材	教材1 使用者	教材2 教材	教材2 使用者	教材3 教材	教材3 使用者
	Y N	Y N	Y N	Y N	Y N	Y N
教材能：						
適用個別化速度？						
適用團體速度？						
在傳統教室中使用？						
在學習中心中使用？						
在家／圖書館使用？						
教材需要：						
特殊的教學能力？						
特殊的設備？						
特殊的環境？						
要花多久的時間：						
完成一課？						
完成一個單元？						
完成整個教學？						
完成測驗？						
教材能導引：（現有使用者意見）						
達到預期成就水準						
獲得預期的態度和動機						
遷移到工作／下一個單元						
完成目標與任務						
經費	$	$	$	$	$	$

備註：Y → yes（有）　N → no（無）　；使用者：指使用者滿意度

資料來源：譯自 *The systematic design of instruction* (7th ed.), by W. Dick,
　　　　　L. Carey & J. Carey (2009), p. 336.

（五）現有學習者分析

　　訪談已經使用該項教材的其他學校的學習者，有關起點行為、動機、使用教材前與使用教材後的表現層次，以及他們對教材的態度是此項分析的重點。此外，使用該教材的教師對教材的觀點和使用經驗，使用過程中的問題、資源，以及是否持續使用的意願，也是此項分析所關注的情形。

　　表 15-10 左側欄位是依據學習者相關的因素形成檢核的問題，從使用教材的學習者，蒐集他們對教材的特色與成效的態度，可以獲得不同教材的比較結果。這些檢核問題的答案則來自學習者的質性描述，可以充分的蒐集到學習者使用教材的成果以及教學的效果。

表 15-10　學習者分析檢核表

檢核問題	教材1		教材2	
	學習者1	學習者2	學習者1	學習者2
1.教材中滿足哪些教學需求？				
2.學習者起點行為？				
3.學習者特性？				
4.學習者前測的水準？				
5.學習者後測的水準？				
6.學習者在表現脈絡中的成就？				
7.學習者對教材的態度？				
8.教材使用的環境？				
9.目前對教材的滿意度？				
10.繼續使用教材的計畫？				

資料來源：譯自 *The systematic design of instruction* (7th ed.), by W. Dick, L. Carey & J. Carey (2009), p. 337.

表 15-1 至表 15-10 將學習的元素以問題的方式，製作成檢核表、問卷等，分別以描述性的方式或是檢核的方式，記錄於評量資料中，分項評估教材與教學是否值得保留、修訂、補充或是放棄。每一種評量表都可以作出特定的決策，提供最後審查人員的參考。

二 實地評鑑階段

主要目的是找出教學的優點與缺點，進行歸因的工作，包括找出造成它們的原因，並記錄其問題。在實地評鑑階段中，透過觀察、訪談、測驗與問卷等方式蒐集學生與教師的資料，進行下列之分析：

（一）成果分析

對現行學生實施正式的態度問卷，以顯示學生對教學的態度。另外，對每一項目標實施精熟的評量，以便獲得完成整個課程成就的量化資料。這種量化資料主要目的，是從其分析中可以獲得學生學習的成果。對於學習成果的評量分為：1. 智識能力，特別是精熟程度；2. 解決問題能力，特別是其解決問題的品質與效率；3. 資訊的測驗，特別是事實或原則的記憶；4. 動作技能的觀察，特別是動作技能的標準，以及 5. 態度成果（Gagné, 1988, p. 326）。

（二）管理分析

評鑑教師與督學對學生學習的成果、實施教學的可行性，以及經費的態度，其主要的問題為：1. 教師與督學對教學與成果滿意嗎？2. 候審的教學其實施程序可行嗎？以及 3. 花費的人力、設備、時間與資源合理嗎？4. 教師是否需要接受特別的訓練？

總結性評鑑蒐集資料的方式為問卷、訪談、觀察，以及評鑑者之記錄。最終，總結性評鑑所分析、綜合與歸納的資料中，必須描述評鑑的目的、評鑑的過程，以及實施總結性評鑑資料的研究結果，向教學的決策人員提出對整個教學的建議。

第 肆 篇 課程文件之表徵

　　課程發展與設計完成之後，為了讓學校能夠有系統的組織、實施、評鑑與後續調修課程，設計出可以便於管理與執行的課程計畫（curriculum plan）是一件非常重要的工作。為了學校內的人員能相互溝通課程實施的問題，具有系統化與結構化的課程文件（curriculum document）顯然就是一種最好的憑藉。特別是在 1980 年代美國開始改革學校教育與課程，國家和州政府的課程標準通常會影響學校原有課程的發展與設計。當學校的課程設計依法必須融入國家或州的課程標準時，其產出的目標與活動必須讓課程委員會、行政人員、教師與其他共同設計者得以檢視課程的計畫與細節，才能監督與管理學校的課程。因此，將課程的設計結果與實施的計畫作成「視覺化」的文件（印刷、非印刷）以供相關人員參閱與審查，是有其必要性。

　　雖然，課程文件的種類與範圍不一，但是，它所承載的是課程的實體，是任何說明有關「課程」的書寫形式，其中包括：課程的哲學聲明與表述、課程的範圍與順序的規劃、學校的課程指南、年級課程的表單、學科科目的列表、學期課程簡介等。課程文件雖然不限前述的這些文件種類，但是每一種課程文件的編製都有它的目的，而且是提供給特定群體的人員使用，且課程計畫也是其中近年來最為普遍的一種形式。換句話說，課程文件所表徵的不僅是對課程的特色加以描述，也包含課程設計的結果，更含括課程實施計畫的細節。正因為如此，課程文件的內容與組織方式要如何表徵才能具有完整的功能，便是本篇所要討論的內容。

第十六章

課程計畫之編製

當課程由「課程標準」時代轉換到「課程綱要」的時代，不僅是課程的主體改變，影響更深遠的是「教育的權力」從中央政府「下放」到基層的學校，特別是對於「課程實施」的層面。雖然，中央政府仍然握有訂定課程綱要的權力，也有審核地方學校的課程實施作為的責任，但是，對於「課程計畫」的編製，實則「賦權」給地方的基層學校，並且依照地方和學校的情況，各自編製計畫實施。這項創舉始於九年一貫課程改革，並且持續到十二年國教改革，代表學校爾後都被賦予這樣的責任與權力。

遺憾的是，從九年一貫課程改革開始，國內的學者並未注意到有關編製「課程計畫」的理論或實務，這樣的缺憾也一直留存在目前的十二年國教的改革中。從課程與教學的相關理論中，大都傾向於課程先於教學，課程引導教學的理念，因此，若無「課程計畫」則教學是枉然的、失焦的，足見課程計畫對教學的重要性。

雖然，「課程計畫」的編製在九年一貫和十二年國教的改革中，計畫的內容不同，但是編製的工作仍然是必要的。課程計畫的內容項目在前述兩項改革中均有記載於「總綱」中，但是卻未受到相關人士或教育機構應有的注意，其中包含基層的學校及主管備審課程計畫的地方教育單位，以至於當前的學校課程中，雖有「課程計畫」之名，卻無實質之表現。

綜觀許多課程的理論，對於課程的目的、發展、影響的因素、知識的取向等多所討論，但是對於課程的計畫或文件的編製卻較少論及。這樣的理論偏頗也成為教改當中，「課程計畫」不彰的原因之一。缺乏正確的課程計畫，教改中的教學成效就很難說服或論定整體

的教學是實踐了教改的期望。

　　本篇，因此於課程理論中，採用 P. F. Oliva 和 D. G. Armstrong 兩位學者對課程的文件和計畫表徵的理論作為基礎加以論述，提供各界參考，以彌補這些被忽略的理論。期望教改之下，能重視課程計畫的編製，將教學帶往實踐課程之路，實踐國家之教育改革。

　　Oliva 和 Armstrong 兩位學者都視課程文件的編製為課程理論中的重要一環，本章將詳述其編製課程計畫的方法，期望解決「課程計畫」因編製認知的不足，導致目前教改中的課程亂象。

第一節　Oliva 課程成品的表徵

　　當學校結合了課程專家、顧問、主管、教師等人共同完成的課程設計結果，P. F. Oliva（2005）將它稱為「課程成品」（curriculum product）。其中，又以「文件」形式所呈現的課程成品是最為常見的一種表徵方式。然而，Oliva 發現各校對於自己所建置的課程成品「文件」中，所呈現的資料內容、形式與名稱都不一樣。在檢視許多美國學校的課程文件後，Oliva 歸納出最常見的形式有：課程手冊（curriculum bulletins）、課程指南（curriculum guide）、學習的科目（course of study）、教學大綱（syllabi）等。其中，課程指南（curriculum guide）被大部分的學校定義為單一科目或是單一年級的完整課程資料，是最普遍的一種表徵課程成品的資料。學習的科目則是指單一科目詳細的計畫，它提供的內容包括使用的教材文本（內容）、建議的教學方法。教學大綱則是描述單一學科或是單一年級所包含的主題範圍，但是 Oliva 也發現前述四種「課程成品」的表徵文件類型與名稱經常被交換使用，其主要原因是這四者並沒有學術上標準的定義，因此沒有固定的規範。至於，這些課程成品的內容要以何種文件來表徵、應包含哪些資料、或是文件的名稱等，端視學校認為哪一種課程資料建構的方式和內容的表徵，是校內的教師最習慣或是最有幫助而定。

另外，對於課程指南的內容編寫方式，Oliva 發現各校也有自己的風格。例如：課程指南是學校課程文件中最普遍的一種形式，它所呈現的內容大都包含下列六種資料：(1) 簡介：包含指南的名稱、科目、適用的年級等；(2) 教學目的：以非行為目標的形式敘述教學之目的，而且這些教學目的必須與課程之目的與目標一致；(3) 教學目標：以行為目標（具體目標、表現目標）的形式敘述單一學科的特定年級之教學目標；(4) 學習活動：敘述教學中可運用的學習經驗，且按照學生適合的順序安排；(5) 評量：建議教師使用的評量，有的提供測驗題目的範例，有的甚至是提供完整的試卷；(6) 資源：提供人際資源，包含可以從哪些人獲得有關課程指南內容、教材、設備、媒體和設施等的協助。上述這些資料普遍都包含在大多數的學校課程指南中，被視為是對教師授課最有幫助的資料。

至於，學習的科目（course of study）則為單一的科目所作的詳細計畫，它的文件詳列學習的文本（內容）及教師教學的方法。以此種方式表徵課程的例子中，最有名的莫過於由 J. S. Bruner（布魯納）所主導的 Man: A course of study, MACOS（人的研究）的課程。在它的課程文件中列出六個主題內容、使用的教材、討論問題的學習單、媒體資源、教學手冊等（任慶儀，2021，頁 138-144）。教師可以從這樣的課程文件中得知在這一門課裡，應該要如何教、教授哪些內容與主題，以及如何評量學生的表現。

教學大綱（syllabi）則是敘述單一科目或是單一年級所要教授的主題範圍。針對以上的課程文件類型，表 16-1 即是 Oliva 綜合性課程指南文件的表徵方式。

表 16-1　Oliva 綜合性課程指南文件內容

主題	目的	目標	活動	評量	資源

　　Oliva 以表格的方式列出課程指南中所揭示的課程資料和順序，這是許多學校和教師最熟悉檢視課程指南資料的方式。從表 16-1 所揭示的內容，不難看出學校是以主題內容為課程的設計主體，之後才是附隨的課程目的、目標，這是一般傳統學校和教師最常用、最習慣的課程設計方式和表徵。雖然，此種課程設計的方式已經落伍，與今日課程的設計方式截然不同，但是仍然受到學校與教師的青睞。

　　以表徵課程成品的文件都能提供教師有關教學的建議，一方面，教師從這些文件的資料中可以發揮創意，設計出教案；另一方面，從這些課程文件中可以知道學科中學生在預期的時間內，必須達到的基本目標。由於課程指南提供了教學的教材資料及建議的學習活動，更可以讓教師透過前測與後測的評量得知教學起點與成果，課程文件資料的重要性不言而喻。

　　Oliva 認為需要有「好的」課程文件才能呈現課程成品的論述，實是為了課程設計的最後任務作了最好的詮釋。如何能充分而完整的呈現課程資料對參與課程的人而言，則是另一項必須訓練的技能。

第二節　Armstrong 的課程文件表徵

　　相較於 P. F. Oliva 將課程發展與設計的最終結果稱為「課程成品」，課程學者 D. G. Armstrong（1989）則是將課程設計的結果稱為「書寫式課程」（written curriculum），並且將它視為另一種課程的類型，而非僅是一種課程的文件。Armstrong 認為課程不論以何種方式設計，其最終的結果也是需要以文件（document）的形式作為表徵。

　　如同 Oliva 一樣，Armstrong 主張課程實施要有詳細的計畫，這些計畫便是由不同的課程文件以分項的方式（例如：由總計畫到子計畫，或是由階段計畫到年級計畫）加以說明，並以書面的方式予以表徵。Armstrong 認為每一種課程文件都有其定義與使用的意義，因為

每一種課程文件都是針對特定的使用對象而設計，具有其特殊的目的。

Armstrong 主張當課程文件提供給不同的使用者時，因其使用目的不同，他所需要的課程資料範圍也會不同。一般而言，主管全校課程的人員必須瞭解全校課程的範圍與順序，主管特定學科課程的人員需要知道某一學科實施的情形，而各科的教師就可能需要瞭解特定年級的課程與學期的資料。為了滿足各階層人員的需求，Armstrong 指出整體的課程資料應該包含下列各項文件：(1) 哲學的聲明；(2) 課程範圍與順序文件；(3) 課程指南文件；(4) 年級和科目計畫；(5) 教學大綱等五種文件，才算是完整的課程資料（Armstrong, 1989, pp. 97-121）。以下分別說明之：

一 哲學的聲明（philosophy statement）

學校有責任對它的課程與教學提出一些哲學的聲明，其目的主要是陳述對學校整體課程的綜合性想法。聲明的本質不需要特別指出特定的哲學派別，但是可以引據一些學校課程、教學的主要目的作為聲明的基礎。一個好的哲學聲明可以說明學校要如何發展學生的智識能力、如何培育出可以面對未來世界的工作者、如何增進學生對自我的瞭解、如何發展解決問題的能力、如何培育可以面對變遷的個人等。哲學的聲明是將學校的各種課程與教學的目的統整在一起，形成對教育信仰的論述，讓學校的行政人員、教師、家長、學生藉此產生對學校的信心與期望，進而支持學校。這樣的聲明必須先於任何課程計畫文件的內容，以表示學校的課程與教學所具有的哲學中心思想，並以此作為整個學校發展與經營的基礎。

二 課程範圍與順序文件 （curriculum scope and sequence document）

這是描述全校所有課程的範圍與順序的文件，也可稱為「課程總體文件」。在美國，像這樣的課程文件通常會分成兩個階段：國小

k-6 階段以及 7-12 年級階段，分別予以表徵。由於州政府規定某些州的特定課程標準與內容必須涵蓋在學校課程範圍中，因此這種全校性的課程通常由最高層級的課程專家領導、規劃該計畫或文件之內容，以便能掌握課程中重要的關鍵。使用此種課程文件的人員通常是那些負責管理全校課程計畫的人，它呈現學校所有科目與所有年級的課程計畫，是學校總體課程的核心，其他例如：課程指南、年級課程計畫與教學計畫等，都是以它為基礎而編製的。

三 課程指南文件 （curriculum guide document）

相較於前項的整體課程文件，課程指南所描述的範圍顯然在範圍上縮小許多，也比較聚焦一些。因為，課程指南只敘述全校某一科目在各年級實施的範圍與順序。例如：「自然科學課程指南」的課程文件只有敘述 k-6 的「自然科學」的範圍與順序，以及在各年級實施的資訊。通常編製課程指南文件的原則是從前述全校性的「課程範圍與順序」的課程文件中，將自然科學的部分萃取出來。使用此課程指南的人員，大都是學科專家、學科教師（科任教師）、學習者與該社群之成員。

四 年級和科目計畫（grade-level plans and course plans）

年級和科目計畫的文件包含對某一科目，在特定年級的課程計畫資訊。例如：四年級的「社會科」的課程計畫。此文件資料的來源也是從前述「課程指南」的文件中，將特定年級的部分萃取出來而成的。這是教師最感興趣的課程計畫文件之一，因為有這一份課程計畫文件的資料，就可以讓他們拿來開始規劃每天的教學。這種課程計畫的文件內容仍然欠缺一些教師想要的資訊，因此就它的用途來說，仍然不及下列教學計畫更受到教師的青睞。

五 教學大綱（syllabi）

教學大綱的文件主要是提供詳細的教學指引，一般而言，它提供的資訊包含完整的表現目標（performance objectives）、單元的組織與傳播、學習者分析、教學內容、測驗與評量等。由於教學大綱關注到特定的教學內容與傳播方式，對於個別教師而言是極重要，而且實用的課程教學文件。

大多數人都非常重視課程的發展與設計，但是如何將設計的結果用一份有系統、有條理的文件，說明學校要在哪一個學年或學期、哪些學生、要達到什麼目標、要進行什麼評量、要教多少的內容，對於課程的實踐可能更具有實務上的重要性。雖然鮮少有學者針對課程規劃最後的呈現方式特別給予關注，但是對於實施課程的學校或教師而言，它卻是一種非常務實的需求，沒有課程文件就無法一窺課程實際執行的進展，自然也就遑論教學與學習的效能。

Armstrong 在課程論述中特別提出撰寫課程計畫文件的方式，是其他大多數課程的著作中所欠缺的部分。他主張以前述五種課程資料的形式來編列課程文件，同時以系統性的方式組織前述的課程文件，唯有如此，才能充分而完整的呈現課程設計的結果與實施的過程。那麼，為何要用不同類型的文件編寫課程計畫的文件呢？其實，就課程實施的實務性觀點來看，的確，一位教師可能在設計教學的過程中，需要去參考全校性課程計畫的機會是非常的少。對他而言，使用全校性的課程資料顯然是距離太過遙遠的需求。相反的，使用年級的課程計畫，對任課的教師而言就具有非常實用與重要的參考價值。同樣的，對於身為主管全校課程的人員，例如：教務主任，要知曉教師在每一課或單元要用什麼方式教學或是用哪些活動進行表現目標等教學的細節，似乎也沒有太必要。因此在此情形下，設計不同層級的課程計畫文件顯然就可以「各取所需」。然而，這些不同層級的課程計畫並不需要分別去設計或編製，只需要從全校性課程計畫中提取所需要的課程資料，即可形成指南、年級／學期、教學的計畫。

依照 Armstrong 的課程計畫文件的特性，吾人不需要特別去作另外的設計，只要從「課程範圍與順序」中依照各層級所需要的部分去「萃取」就可以了。所以根據這樣的原則，從全校性「課程範圍與順序」的課程計畫中提取特定的學科部分，就形成「課程指南」；而從「課程指南」中萃取分配給特定年級實施的部分，就形成「年級課程」。從「年級課程」中詳列學習者的表現目標、教材單元、傳播方式、節數、評量等的細節，就形成「教學大綱」的計畫。簡單的說，課程範圍與順序的課程計畫是課程指南、年級和科目計畫，以及教學大綱這三種課程計畫的基礎，而這些計畫的文件則分別表徵出全校性、各科、各年級、各教學單元的課程資料。

第三節　九年一貫課程計畫之表徵

民國 92 年教育部公布九年一貫課程的正式綱要是我國近年來課程與教學的重大改革，其中特別將「課程綱要」取代原有之「教材綱要」，開啟我國教育史上學校被賦予編製學校本位課程權力的時代。在「總綱」的規範中，國中小學必須依照各學習領域之課程綱要編製各校之「課程計畫」，且需於開學前送所屬主管教育行政機關備查。雖然「總綱」中並未說明課程計畫應如何表徵，但是卻有明文規定，對於所有學習領域（七大學習領域）及彈性學習，學校均有編製「課程計畫」之責任。而在送審「課程計畫」中，應涵蓋之內容則規定須敘明如下：（教育部，1998，頁 13）

1. 學年／學期學習目標
2. 能力指標
3. 對應能力指標之單元名稱
4. 節數
5. 評量方式
6. 備註

　　由於我國各學習領域的課綱是以「階段」的方式設計，因此每一個階段學習領域課綱的實施，大都橫跨兩個學年、四個學期。因此，為了呈現完整的課程實施計畫，九年一貫課程計畫的綜合文件應呈現的內容，如表 16-2。

表 16-2　九年一貫課程計畫綜合文件內容

能力指標	學習目標	學年	學期	單元名稱	節數	評量	備註	議題

　　表 16-2 中顯示九年一貫課程的設計是以「能力指標」為首的設計，相較於 Oliva 所歸納的課程設計則是以「主題」為首，兩者有著截然不同的理念。

　　綜觀九年一貫的課程設計理念，除了以「能力指標」作為課程與教學的主軸以外，教育部在（2001）《教學創新九年一貫課程問題與解答》手冊中，指出「能力指標」應轉化為「學習目標」後實施教學（頁 40-41）。值得注意的是，此處之「學習目標」乃是由「能力指標」所轉化的，並非是教科書單元的學習目標，這是許多學校在規劃、設計課程計畫時的誤解。一般而言，在國家所公布的教育「總綱」或「各領域綱要」都不會直接牽涉教科書的單元，因此將教科書單元的學習目標列在此處實是錯誤的認知與作法。「轉化」能力指標為具體的學習目標，便成為各校推行與實踐九年一貫課程最先期的任務，然而這項工作任務始終未能被學校所認知，將教科書單元的學習目標冠以課綱轉化的「學習目標」之名稱，以至於課綱的教學有所疏漏，成效不如預期。教師教學的作法與觀念，並沒有因為實施九年一貫課程而有所改變，殊為可惜。

　　九年一貫的課程計畫要如何表徵呢？任慶儀（2013）主張除了課程計畫的「內容」應按照教育部的規定以外，更應該依照 Armstrong 對課程文件的論述，以不同類型的文件詮釋、說明、表徵課程實施的

計畫。任慶儀（2013）指出要規劃九年一貫完整的課程計畫，應使用下列六種類型文件予以表徵：（頁 39-41）

1. **學校教育願景**：敘述的是學校對整體課程與教學的重要理念，類似於 Armstrong 課程文件中所提之「哲學聲明」。不過，因為我國的政治體制特殊，需要特別注意到學校願景不宜脫離國民教育的目的與目標重點太遠，而作太過「在地化」的表徵。

2. **總體課程計畫**：文件內容類似於 Armstrong 的「課程範圍與順序」所包含的資料，顯示的是全校性的課程（包含課綱、轉化的目標或是內容、主題），可以看出領域、階段分配的資料。

3. **階段課程計畫**：顯示的資料包含課綱、轉化之學習目標，以及它們被實施的年級標示。

4. **年級課程計畫**：顯示的是全年級要實施的課綱和轉化的目標等，以及它們被實施的學期標示。

5. **學期課程計畫**：文件顯示的就是各學期，必須完成的課綱與轉化的學習目標。

6. **學期教學計畫**：當教師獲得前項「學期課程計畫」的文件時，便依其創造出涵蓋有對應的教材／單元、節數、評量、議題等之「教學計畫」。之後，教師依照「教學計畫」文件中的資料，歸納出教材／單元的課程資訊，進行「教案」的設計與實施。

　　以上各種類型課程文件的組合，顯示如何以課綱為首的教學設計，而文件之間的關係表徵了課程與教學的脈絡。藉由全校性、各領域、各年級、各學期課程與教學的文件，可看出課程到教學的轉換與銜接。因此，有系統的課程和教學文件的確可以使教師在設計教學時，變得容易與方便，足見它們的重要性。

　　表 16-2「課程計畫」的綜合性文件，顯示整體的課程計畫文件應表徵的內容，但是為了課程管理與經營的目的，會用不同類型的文件予以各別表徵。不同類型文件的內容因為資料的範圍有所差異，其

名稱也略有不同。

表 16-3 表徵九年一貫課程計畫之文件類型

文件類型	表徵之內容				
學校教育願景	學校課程與教學統整的教育哲學觀				
總體課程計畫	能力指標	學習目標			
階段課程計畫	能力指標	學習目標	*實施年級		
年級課程計畫	能力指標	學習目標	*實施學期		
學期課程計畫	能力指標	學習目標			
學期教學計畫	能力指標	學習目標	對應單元	議題	節數	評量

備註：

學習目標：係指由能力指標轉化成為具體之學習目標，並非為教科書單元
之目標。

* 實施年級：指階段課程之分年實施，一般僅以 P 註記能力指標與學習
目標實施之年級。

* 實施學期；指年級課程之分學期實施，一般僅以 P 註記實施之學期。

　　從表 16-3 可見學校的課程計畫是以上述六種不同類型的課程文
件作為表徵，各種課程計畫的文件其所顯示的內容範圍有所差異。如
果將表 16-3 的課程教學資料統整在一起，它們便能完整的顯示教育
部在「總綱」中，對「課程計畫」內容的要求。課程計畫要使用不
同的文件表徵，主要是使用的人員在課程與教學中扮演不同的角色
所致。舉例而言，「總體課程計畫」的文件適合課程專家或是學校課
程領導者使用，作為檢核每一條課綱的轉化是否合乎學科的知識或內
容，也可作為檢核國家課綱是否確實實踐的依據；「階段課程計畫」
的文件則適合學校內掌管各學科、領域的主管（例如：教務主任或是
各科召集人等）使用，作為檢核各階段課程銜接的情況，以及國家課
綱所轉化的學科主要內涵（包含學科內容或是目標）是否適合年級學
生的認知發展與能力的表現。「年級課程計畫」的文件交由學年主任

使用，作為檢核全年課程計畫是否完整實施，上下學期的銜接與安排是否適當的憑據。「學期課程計畫」則是教師執行各學期課綱教學所依賴的文件，也可作為檢核教學中實踐課綱的依據。而「學期教學計畫」則是教師用來檢核整個學期各單元教材對應課綱的情形，以及是否需要「自編」教材的補充。教學的節數、評量等細節，還有教學的額外注意事項（備註），也都是教學計畫文件中必須敘明的部分。最後，教學計畫是否按部就班、忠實的實施學校政策下的課程與教學，也都可以透過教學計畫文件予以檢視。因此，一份完整的課程資料是由不同的文件所組成，而每一份文件都有它的需求功能。

第四節　九年一貫課程計畫的實例

　　為了能夠有效的執行九年一貫新課程，一份有系統的課程計畫文件，足以讓課程專家、學校行政人員、教師和家長能夠清楚的瞭解新課程在學校實施的方式，繼而支持新課程。為達到此目的，以下列出九年一貫課程計畫（除了學校願景之外）作為範例，以符應教育部對課程計畫之要求。

　　表 16-4 是以數學領域為例，說明九年一貫課程計畫之文件內容與其表徵方式。能力指標、分年細目、學習目標（由能力指標轉化），共同組成數學「總體課程計畫」的文件內容。為了因應基層教學的要求，教育部針對數學學習領域另頒有「分年細目」，作為能力指標實施的年級與範圍，這是其他學習領域所沒有的設計。故而，在設計數學總體課程計畫時，文件中應載明此項資料。「學習目標」則是以教育部所頒「細目詮釋」的說明為基準，將「分年細目」轉化而成，並非複製來自教科書單元之學習目標。

　　表 16-4 的課程文件所陳列的內容很容易讓課程人員、學科專家與教師，檢核每一條「能力指標」與「分年細目」轉化成「學習目標」是否符合學科的內涵，以及學校是否完整的解讀課綱。有了這樣清楚的、單純的文件可以讓關心課程的人員一目了然，檢核課綱時能有事

半功倍的效果。

表 16-4　數學總體課程計畫文件內容（部分）

能力指標	分年細目	學習目標
N-2-01 能說、讀、聽、寫 10000 以內的數，比較其大小，並做位值單位的換算。	3-n-01 能認識 10000 以內的數及「千位」的位名，並進行位值單位換算。	點數四位數（過千）數列 • 念出千位位名 • 讀出四位數 • 點數四位數（過十）數列 • 點數四位數（過百）數列 用千元錢幣付錢 • 認出千元紙鈔 • 能整付千元的錢幣 • 用千百十錢幣組合付錢 用位值比較四位數大小 • 用位值比較三位數大小 換算千位與百位位值 • 用不同位值表四位數 • 從位值算出數值
N-2-02 能透過位值概念，延伸整數的認識到大數（含億、兆）。	4-n-01 能透過位值概念，延伸整數的認識到大數（含「億」、「兆」之位名），並做位值單位的換算。	能寫出萬億兆的數 • 能說出萬億兆的位名 • 能讀出萬億兆的數 用位值單位比較萬億兆的數 • 說出萬群組位名 • 說出億群組位名 • 說出兆群組位名 • 找出萬億兆數的位值群組 能換算萬億兆位值與數值 • 能換算千群組與萬群組位值 能寫出萬億兆的數 • 能說出萬億兆的位名 • 能讀出萬億兆的數 用位值單位比較萬億兆的數 • 說出萬群組位名

▍表 16-4　數學總體課程計畫文件內容（部分）（續）

能力指標	分年細目	學習目標
		• 說出億群組位名 • 說出兆群組位名 • 找出萬億兆數的位值群組 　能換算萬億兆位值與數值 • 能換算千群組與萬群組位值
N-2-03 能熟練整數加、減的直式計算。	3-n-02 能熟練加減直式計算（四位數以內，和 <10000，含多重退位）。	能做四位數進三位加法 • 能做四位數進二位加法 • 能做四位數進一位加法 　能做四位數退二位減法 • 能做四位數退一位減法
N-2-06 能在具體情境中，解決兩步驟問題（含除法步驟）。	3-n-07 能在具體情境中，解決兩步驟問題（加、減與除，不含併式）。	做加減與除兩步驟問題 • 按照解題步驟解題 • 決定解題步驟 　做植數問題 • 依題意畫數線
N-2-03 能熟練整數加、減的直式計算。	3-n-10 能做簡單的三位數加減估算。	取三位數之概數 • 取三位數不進百概數 • 取三位數進百概數 　做三位數加減估算
N-2-03 能熟練整數加、減的直式計算。	4-n-02 能熟練整數加、減的直式計算。	做萬億兆數的直式加法 • 列出萬億兆數的直式算式 　做萬億兆數的直式減法 • 列出萬億兆數的直式算式 　做萬億兆複名數進位直式加法 • 列出萬億兆複名數的直式算式 　做萬億兆複名數退位直式減法 • 列出萬億兆複名數的直式算式

表 16-4 的文件中只有列出「能力指標」、「分年細目」，以及依據「分年細目」所轉化的「學習目標」，並沒有其他太多的資訊。因為本項文件主要是提供給課程專家、數學學科專家和教師，檢核學校對於課綱的解讀是否合乎學科的內容知識，所以，並不需要其他實施期程的資訊。

表 16-5 之「階段課程計畫」，是依據前述數學「總體課程計畫」文件所涵蓋之課程資訊，以符號「✓」標示出「總體課程計畫」中「能力指標」、「分年細目」與「學習目標」實施之年級。

依據九年一貫課程的規劃，每一個階段的學習領域大都涵蓋兩個年級，因此每一階段的課綱都要分成兩個年級實施。從表 16-5「階段課程計畫」的文件中，可以清楚的看出有部分課程是在三年級進行，而有些部分則是在四年級進行。利用前述的「總體課程計畫」中直接加上標示實施課程的年級，可以避免在規劃整體課程時有所疏漏。

表 16-5　數學第二階段課程計畫（部分）

能力指標	分年細目	學習目標	三年級	四年級
N-2-01 能說、讀、聽、寫 10000 以內的數，比較其大小，並做位值單位的換算。	3-n-01 能認識 10000 以內的數及「千位」的位名，並進行位值單位換算。	點數四位數（過千）數列 • 念出千位位名 • 讀出四位數 • 點數四位數（過十）數列 • 點數四位數（過百）數列 用千元錢幣付錢 • 認出千元紙鈔 • 能整付千元的錢幣 • 用千百十錢幣組合付錢	✓	

表 16-5 數學第二階段課程計畫（部分）（續）

能力指標	分年細目	學習目標	三年級	四年級
		用位值比較四位數大小 • 用位值比較三位數大小 換算千位與百位位值 • 用不同位值表四位數 • 從位值算出數值		
N-2-02 能透過位值概念，延伸整數的認識到大數（含億、兆）。	4-n-01 能透過位值概念，延伸整數的認識到大數（含「億」、「兆」之位名），並做位值單位的換算。	能寫出萬億兆的數 • 能說出萬億兆的位名 • 能讀出萬億兆的數 用位值單位比較萬億兆的數 • 說出萬群組位名 • 說出億群組位名 • 說出兆群組位名 • 找出萬億兆數的位值群組 能換算萬億兆位值與數值 • 能換算千群組與萬群組位值 能寫出萬億兆的數 • 能說出萬億兆的位名 • 能讀出萬億兆的數 用位值單位比較萬億兆的數		✓

表 16-5　數學第二階段課程計畫（部分）（續）

能力指標	分年細目	學習目標	三年級	四年級
		• 說出萬群組位名 • 說出億群組位名 • 說出兆群組位名 • 找出萬億兆數的位值群組 能換算萬億兆位值與數值 • 能換算千群組與萬群組位值		
N-2-03 能熟練整數加、減的直式計算。	3-n-02 能熟練加減直式計算（四位數以內，和<10000，含多重退位）。	能做四位數進三位加法 • 能做四位數進二位加法 • 能做四位數進一位加法 能做四位數退二位減法 • 能做四位數退一位減法	✓	
N-2-06 能在具體情境中，解決兩步驟問題（含除法步驟）。	3-n-07 能在具體情境中，解決兩步驟問題（加、減與除，不含併式）。	做加減與除兩步驟問題 • 按照解題步驟解題 • 決定解題步驟 做植數問題 • 依題意畫數線	✓	
N-2-03 能熟練整數加、減的直式計算。	3-n-10 能做簡單的三位數加減估算。	取三位數之概數 • 取三位數不進百概數 • 取三位數進百概數 做三位數加減估算	✓	

表16-5　數學第二階段課程計畫（部分）（續）

能力指標	分年細目	學習目標	三年級	四年級
N-2-03 能熟練整數加、減的直式計算。	4-n-02 能熟練整數加、減的直式計算。	做萬億兆數的直式加法 • 列出萬億兆數的直式算式 做萬億兆數的直式減法 • 列出萬億兆數的直式算式 做萬億兆複名數進位直式加法 • 列出萬億兆複名數的直式算式 做萬億兆複名數退位直式減法 • 列出萬億兆複名數的直式算式		✔

　　利用上述表16-5之階段課程計畫，將屬於同年級之「能力指標」、「分年細目」、「學習目標」抽取出來，即形成所謂的「年級課程計畫」。表16-6即是從數學領域之「第二階段課程計畫」中，將同屬於三年級的課程抽離出來，並且考慮劃分哪些部分在上學期或下學期實施。所以，表16-6中使用符號「✔」分別標示上、下學期課程要實施的部分。

　　同樣的，有了年級的課程文件，可以對應、回溯階段的課程文件中的資料，以檢核實施課程與教學時是否有疏漏的情況，同時也可以瞭解學期與學期之間的課程是如何銜接。

表 16-6　數學三年級課程計畫（部分）

能力指標	分年細目	學習目標	上學期	下學期
N-2-01 能說、讀、聽、寫 10000 以內的數，比較其大小，並做位值單位的換算。	3-n-01 能認識 10000 以內的數及「千位」的位名，並進行位值單位換算。	點數四位數（過千）數列 • 念出千位位名 • 讀出四位數 • 點數四位數（過十）數列 • 點數四位數（過百）數列 用千元錢幣付錢 • 認出千元紙鈔 • 能整付千元的錢幣 • 用千百十錢幣組合付錢 用位值比較四位數大小 • 用位值比較三位數大小 換算千位與百位位值 • 用不同位值表四位數 • 從位值算出數值	✓	
N-2-03 能熟練整數加、減的直式計算。	3-n-02 能熟練加減直式計算（四位數以內，和 <10000，含多重退位）。	能做四位數進三位加法 • 能做四位數進二位加法 • 能做四位數進一位加法 能做四位數退二位減法 • 能做四位數退一位減法	✓	
N-2-06 能在具體情境中，解決兩	3-n-07 能在具體情境中，解決兩步驟問題	做加減與除兩步驟問題 • 按照解題步驟解題 • 決定解題步驟		✓

表 16-6　數學三年級課程計畫（部分）（續）

能力指標	分年細目	學習目標	上學期	下學期
步驟問題（含除法步驟）。	（加、減與除，不含併式）。	做植數問題 • 依題意畫數線		
N-2-03 能熟練整數加、減的直式計算。	3-n-10 能做簡單的三位數加減估算。	取三位數之概數 • 取三位數不進百概數 • 取三位數進百概數 做三位數加減估算	✓	

　　課程計畫從「總體課程計畫」開始，不斷的分化為「階段課程計畫」、「年級課程計畫」，最後成為上、下「學期課程計畫」。表 16-7 即是從「年級課程計畫」分化後，將同屬於上學期課程的部分集中，形成「學期課程計畫」。在以上五種課程文件中，都保有從「總體課程計畫」文件中，就開始呈現的「能力指標」、「分年細目」，以及「學習目標」的資訊，直到「學期課程計畫」為止。這樣文件所提供的內容，從頭到尾都保持它的一致性，而且每一種文件都是從前一種文件分化而來，更具有合理性與邏輯性。

　　教育部在九年一貫課程的總綱中，規定課程計畫需要列出年級／學期學習目標，因此，從年級課程文件、學期課程文件中所列的「學習目標」，就可以符應此項的要求。

表 16-7　數學三年級上學期課程計畫（部分）

能力指標	分年細目	學習目標
N-2-01 能說、讀、聽、寫 10000 以內的數，比較其大小，並做位值	3-n-01 能認識 10000 以內的數及「千位」的位名，並進行位值單位換算。	點數四位數（過千）數列 • 念出千位位名 • 讀出四位數 • 點數四位數（過十）數列 • 點數四位數（過百）數列

表16-7 數學三年級上學期課程計畫（部分）（續）

能力指標	分年細目	學習目標
單位的換算。		用千元錢幣付錢 • 認出千元紙鈔 • 能整付千元的錢幣 • 用千百十錢幣組合付錢 用位值比較四位數大小 • 用位值比較三位數大小 換算千位與百位位值 • 用不同位值表四位數 • 從位值算出數值
N-2-03 能熟練整數加、減的直式計算。	3-n-02 能熟練加減直式計算（四位數以內，和<10000，含多重退位）。	能做四位數進三位加法 • 能做四位數進二位加法 • 能做四位數進一位加法 能做四位數退二位減法 • 能做四位數退一位減法
	3-n-10 能做簡單的三位數加減估算。	取三位數之概數 • 取三位數不進百概數 • 取三位數進百概數 做三位數加減估算

　　當課程計畫完成時，就需進行「教學計畫」的設計。按照教育部對九年一貫課程「總綱」中之規定，除了學習目標以外，學校送審的課程計畫中，尚須列出能力指標對應的單元名稱、評量、備註等資料項目。

　　「教學計畫」的設計也如同前述各種課程計畫的文件一樣，必須具有一致性。意即，學期教學計畫本身必須來自學期的課程計畫，並且以它為設計之首，衡量可適用的教材、需要的節數、使用的評量方法等教學考量。表16-8 即是由前述的「學期課程計畫」，將教材（教科書、自編的教材）一一的對應到學習目標，並且依據教學的需求衡量所需的「節數」與「評量」方法，形成「教學計畫」。

　　從表 16-8 的文件中，教師能夠認知縱使自己將教科書的單元活動都教完了，不見得就完成九年一貫課程的教學。因為從表 16-8 的文件中，就可看見有許多「學習目標」在教材對應時，被註記「自編」的字樣，即是表示教科書的內容是有所缺失的，需要另外補充教學的內容。有了這樣的課程與教學文件，教師就很容易認知教學的重點不再是「以教科書為中心」，而是要以「課綱」為中心，這也是九年一貫課程改革的重點。

　　學期「教學計畫」的文件，讓教師在作九年一貫課程教學時能有正式的依據，並且藉由它檢核自己的教學是否聚焦其上，確實並且忠實的實踐課程指標、學習目標。

表 16-8　學期教學計畫

三年級 分年細目	學習目標	對應單元	節數	評量	備註
3-n-01 能認識 10000 以內 的 數 及「千位」的位名，並進行位值單位換算。	點數四位數（過千）數列	1-1 數到 10000	1	實作評量	
	念出千位位名	自編			
	讀出四位數	1-1 數到 10000			
	點數四位數（過十）數列	1-1 數到 10000			
	點數四位數（過百）數列	1-1 數到 10000			
	用千元錢幣付錢	1-2 使用錢幣	1	實作評量	
	千元紙鈔	自編			
	能整付千元的錢幣	自編			
	用千百十錢幣組合付錢	1-2 使用錢幣	1		
	用位值比較四位數大小	1-3 比大小 自編	1	測驗	

表 16-8 學期教學計畫（續）

三年級分年細目	學習目標	對應單元	節數	評量	備註
	用位值比較三位數大小	自編			
	寫出四位數展開式	1-2 使用錢幣			
	換算千位與百位位值	自編	1	測驗	
	用不同位值表四位數	自編			
	從位值算出數值	自編			
3-n-02 能熟練加減直式計算（四位數以內，和 <10000，含多重退位）。	能做四位數進三位加法	2-1 四位數的加法	1	測驗	
	能做四位數進二位加法	2-1 四位數的加法 自編	0.5		
	能做四位數進一位加法	2-1 四位數的加法	0.5		
	能做四位數退二位減法	2-3 四位數的減法 自編	1	測驗	
	能做四位數退一位減法	2-3 四位數的減法	0.5		

　　九年一貫的課程計畫從「總體課程」、「階段課程」、「年級課程」、「學期課程」、「教學計畫」等不同種類的文件，共同表徵了教育部所規定的課程計畫內容。「階段課程計畫」、「年級課程計畫」、「學期課程計畫」的文件中表徵教育部要求學校課程計畫內，必須呈現「學年／學期學習目標」、「能力指標」的內容；而從「教學計畫」中，表徵了「對應能力指標單元名稱」、「評量」、「節數」、「備註」的內容。這樣的課程計畫文件的設計，一方面符合法定的要求；另一方面這樣的課程文件設計，也符應了課程領域中有關

的理論，自此，學術理論的實踐與實務的需求似乎在此融為一體。

第五節　十二年國教課程計畫之表徵

　　繼九年一貫課程改革之後，十二年國民基本教育的「總綱」正式於民國 103 年公布。相較於九年一貫的課程理念，十二年國教的課程除了「能力」之外，更將所謂的「素養」加諸其上。此外，十二年國教的課程也更改為以「學習重點」為課程的重心，涵蓋「學習表現」與「學習內容」兩項維度。雖然兩者對於課程的重心主軸並不一致，但是對於學校必須編製課程計畫，以及開學前必須送至主管機關備查的要求顯然是一樣的。十二年國教的「總綱」中，教育部仍然提出學校必須編製總體架構、彈性學習及校訂課程的課程計畫，備查的課程計畫之文件內容如下：（教育部，2014，頁 31）

一　總體架構

　　文件中敘述的是學校的部定課程領域和校訂課程領域的架構。其中，在語文領域中除了國語文和英語文之外，對於本土語文或是新住民語文的部分，必須說明學校所實施的「本土語文」是哪一種語文，例如：閩南語或客家語等。如果是新住民語文則是學習哪一個國家的語文，例如：越南語，還是印尼語等。

　　校訂課程領域則是學校需要訂出實施「彈性學習課程」（國小階段）的課程名稱，例如：資訊教育或是環境教育課程等。

二　領域教學重點

　　課程計畫的文件中，必須呈現「學習表現」與「學習內容」的資料，以及「學習內容」所轉化的「學習內涵」。

三 評量方式

針對「學習表現」與「學習內容」，課程的文件中必須呈現所使用的量化評量與質性評量的方法。

四 進度

課程文件中必須能呈現課綱，也就是「學習表現」與「學習內容」，在每一個階段、年級、學期中實施的情況，以彰顯它們完成的期程，此稱為進度。

十二年國教各領域的課綱，也是以「階段」的方式設計，每一個階段的領域都以兩個學年、四個學期作為實施的時限。因此，為了呈現完整的課程實施計畫，十二年國教課程計畫必須表徵的綜合性文件的內容，如表 16-9。

表 16-9 十二年國教課程計畫綜合性文件內容

學習重點			學年	學期	單元名稱	節數	評量	備註	議題
學習表現	學習內容	*學習內涵							

備註：

* 學習內涵是學校轉化教育部頒布之各科學習內容綱要而成，具有校本的特色。

表 16-9 顯示十二年國教的課程是以「學習重點」為首的設計，相較於九年一貫的課程是以「能力指標」為首，兩者雖有不同，但是，兩者都不約而同以「課綱」作為課程與教學設計之首，這是兩者極大的相似處，更是未來教改的趨勢。根據國家教育研究院（2015）所出版《核心素養發展手冊》的解釋，「學習重點」分成「學習表現」和「學習內容」兩個向度；其中「學習表現」類似於九年一貫的

「能力指標」，為「非具體的內容向度」（頁9）。而「學習內容」，則是各領域重要的事實、概念、原理原則、技能、態度、後設認知等知識、內容。換句話說，「學習內容」代表學科／領域的知識，而學校應將「學習內容」的綱要轉化成為具體的、重要的、基本的學科知識內涵。為了區別「學習內容」與其轉化的學科基本知識（各科之事實、概念、原理原則等），本書將它稱為「學習內涵」。換句話說，「學習內涵」是學校教師為了教學上的目的，結合相關的行政人員與教師，共同轉化教育部所頒布之學科（領域）的「學習內容」而成的。

因此，將教科書的單元作為課程計畫中的「學習內容」顯然是不合適的，這也是許多學校在規劃、設計課程計畫時的誤解。他們認為只要將教科書單元列出就可以代表「學習內容」的資料，而單元的順序即是「進度」。殊不知這樣的解讀或是轉化課綱的作法，其實和九年一貫課程時學校用教科書單元目標作為課綱的學習目標是一樣的錯誤。

從九年一貫課程開始到十二年國教課程都是需要學校全體的人員共同合作，不論是稱作「解讀」或是「轉化」課綱，都要對課綱採取分析、綜合等作為後，才能進行到設計教學的歷程。

十二年國教的課程計畫要如何表徵呢？雖然，教育部並未要求用何種文件的形式表徵，但是，教育部在「總綱」中要求「課程計畫」必須包含「總體架構」、「學習重點」、「進度」、「評量」等項目，仍然是表徵課程時必須明示的內容規範。然而，就學校管理課程的角度而言，仍舊以分層管理的方式實施為宜，因此，表徵課程計畫的文件類型也採用 Armstrong 所提倡的「課程文件」（curriculum document）的概念，利用分項的文件表徵課程計畫如下：（任慶儀，2021，頁 325-370）

表 16-10　表徵十二年國教課程計畫之文件類型

文件類型	表徵之內容						
總體架構	部定課程、校訂課程架構						
總體課程計畫	學習表現	學習內容	學習內容內涵				
階段課程計畫	學習表現	學習內容	學習內容內涵	*實施年級			
年級課程計畫	學習表現	學習內容	學習內容內涵	*實施學期			
學期課程計畫	學習表現	學習內容	學習內容內涵				
學期教學計畫	學習表現	學習內容	學習內容內涵	*對應單元	*節數	評量	議題

備註：

* 實施年級：係指學習表現、學習內容、學習內容內涵之分年實施，一般用✓註記實施之年級。
* 實施學期：係指學習表現、學習內容、學習內容內涵之分學期實施，一般用✓註記實施之學期。
* 對應單元：總綱中並未在「課程計畫」文件規範此項目，惟考慮文件之實用性，仍將其列入「教學計畫」文件中。
* 節數：總綱中並未在「課程計畫」文件規範此項目，惟考慮文件之實用性，仍將其列入「教學計畫」文件中。

　　以上的各類型文件內容，大致上符合教育部在「總綱」中對於課程計畫本身所提出的規定，但是，對於課程計畫中所謂「進度」，在上述的文件中似乎並沒有列出相關的內容或是說明。其主要的原因是「進度」在「總綱」中的定義是指「課綱的進度」，也就是「學習表現」和「學習內容」，在各階段中如何分年級、分學期實施，必須在課程計畫文件中能夠有適當的表徵。因此，「課綱的進度」即可從表 16-10 中「年級課程」、「學期課程」等文件看出。當階段的課綱

文件中以「✓」符號標示出「年級」時，就代表它們在各年級的「進度」。同樣的，當年級的課綱文件中以「✓」符號標示出「學期」時，也代表了課綱在上、下學期的「進度」。換句話說，從「年級課程」、「學期課程」的文件中可以看出課綱實施的「進度」。

另外，可以確定的是教育部在「總綱」中所提的「進度」絕非是「教科書」單元的進度，因為國家級的「總綱」絕不會涉及民間教科書的單元問題。只是，目前學校的課程計畫中，常將課程計畫的名稱加上「教學進度」或者「x x 學校課程教學進度表」等字樣，其實是將教科書單元的「教學進度」視為「課綱」的進度，是學校在規劃課程計畫時常有的錯誤認知，應該值得學校警惕，也應該避免重蹈九年一貫時的錯誤。

第六節　十二年國教課程計畫的實例

基於九年一貫課程改革所經歷的過程，對於國家課綱的教學設計已經具有一定的經驗。如何將「課綱」轉化為教學可用的計畫，需要有一份清楚且系統的文件作為依據。這樣的文件讓學校教育相關人員，包含校內外的專家，可作為執行國家課綱的實踐任務的依據，也可用來檢核實施國家課綱的成效。

各校在備查的「課程計畫」文件中的內容，依然必須按照教育部對「課程計畫」內容的規定——意即「總體架構」、「學習重點」、「進度」與「評量」，都須包含在內。各主管機關在審核時，亦應依照此規定指導學校進行「課程計畫」編製的技術。

表 16-11 的課程「總體架構」表，列出學校在「部定課程」的課程名稱與時數，特別注意的是在「語文」領域中，可以看出該校規劃的「本土語文」是以「閩南語」為主，每週的節數是 1 節，有別於其他學校可能以「新住民語文」為主的學習。對於這樣的差異應該在課程「總體架構」中明示，以彰顯學校的校本課程特徵。

　　另外，從表 16-11「彈性學習課程」中可看出該校是以統整性主題課程為主，列出每一個階段的主題可以讓人瀏覽該校的特色。其中「數位資訊家」、「數位行動家」，則是依據臺中市市本課程之「資訊教育」課程於三年級開始實施，為臺中市國小在「彈性學習」課程之「市本」課程的共同特色，彰顯出臺中市國小教育之特色。雖然「資訊教育」在十二年國教的領域中，遭到教育部取消「科技」的學習內容，但是學校仍將資訊教育置入「彈性學習課程」中繼續實施，也是符合現代社會與家長的期望。

　　從課程的「總體架構表」中，可以檢視學校在各領域學習的節數基本上符合教育部的規定，「彈性學習」節數也在教育部規劃的節數時間的範圍內。學習總節數由領域學習節數和彈性學習節數組成，也可以從表 16-11 的文件中清楚的標示，對於備查機關或是檢核學校課程的實施人員而言，無疑是首要檢核的項目。有了這樣的課程文件，就非常清楚的瞭解學校課程大體上的樣貌。

表 16-11　國小教育階段領域課程總體架構表

類型	階段	第一學習階段		第二學習階段		第三學習階段	
	年級	一	二	三	四	五	六
部定課程（領域學習課程）	語文	國語文 (6)		國語文 (5)		國語文 (5)	
		閩南語文 (1)		閩南語文 (1)		閩南語文 (1)	
				英語文 (1)		英語文 (2)	
	數學	數學 (4)		數學 (4)		數學 (4)	
	社會	生活課程 (6)		社會 (3)		社會 (3)	
	自然科學			自然科學 (3)		自然科學 (3)	
	藝術			藝術 (3)		藝術 (3)	
	綜合活動			綜合活動 (2)		綜合活動 (2)	
	科技						
	健康與體育	健康與體育 (3)		健康與體育 (3)		健康與體育 (3)	
領域學習節數		20 節		25 節		26 節	

表16-11 國小教育階段領域課程總體架構表（續）

類型	階段	第一學習階段	第二學習階段	第三學習階段
校訂課程（彈性學習課程）	（統整性主題／專題／議題探究課程）	讀經真善美 愛閱新視界 國際地球村	讀經真善美 愛閱新視界 國際地球村 ＊數位資訊家 戀戀藝術家	愛閱新視界 英語地球村 ＊數位行動家
	（其他類課程）	班級輔導 學習扶助 多元學習 預防與保健	班級輔導 學習扶助	班級輔導 學習扶助 數學遊戲
彈性學習節數		3 節	4 節	5 節
學習總節數		23 節	29 節	31 節

備註

＊「數位資訊家」、「數位行動家」課程實施，是依照臺中市市本課程的「資訊教育」所規劃。

　　在呈現學校十二年國教「總體架構」之前，許多學校仍然延續九年一貫的課程表徵，提出所謂的「學校願景」或是「學校課程願景」，此項目雖然在教育部所頒布的十二年國教「總綱」中並沒有規定要列出，但是許多學校依然在課程文件中有所表徵。

　　值得注意的是，大部分學校並未能提出表16-11類似的「總體架構」資料，所以無法總覽學校的課程，這是非常遺憾的事，希望未來能有所改進。

　　為了有系統的表徵課程，本書建議按照 Armstrong 課程文件的設計方式，設計出「總體課程計畫」、「階段課程計畫」、「年級課程計畫」、「學期課程計畫」、「學期教學計畫」等文件，作為學校檢核與實施十二年課綱實施的依據。

　　表16-12即是以語文領域的國語文為例，說明十二年國教課程計畫之「總體課程」之表徵方式。根據國家教育研究院（2015）的《核

心素養發展手冊》之說明，學校對於「學習內容」應該依照專業的需求與特性，適當的轉化成為「學習內涵」，作為教學與學習的教材（頁9）。因此，轉化「學習內容」為「學習內涵」成為學校具體實施十二年國教的首要工作。

　　「學習表現」、「學習內容」及由「學習內容」所轉化的「學習內涵」，共同組成了「總體課程」的文件內容。其中「學習內涵」列於「學習內容」之下，並不單獨列在另外的欄位中。表 16-12 課程文件內容讓課程人員、學科專家、教師，可以很快速的檢核每一條「學習內容」的課綱是否轉化得宜，以及它和「學習表現」的對應是否合宜，而不受其他太多資訊的干擾。

　　故，表 16-12 中凡是有編號者（例如：4-I-1、Ab-I-3）是教育部公布的課綱，而沒有編號者則是學校所轉化的學習內涵，這些內涵是代表國語文領域基本的、重要的知識概念，是由「學習內容」轉化來的。

表 16-12　國語文總體課程計畫之文件內容（部分）

學習表現	學習內容 & 學習內涵
4-I-1 認識常用國字至少 1,000字，使用 700 字。	Ab-I-1 1,000 個常用字的字形、字音和字義。 • 字形 　部首 　字形結構 • 字音 　本音 　本調 　變音 　變調 • 字義 　本義 　延伸義

表 16-12　國語文總體課程計畫之文件內容（部分）（續）

學習表現	學習內容 & 學習內涵
4-I-1 認識常用國字至少 1,000 字，使用 700 字。	Ab-I-2 700 個常用字的使用。 • 本義造詞 　詞義 　詞性 • 延伸義造詞 　詞義 　詞性
4-I-5 認識基本筆畫、筆順，掌握運筆原則，寫出正確及工整的國字。	Ab-I-3 常用字筆畫及部件的空間結構。 • 筆畫 　筆順 　筆畫數 　筆畫名稱 • 部件結構 　部件定義 　空間結構種類 　　單體字 　　獨體字 　　合體字 　　　均分 　　　外形 　　　中心 　　　上下關係 　　　左右關係
4-I-2 利用部件、部首或簡單造字原理，輔助識字。	Ab-I-4 常用字部首的表義（分類）功能。 • 部首念法 • 部首寫法 • 部首意義 • 部首形式 　原形部首 　變形部首

表 16-12　國語文總體課程計畫之文件內容（部分）（續）

學習表現	學習內容 & 學習內涵
5-I-7 運用簡單的預測、推論等策略，找出句子和段落明示的因果關係，理解文本內容。	Ad-I-1 自然段。 • 定義 • 段落語句關係 　語句總分關係 　　先總後分 　　先分後總 　　總分總 　語句並列關係 • 段落大意 　段落主角 　段落動作
5-I-5 認識簡易的記敘、抒情及應用文本的特徵。 5-I-4 瞭解文本中的重要訊息與觀點。	Ad-I-2 篇章的大意。 • 記敘文大意 　事件 　人物 　原因 　經過 　結果
1-I-3 能理解話語、詩歌、故事的訊息，有適切的表情跟肢體語言。 5-I-4 瞭解文本中的重要訊息與觀點。	Ad-I-3 故事、童詩等。 • 故事大意 　故事背景 　故事人物 　重要情節 　結局 　寓意
1-I-3 能理解話語、詩歌、故事的訊息，有適切的表情跟肢體語言。 5-I-4 瞭解文本中的重要訊息與觀點。 5-I-1 以適切的速率正確地朗讀文本。	• 童詩大意 　段落主角 　寫作技巧 　　比擬 　　摹聲 　　反覆 　　疑問

表 16-12　國語文總體課程計畫之文件內容（部分）（續）

學習表現	學習內容 & 學習內涵
4-I-6 能因應需求，感受寫字的溝通功能與樂趣。	Be-I-2 在人際溝通方面，以書信、卡片等慣用語彙及書寫格式為主。 • 書信 　慣用語彙 　書寫格式 　　信內 　　　稱謂 　　　內文 　　　祝福語 　　　署名 　　信封 • 卡片 　慣用語彙 　書寫格式 　　對象 　　內容 　　祝福語 　　署名

　　表 16-13 的課程文件顯示的是「階段課程計畫」，在十二年國教的規劃當中，每一個階段也都是跨越兩個學年。因此，在階段課程計畫中將課綱（「學習表現」、「學習內容」），以及學校所轉化的「學習內涵」作劃分，一部分的課程於一年級施行，另外一部分則於二年級施行，兩者都以「✓」符號分別標示之。

　　十二年國教的領域中，除了語文領域以外，其他領域課綱的「學習表現」並不會重複施行。換句話說，十二年國教的「語文領域」的課綱，基本上是會在年級中重複的實施，也會在學期中重複的實施。「學習表現」或是「學習內容」及「學習內涵」，都有可能重複在不同的年級和學期實施。因此，從表 16-13 中可以發現同樣的課綱，既

出現在一年級，也出現在二年級，這是語文領域的特徵。

表 16-13　國語文階段課程計畫之文件內容（部分）

學習表現	學習內容 & 學習內涵	一年級	二年級
4-I-1 認識常用國字至少 1,000 字，使用 700 字。	Ab-I-1 1,000 個常用字的字形、字音和字義。 • 字形 　部首 　字形結構 • 字音 　本音 　本調 　變音 　變調 • 字義 　本義 　延伸義	✓	✓
4-I-1 認識常用國字至少 1,000 字，使用 700 字。	Ab-I-2 700 個常用字的使用。 • 本義造詞 　詞義 　詞性 • 延伸義造詞 　詞義 　詞性	✓	✓
4-I-5 認識基本筆畫、筆順，掌握運筆原則，寫出正確及工整的國字。	Ab-I-3 常用字筆畫及部件的空間結構。 • 筆畫 　筆順 　筆畫數 　筆畫名稱 • 部件結構 　部件定義	✓	✓

表 16-13　國語文階段課程計畫之文件內容（部分）

學習表現	學習內容 & 學習內涵	一年級	二年級
	空間結構種類 　單體字 　獨體字 　合體字 　　均分 　　外形 　　中心 　　上下關係 　　左右關係		
4-I-2 利用部件、部首或簡單造字原理，輔助識字。	Ab-I-4 常用字部首的表義（分類）功能。 • 部首念法 • 部首寫法 • 部首意義 • 部首形式 　原形部首 　變形部首	✓	✓
5-I-7 運用簡單的預測、推論等策略，找出句子和段落明示的因果關係，理解文本內容。 6-I-3 寫出語意完整的句子、主題明確的段落。	Ad-I-1 自然段。 • 定義 • 段落語句關係 　語句總分關係 　　先總後分 　　先分後總 　　總分總 　語句並列關係 • 段落大意 　段落主角 　段落事件		✓
5-I-5 認識簡易的記敘、抒情及應用文本的特徵。	Ad-I-2 篇章的大意。 • 記敘文大意 　事件		✓

表 16-13　國語文階段課程計畫之文件內容（部分）

學習表現	學習內容 & 學習內涵	一年級	二年級
	人物 原因 經過 結果		
1-I-3 能理解話語、詩歌、故事的訊息，有適切的表情跟肢體語言。	Ad-I-3 故事、童詩等。 • 故事大意 　故事背景 　故事人物 　重要情節 　結局 　寓意		✓
1-I-3 能理解話語、詩歌、故事的訊息，有適切的表情跟肢體語言。 5-I-1 以適切的速率正確地朗讀文本。	• 童詩大意 　段落主角 　寫作技巧 　　比擬 　　摹聲 　　反覆 　　疑問	✓	✓
4-I-6 能因應需求，感受寫字的溝通功能與樂趣。 6-I-3 寫出語意完整的句子、主題明確的段落。	Be-I-2 在人際溝通方面，以書信、卡片等慣用語彙及書寫格式為主。 • 書信 　慣用語彙 　書寫格式 　　信內 　　　稱謂 　　　內文 　　　祝福語 　　　署名 　　信封		✓

表 16-13　國語文階段課程計畫之文件內容（部分）

學習表現	學習內容 & 學習內涵	一年級	二年級
4-I-6 能因應需求，感受寫字的溝通功能與樂趣。 6-I-3 寫出語意完整的句子、主題明確的段落。	• 卡片 　慣用語彙 　書寫格式 　　對象 　　內容 　　祝福語 　　署名	✓	

　　從表 16-13 中將二年級的課綱及轉化的「學習內涵」，集中形成「年級課程計畫」，如表 16-14。將年級的課綱依照學期的分配，以「✓」符號標示上學期、下學期要實施的進度，例如：表 16-14 即是將二年級的課程分成上、下兩學期。

表 16-14　國語文二年級課程計畫之文件內容（部分）

學習表現	學習內容 & 學習內涵	上學期	下學期
4-I-1 認識常用國字至少 1,000 字，使用 700 字。	Ab-I-1 1,000 個常用字的字形、字音和字義。 • 字形 　部首 　字形結構 • 字音 　本音 　本調 　變音 　變調 • 字義 　本義 　延伸義	✓	✓

表 16-14　國語文二年級課程計畫之文件內容（部分）

學習表現	學習內容 & 學習內涵	上學期	下學期
4-I-1 認識常用國字至少 1,000 字，使用 700 字。	Ab-I-2 700 個常用字的使用。 • 本義造詞 　詞義 　詞性 • 延伸義造詞 　詞義 　詞性	✓	✓
4-I-5 認識基本筆畫、筆順，掌握運筆原則，寫出正確及工整的國字。	Ab-I-3 常用字筆畫及部件的空間結構。 • 筆畫 　筆順 　筆畫數 　筆畫名稱 • 部件結構 　部件定義 　空間結構種類 　　單體字 　　獨體字 　　合體字 　　　均分 　　　外形 　　　中心 　　　上下關係 　　　左右關係	✓	✓
4-I-2 利用部件、部首或簡單造字原理，輔助識字。	Ab-I-4 常用字部首的表義（分類）功能。 • 部首念法 • 部首寫法 • 部首意義 • 部首形式 　原形部首 　變形部首	✓	✓

表 16-14　國語文二年級課程計畫之文件內容（部分）

學習表現	學習內容 & 學習內涵	上學期	下學期
5-I-7 運用簡單的預測、推論等策略，找出句子和段落明示的因果關係，理解文本內容。 6-I-3 寫出語意完整的句子、主題明確的段落。	Ad-I-1 自然段。 • 定義 • 段落語句關係 　語句總分關係 　　先總後分 　　先分後總 　　總分總 　語句並列關係 • 段落大意 　段落主角 　段落事件	✓ ✓ ✓ ✓	 ✓ ✓ ✓ ✓ ✓
5-I-5 認識簡易的記敘、抒情及應用文本的特徵。	Ad-I-2 篇章的大意。 • 記敘文大意 　事件 　人物 　原因 　經過 　結果	✓	✓
1-I-3 能理解話語、詩歌、故事的訊息，有適切的表情跟肢體語言。	Ad-I-3 故事、童詩等。 • 故事大意 　故事背景 　故事人物 　重要情節 　結局 　寓意	✓	✓
1-I-3 能理解話語、詩歌、故事的訊息，有適切的表情跟肢體語言。 5-I-1 以適切的速率正確地朗讀文本。	• 童詩大意 　段落主角 　寫作技巧 　　比擬 　　摹聲 　　反覆 　　疑問	✓ ✓ ✓	✓ ✓ ✓ ✓

表 16-14　國語文二年級課程計畫之文件內容（部分）

學習表現	學習內容 & 學習內涵	上學期	下學期
4-I-6 能因應需求，感受寫字的溝通功能與樂趣。 6-I-3 寫出語意完整的句子、主題明確的段落。	Be-I-2 在人際溝通方面，以書信、卡片等慣用語彙及書寫格式為主。 • 書信 　慣用語彙 　書寫格式 　　信內 　　　稱謂 　　　內文 　　　祝福語 　　　署名 　　信封	✓	

　　表 16-14 中，顯示的上、下學期的課程有許多是重複的，最主要是基於語文領域中有許多的內容是每一課、每一學期、每一學年都要教的。例如：生字、語詞等，這樣的重複性造就了語文領域的特徵。

　　對照表 16-14 中勾選下學期的課綱與表 16-15 是否符合，是備查課程計畫的主管機關（通常為地方教育局、處），也是學校課程發展委員會的首要檢核的資料。

表 16-15　學期課程計畫文件之內容（二下）

學習表現	學習內容 & 學習內涵	下學期
4-I-1 認識常用國字至少 1,000 字，使用 700 字。	Ab-I-1 1,000 個常用字的字形、字音和字義。 • 字形 　部首 　字形結構 • 字音 　本音	✓

表 16-15　學期課程計畫文件之內容（二下）

學習表現	學習內容 & 學習內涵	下學期
	本調 變音 變調 • 字義 本義 延伸義	
4-I-1 認識常用國字至少 1,000 字，使用 700 字。	Ab-I-2 700 個常用字的使用。 • 本義造詞 詞義 詞性 • 延伸義造詞 詞義 詞性	✓
4-I-5 認識基本筆畫、筆順，掌握運筆原則，寫出正確及工整的國字。	Ab-I-3 常用字筆畫及部件的空間結構。 • 筆畫 筆順 筆畫數 筆畫名稱 • 部件結構 部件定義 空間結構種類 　單體字 　獨體字 　合體字 　　均分 　　外形 　　中心 　　上下關係 　　左右關係	✓

表 16-15　學期課程計畫文件之內容（二下）（續）

學習表現	學習內容 & 學習內涵	下學期
4-I-2 利用部件、部首或簡單造字原理，輔助識字。	Ab-I-4 常用字部首的表義（分類）功能。 • 部首念法 • 部首寫法 • 部首意義 • 部首形式 　原形部首 　變形部首	✓
5-I-7 運用簡單的預測、推論等策略，找出句子和段落明示的因果關係，理解文本內容。 6-I-3 寫出語意完整的句子、主題明確的段落。	Ad-I-1 自然段。 • 定義 • 段落語句關係 　語句總分關係 　　先總後分 　　先分後總 　　總分總 　語句並列關係 • 段落大意 　段落主角 　段落事件	 ✓ ✓ ✓ ✓ ✓
5-I-5 認識簡易的記敘、抒情及應用文本的特徵。	Ad-I-2 篇章的大意。 • 記敘文大意 　事件 　人物 　原因 　經過 　結果	✓
1-I-3 能理解話語、詩歌、故事的訊息，有適切的表情跟肢體語言。	Ad-I-3 故事、童詩等。 • 故事大意 　故事背景 　故事人物	✓

表 16-15　學期課程計畫文件之內容（二下）（續）

學習表現	學習內容 & 學習內涵	下學期
	重要情節 結局 寓意	
1-I-3 能理解話語、詩歌、故事的訊息，有適切的表情跟肢體語言。 5-I-1 以適切的速率正確地朗讀文本。	• 童詩大意 　段落主角 　寫作技巧 　　比擬 　　摹聲 　　反覆 　　疑問	✓ ✓ ✓ ✓

　　表 16-15 的課程計畫文件提供給教師預備學期教學最有效的資訊，確實的執行國家賦予的教育責任。接著，教師就可以選擇適當的教材，實踐表 16-14 的課程。

　　表 16-16 的教學計畫文件內容取自表 16-15 的學期課程資料，再加上「單元對應」、「節數」、「評量」等項目形成「教學計畫」，提供教師最實質的教學重點。從表 16-16 的教學計畫文件中，可以看出有些課程的內涵是橫跨所有教科書的單元，例如：欄位中標示「1-12 課」，即是該課綱都要在每一課進行教學。如果是列出個別單元名稱者，即表示該項課綱只限於所列之單元中進行教學即可。

表 16-16　學期教學計畫（以康軒為例）

學習表現	學習內容 & 學習內涵	單元對應	節數	評量
4-I-1 認識常用國字至少 1,000 字，使用 700 字。	Ab-I-1 1,000 個常用字的字形、字音和字義。	1-12 課	1	紙筆測驗

表 16-16 學期教學計畫（以康軒為例）（續）

學習表現	學習內容 & 學習內涵	單元對應	節數	評量
	• 字形 　部首 　字形結構 • 字音 　本音 　本調 　變音 　變調 • 字義 　本義 　延伸義			
4-I-1 認識常用國字至少 1,000 字，使用 700 字。	Ab-I-2 700 個常用字的使用。 • 本義造詞 　詞義 　詞性 • 延伸義造詞 　詞義 　詞性	1-12 課	1	紙筆測驗
4-I-5 認識基本筆畫、筆順，掌握運筆原則，寫出正確及工整的國字。	Ab-I-3 常用字筆畫及部件的空間結構。 • 筆畫 　筆順 　筆畫數 　筆畫名稱 • 部件結構 　部件定義 　空間結構種類 　　單體字 　　獨體字 　　合體字	1-12 課	0.5	實作評量

表 16-16 學期教學計畫（以康軒為例）（續）

學習表現	學習內容 & 學習內涵	單元對應	節數	評量
	均分 外形 中心 上下關係 左右關係			
4-I-2 利用部件、部首或簡單造字原理，輔助識字。	Ab-I-4 常用字部首的表義（分類）功能。 • 部首念法 • 部首寫法 • 部首意義 • 部首形式 　原形部首 　變形部首	1-12 課	0.5	實作評量
5-I-7 運用簡單的預測、推論等策略，找出句子和段落明示的因果關係，理解文本內容。 6-I-3 寫出語意完整的句子、主題明確的段落。	Ad-I-1 自然段。 • 段落語句關係 　語句總分關係 　　先總後分 　　先分後總 　　總分總 　語句並列關係 • 段落大意 　段落主角 　段落事件	2.花衣裳 3.彩色王國 5.我的家人 6.感恩留言板	1	實作評量
5-I-5 認識簡易的記敘、抒情及應用文本的特徵。	Ad-I-2 篇章的大意。 • 記敘文大意 　事件 　人物 　原因 　經過 　結果	2.花衣裳 3.彩色王國 5.我的家人 6.感恩留言板	1	實作評量

表 16-16　學期教學計畫（以康軒為例）（續）

學習表現	學習內容 & 學習內涵	單元對應	節數	評量
1-I-3 能理解話語、詩歌、故事的訊息，有適切的表情跟肢體語言。	Ad-I-3 故事、童詩等。 • 故事大意 　故事背景 　故事人物 　重要情節 　結局 　寓意	8.黃狗生蛋 9.神筆馬 12.巨人山	1	實作評量
1-I-3 能理解話語、詩歌、故事的訊息，有適切的表情跟肢體語言。 5-I-1 以適切的速率正確地朗讀文	• 童詩大意 　段落主角 　段落事件 　寫作技巧 比擬 反覆	1.春天的顏色 4.爸爸 7.月光河 10.知識探險家 10.知識探險家 1.春天的顏色	1	實作評量

　　從表 16-16 中的單元對應部分，可以說明課綱對於「記敘文」文體的單元，其教學重點以探究段落大意、段落語句的發展，以及全文大意等為要。但是，對於故事文體則偏重於故事本身的瞭解，以及故事的寓意。童詩則是重視朗讀技巧、寫作技巧，以及童詩的主題大意。從「學習表現」對應到「學習內容」和內涵，可以看出教完「自然段」的語句和大意，學生將被要求敘寫自然段的語句，此時使用「實作評量」就是最適當的安排。這樣的安排，可以讓教師注意到不是只瞭解自然段的特徵，而是要「親力而為」才符合「學習表現」的要求。所以，「教學計畫」對於教師針對整個學期的教學內容與活動，有一個完整的系列安排是非常的重要。依照課綱與單元的對應，

讓教師可以從「教學計畫」的文件中找出哪些單元要進行朗讀、哪些單元要學生仿寫語句、哪些需要體會出文本的暗喻，以創造出適當的活動，達成十二年國教的課綱要求。表 16-16 的教學計畫讓教師在學期前審視，可就對應的教科書單元或自編教材確認教學的重點，接下來就可以將「學習表現」帶入「學習內涵」中思考與創造教學的活動，並進行「教案」的設計，完成教室的教學。教學計畫的目的，主要側重對整個學期的教材與課綱進行對應的教學重點安排。如此一來，「學習表現」、「學習內容」、「學習內涵」就具有教學本質上的意義了。

　　Oliva、Armstrong 不約而同的提出課程設計完成之後，必須要有相當的表徵才能充分的顯示設計的結果，以及實施的方式。Oliva 的課程表徵以課程指南、學習科目、教學大綱形式為主，但是三者之間並未連成一系列，而是各自主張。相較於 Oliva 的課程文件的形式，Armstrong 的課程文件顯然是具有一系列彼此關聯的表徵方式，從課程範圍與順序開始，課程指南、年級課程到教學大綱都以分頁的方式，將課程範圍與順序逐一的分項，提供不同層級的課程資料，以利於學校、教師和課程人員使用、管理與檢核。

　　九年一貫課程改革為我國首次由學校編製課程計畫，是劃時代的創舉。教育部主張課程計畫中，應注明「能力指標、學年／學期學習目標、對應單元名稱、節數、評量、備註」。國內學者任慶儀也主張學校之課程計畫，除了內容要符合教育部規定外，更應該以 Armstrong 之理論編製總體課程計畫、課程指南、年級課程計畫、學期課程計畫，以及教學計畫等文件，以利於學校和教師實施、檢核、管理課程。

　　十二年國教的課程主體雖然改變，但是課程計畫對於學校與教師的教學功能並不會有所改變。因此，課程計畫的內容除了應該要符合教育部的要求，必須注明「課程總體架構、學習重點、進度與評量」以外，本書依然建議以 Armstrong 的課程文件理論，編製總體課程計畫、課程指南、年級課程計畫、學期課程計畫，以及教學計畫等文

件，對於學校和教師能有管理新課程與教學的依據，讓學校各層級人員取其便利而用。

參考書目

▶ **中文部分**

丁志仁（2007，3月）。一綱多本確保社會思考多元化。論文發表於聯合報主辦之「國民中小學教科書制度座談會」，臺北市。

王文科（1994）。課程與教學論。臺北市：五南。

王素芸（2001）。「基本能力指標」之發展與概念分析。教育研究資訊，**9**(1)，1-14。

中國視聽教育（編輯）（1978）。能力本位行為目標：文輯。臺北市：編輯者。

中國視聽教育學會（1988）。系統化教學設計。臺北市：師大書苑。

任宗浩（2018）。十二年國教素養導向教學與評量的實踐。臺北市：國家教育研究院。

任慶儀（2007，12月）。社會領域教科書研究：一綱一本的危機與解決。論文發表於國立臺中教育大學主辦之「2007教科書研究方法研討會」，臺中市。

任慶儀（2013）。教學設計：理論與實務。臺北市：五南。

任慶儀（2021）。課程發展與設計原理。臺北市：五南。

任慶儀（2022）。教案設計：從教學法出發。臺北市：五南。

吳明烈（2010）。邁向富有的人生：成為終身學習者。聯合國NGO臺灣世界公民總會：「2010年世界公民人權高峰會」。取自：http://www.worldcitizens.org.tw/awc2010/ch/F/F_d_page.php?pid=19915

吳璧純（2017）。素養導向教學之學習評量。臺灣教育評論月刊，**6**(3)，30-34。

余民寧（2002）。基本能力指標的建立與轉換。教育研究月刊，**96**，11-

16。

李坤崇（2002）。綜合活動學習領域能力指標概念分析。教育研究月刊，**98**，111-122。

邱紹雯（2012，3月9日）。一綱一本8月起停辦。自由時報電子報。取自 http://www.libertytimes.com.tw/2012/new/mar/9/today-taipei6.htm

林進材（1999）。教學理論與方法。臺北市：五南。

林進材（2003）。教學理論與方法。臺北市：五南。

洪詠善、范信賢（主編）（2015）。同行～走進十二年國民基本教育課程綱要總綱。臺北市：國家教育研究院。

翁聿煌（2008）。九成國中選用北北基版本。2008年9月4日，取自 http:// www.libertytimes.com.tw/2008/new/sep/4/today- -2.htm

陳弘昌（1999）。國小語文科教學研究。臺北市：五南。

陳淑娟（2019年，3月）。國民小學教師教科用書使用現況研究之結果。國家教育研究院電子報，**181**。

陳新轉（2002）。社會學習領域能力指標之「能力表徵」課程轉化模式。教育研究月刊，**100**，86-100

陳新轉（2004）。九年一貫社會學習領域課程發展──從課程綱要與能力指標出發。臺北市：心理。

許芳菊（2006）。全球化下的關鍵能力：你的孩子該學什麼？（2006年教育專刊）。天下雜誌，2006年11月22日至2007年2月28日，頁22-27。

張佳琳（2000）。從能力指標之建構與評量檢視九年一貫課程基本能力之內涵。國民教育，**40**（4），54-61。

張霄亭（1988）。視聽教育與教學媒體。臺北市：五南。

教育部（1975）。國民小學課程標準。臺北市：正中。

教育部（1993）。國民小學課程標準。臺北市：教育部。

教育部（1998）。國民中小學九年一貫課程綱要：總綱。臺北市：教育部。

教育部（2001）。教學創新：九年一貫課程問題與解答。臺北市：教育部。

教育部（2001）。國小組學校經營研發輔導手冊（4）：學校總體課程計

畫實例。臺北市：教育部。

教育部（2003）。國民中小學九年一貫課程教科書評鑑指標。臺北市：教育部。

教育部（2003）。國民中小學九年一貫課程：總綱。臺北市：作者。

教育部（2008）。【國民教育社群網】──常見 **Q&A**。取自 http://teach. eje.edu.tw/9CC

教育部（2011）。國民中小學九年一貫課程綱要（重大議題）修訂（微調）問答集。臺北市：教育部。

教育部（2014）。十二年國民基本教育課程綱要：總綱。取自 https:// www. naer.edu.tw/upload/1/16/doc/288/%E5%8D%81%E4%BA%8C% E5%B9%B4%E5%9C%8B%E6%95%99%E8%AA%B2%E7%A8%8B %E7%B6%B1%E8%A6%81%E7%B8%BD%E7%B6%B1.pdf

教育部（2014）。十二年國民基本教育綱要：總綱。臺北市：作者。

國家教育研究院（2014）。十二年國民基本教育領域課程綱要：素養發展手冊。臺北市：國教院。

國家教育研究院（2015）。十二年國民基本教育領域課程綱要：核心素養發展手冊。取自 https://ws.moe.edu. tw/001/Upload/23/ relfile/8006/51358/9df0910c-56e0-433a-8f80-05a50efeca72.pdf

黃光雄、蔡清田（2015）。課程發展與設計新論。臺北市：五南。

黃政傑（1991）。課程設計。臺北市：東華。

黃炳煌（2007，3 月）。教科書不是聖旨　師生要有創造力及多元思考。論文發表於聯合報主辦之「國民中小學教科書制度座談會」，臺北市。

臺灣省國民學校教師研習會（主編）（1979）。國民小學課程標準研習：教師手冊。臺北市：主編。

蔡清田（2012）。演講 **ppt**：十二年基本國民教育課程改革的核心素養（2012 年 10 月 16 日，臺中市：國立臺中教育大學）。

蔡清田、陳延興（2013）。國民核心素養之課程轉化。課程與教學季刊，**16**(3)，59-78。

楊思偉（2002）。基本能力指標之建構與落實。教育研究月刊，**96**，17-22。

楊國賜（2013）。培養新世紀大學生的關鍵能力。取自 uploads/TPEA_2013112021132.pdf

葉連祺（2002）。九年一貫課程與基本能力轉化。教育研究月刊，**96**，49-63。

賴麗珍（譯）（2008）。重理解的課程設計（*Understanding by design*, by G. Wiggins & J. McTighe, 2005）。臺北市：心理。

賴麗珍（譯）（2017）。重理解的課程設計：專業發展實用手冊（*Understanding by design: Professional development workbook*, by G. Wiggins & J. McTighe, 2004）。臺北市：心理。

韓國棟（2007）。先進及鄰近國家教科書制度概況。2007 年 4 月 12 日，取自 http://english.moe.gov.tw/public/Attachment/ 7511113197.doc

謝蕙蓮（2006，12 月 28 日）。一綱多本學生揹三個書包上學。聯合晚報，10 版。

謝寶梅（2001）。學校願景之發展：學校本位課程目標擬定與實施的基礎。載於教育部（主編），國小組學校經營研發輔導手冊（2）：學校願景發展、實踐、檢討與展望實例（頁 VI-XII）。臺北市：教育部。

薛梨真（2009）。有意義的學習。取自 https://blog.xuite.net/vla866 wretch/142882966#https://blog.xuite.net/vla866/wretch/142882966#

▶ 英文部分

Anderson, L. W., & Krathwohl, D. R. (Ed.). (2001). *A taxonomy for learning, teaching, and assessing: A revision of Bloom's taxonomy of educational objectives.* New York: Longman.

Anglin, G. J. (Ed.). (1991). *Instructional technology: Past, present, and future.* Englewood, Co.: Libraries Unlimited.

Argyris, C. (2013). *Theories of action, double-loop learning and organizational learning*. Retrieved from http://infed.org/mobi/chris-argyris-theories-of-action-doble-loop-learning-and-organizational-learning/

Armstrong, D. G. (1989). *Developing and documenting the curriculum*. Boston, Allyn and Bacon.

Bloom, B. S. (Ed.) (1984). *Taxonomy of educational objectives: The classification of educational goals. Handbook 1: Cognitive domain*. New York: Longman.

Chamot, A. U., & O'Malley, J. M. (1994). *The CALLA handbook: Implementing the cognitive academic language learning approach*. MA: Addison-Wesley.

Department for Education (2013). *National curriculum in England: Framework for key stages 1 to 4*. UK: Crown Copyright.

Dick, W., & Carey, L. (1996). The systematic design of instruction: Origins of systematic designed instruction. In Ely, D. P., Plomp, T. & Angln, G. J. (Ed.). *Classic writings on instructional technology* (pp.71-80). Englewood, Co: Library Unlimited.

Dick, W., & Carey, L. (1996). *The systematic design of instruction* (4th ed.). New York: HarperCollins.

Dick, W., Carey, L., & Carey, J. O. (2005). *The systematic design of instruction* (6th ed.). Boston: Pearson.

Dick, W., Carey, L., & Carey, J. O. (2009). *The systematic design of instruction* (7th ed.). Boston: Pearson.

Dick, W., Carey, L., & Carey, J. (2015). *The systematic design of instruction* (8th ed.). London: Pearson.

Dunn, R., & Dunn, K. (1978). *Teaching students through their individual learning styles: A practical approach*. Englewood Cliffs, VA: Reston Division of Prentice-Hall.

Frisoli, G. (2008). *Hannafin and Peck design model*. Retrieved May 8, 2009, from http://adultlearnandtech.com/hannafin.htm

Gagné, R. M. (1985). *The conditions of learning* (4th ed.). New York: Holt,

Rinehart and Winston.

Gagné, R. M., Briggs, L. J., & Wager, W. W. (1988). *Principles of instructional design* (3rd ed.). New York: Holt, Rinehart and Winston.

Gentry, C. G. (1991). Educational technology: A question of meaning. In G. J. Anglin (Ed.). *Instructional technology: Past, present, and future* (p. 1-10). Engliwood, Co: Library Unlimited.

Gregorc, A. F. (1982). Learning style/brain research: Harbinger of an emerging psychology. In National Association of Secondary School Principals (Ed.). *Student learning styles and brain behavior: Programs, instrumentation, research* (pp. 3-10). Reston, VA: NASSP.

Gross, B., & Gross, R. (ed.) (1985). *The great school debate.* New York: Simon & Schuster.

Heer, R. (2012, January 27). *A model of learning objectives*【Iowa State University, Center for Excellence in Learning and Teaching】. Retrieved from http://www.celt.iastate.edu/teaching/RevisedBlooms1.html.

Huba, M. E., & Freed, J. E. (2000). *Learner-centered assessment on college campuses: Shifting the focus from teaching to learning.* London: Pearson.

Jen, C. I. (1990). *Does computer-assisted instruction really help pupils in improving their academic achievement?* (Unpublished master's thesis). Ohio University, Athens, Ohio.

John, D. P. (1995). *Lesson planning for teachers.* London: Cassell Education.

Joyce, B., & Weil, M. (1986). *Models of teaching* (3rd. ed.). London: Prentice Hall.

Kaufman, R. (1988). *Planning educational systems.* Lancaster, PA: Tchnomic Publishing.

Kaufman, R. (1992). *Strategic planning plus.* Newbury Park, CA: Sage Publication.

Kaufman, R. (1998). *Strategic thinking: A guide to identifying and solving problems.* Arlington, VA: American Society for Training & Development and the International Society for Performance Improvement.

Keller, J. M. (1987). The Systematic process of motivational design. *Performance and Instruction, 26*(9), 1-8.

Kelly, K. B. (1997, August). *Evolution/role of lesson plans in instructional planning.* Paper presented at the 8th Annual Reading/Literacy Conference, Bakersfield, CA.

Kemp, J. E. (1985). *The instructional design process.* New York: Harper & Row.

Krathwohl, D. R., Bloom, B. S., & Masia, B. B. (1964). *Taxonomy of educational objectives: The Classification of educational goals. Handbook II: Affective domain.* New York: Longman.

Mager, R. F. (1972). *Goal analysis.* Belmont, CA: Fearon.

Mager, R. F. (1997a). *Goal analysis: How to clarify your goals so you can actually achieve them* (3rd ed.). Atlanta, GA: CEP.

Mager, R. F. (1997b). *Preparing instructional objectives: A critical tool in the development of effective instruction* (3rd ed.). Atlanta, GA: CEP.

Mager, R. F. (1997c). *Measuring instructional results or got a match?: How to find out if your instructional objectives have been achieved* (3rd ed.). Atlanta, GA: CEP Press.

Mager, R. F., & Pipe, P. (1997). *Analyzing performance problems* (3rd. ed.). Belmont, CA: Lake.

Naisbitt, J., & Aburdene, P. (1990). *Megatrends 2000: Ten new directions for the 1990.* New York: William Morrow.

OECD (2018). *The future of education and skills: Education 2030.* Retrieved from https://observatorioeducacion.org/sites/default/files/oecd-education-2030-position-paper.pdf

Oliva, P. F. (2005). *Developing the curriculum* (6th ed.). Boston: Pearson.

Oliva, P. F. (2009). *Developing the curriculum* (7th ed.). Boston: Pearson.

Ornstein, A. C., & Hunkins, F. P. (1988). *Curriculum: Foundations, principles, and issues.* Englewood Cliffs, NJ: Prentice Hall.

Ornstein, A. C., Pajak, E. F., & Ornstein, S. B. (2007). *Contemporary issues in curriculum* (4th ed.). Boston: Pearson.

Rossett, A. (1987). *Training needs assessment.* Englewood Cliffs, NJ: Educational Technology.

Rossett, A. (1999). *First things fast.* San Francisco, CA: Jossey-Bass Pfeiffer.

Rychen, D. S., & Salganik, L. H. (Eds.). (2001). *Defining and selecting key competencies.* Newburyport, MA: Hogrefe & Huber.

Seels, B. (1989). The instructional design movement in educational technology. *Educational Technology, 29*(5), 11-15.

Shores, E. F., & Grace, C. (1998). *The portfolio book: A step-by-step guide for teachers.* Beltsville, MD: Gryphon House.

Shrock, S. A. (1991). A brief history of instructional development. In G. J. Anglin (Ed.). *Instructional technology: Past, present, and future* (p. 11-33). Engliwood, Co : Library Unlimited.

Strickland, A. W. (2010). *Instructional systems design models.* Retrieved July 20, 2010, from http://ed.isu.edu/depts/ imt/ isdmodels /Knirk/Knirk.html

Tripp, S. D., & Bichelmeyer, B. (1990). Rapid prototyping: An alternative instructional design strategy. *Educational Technology Research and Development, 38*(1), 31-44.

Tyler, R. W. (1949). *Basic principles of curriculum and instruction.* Chicago: The University of Chicago.

Webster's Ninth New Collegiate Dictionary (1984). Springfield, Ma: Merriam-Webster.

Wiggins, G., & McTight J. (2005). *Understanding by design* (2nd ed.). Alexandria, VA: ASCD.

附錄一

A

教學目標	語文資料
2-3-1 認識今昔臺灣的重要人物與事件。	✓
4-II-8 知道古今書法名家的故事。	✓
n-1-7 理解長度及其常用單位，並做實測、估測與計算。	
n-III-8 理解以四捨五入取概數，並進行合理估算。	
INf-III-5 臺灣的主要天然災害之認識及防災避難。	✓

B

教學目標	智識能力
2-3-1 認識今昔臺灣的重要人物與事件。	
4-II-8 知道古今書法名家的故事。	
n-1-7 理解長度及其常用單位，並做實測、估測與計算。	✓
n-III-8 理解以四捨五入取概數，並進行合理估算。	✓
INf-III-5 臺灣的主要天然災害之認識及防災避難。	

C

教學目標	心理動作
1-2-4 測量距離、閱讀地圖、使用符號繪製簡略平面地圖。	
1-III-1 能透過聽唱、聽奏及讀譜，進行歌唱及演奏，以表達情意。	✓
3d-III-2 演練比賽中的進攻和防守策略。	✓
3c-III-1 表現穩定的身體控制和協調能力。	✓

教學目標	心理動作
d-II-1 報讀與製作一維表格、二維表格;報讀長條圖與折線圖,並據以做簡單推論。	

D

教學目標	態度目標
1-I-1 養成專心聆聽的習慣,尊重對方的發言。	✓
6-II-8 養成寫作習慣。	✓
2a-II-2 表達對居住地方社會事物與環境的關懷。	✓
s-III-6 認識線對稱的意義與其推論。	
1-III-4 能感知、探索與表現表演藝術的元素、技巧。	✓

附錄二

A

目標敘述	使用具體的行為動詞
理解四則運算的邏輯	
知道氣候變遷的影響	
換算公里和公分	✓
分享旅遊的經驗	
說出臺灣五大地形	✓
體會健康的重要性	
用圓規畫出半徑 3 公分的圓	✓

B

目標敘述	描述學習者的目標
安排參觀自來水廠的行程	
畫出直角三角形	✓
讓學生介紹鹿港的景點	
說明本課的主旨	
使學生體會農家的辛苦	
說出本課的大意	✓

C

目標敘述	描述教學結果
閱讀本課課文	
說出課文的大意	✓
能聆聽「快樂頌」樂曲	
能用蠟筆畫出自己的肖像	✓
找出三首李白的詩	

D

目標敘述	表現標準
給 10 題除法計算題,學生能答對 80% 的題目。	
學生在 3 分鐘內至少能投中 10 個中的 8 個籃板球。	✓
提供主旨的定義,學生能寫出一篇不超過 20 個字的故事主旨。	✓
學生能依照給予的說明書,組合成三個樂高機械人。	

索 引

● 英文部分

W

U

國家圖書館出版品預行編目資料

教學設計：從課綱出發／任慶儀著. －－初
版. －－臺北市：五南圖書出版股份有限公
司, 2023.09
　面；　公分
ISBN 978-626-366-282-7（平裝）

1.CST: 教學設計

521.4　　　　　　　　112010330

1I7S

教學設計：從課綱出發

作　　者 ― 任慶儀

發 行 人 ― 楊榮川

總 經 理 ― 楊士清

總 編 輯 ― 楊秀麗

副總編輯 ― 黃文瓊

責任編輯 ― 陳俐君、李敏華

封面設計 ― 陳亭瑋

出 版 者 ― 五南圖書出版股份有限公司

地　　址：106臺北市大安區和平東路二段339號4樓

電　　話：(02)2705-5066　　傳　　真：(02)2706-6100

網　　址：https://www.wunan.com.tw

電子郵件：wunan@wunan.com.tw

劃撥帳號：01068953

戶　　名：五南圖書出版股份有限公司

法律顧問　林勝安律師

出版日期　2023年9月初版一刷

定　　價　新臺幣550元

經典永恆・名著常在

五十週年的獻禮——經典名著文庫

五南，五十年了，半個世紀，人生旅程的一大半，走過來了。

思索著，邁向百年的未來歷程，能為知識界、文化學術界作些什麼？

在速食文化的生態下，有什麼值得讓人雋永品味的？

歷代經典・當今名著，經過時間的洗禮，千錘百鍊，流傳至今，光芒耀人；

不僅使我們能領悟前人的智慧，同時也增深加廣我們思考的深度與視野。

我們決心投入巨資，有計畫的系統梳選，成立「經典名著文庫」，

希望收入古今中外思想性的、充滿睿智與獨見的經典、名著。

這是一項理想性的、永續性的巨大出版工程。

不在意讀者的眾寡，只考慮它的學術價值，力求完整展現先哲思想的軌跡；

為知識界開啟一片智慧之窗，營造一座百花綻放的世界文明公園，

任君遨遊、取菁吸蜜、嘉惠學子！